WORKBOOK/LAB MANUAL
to Accompany

ROND-POINT
Une perspective actionnelle
Édition nord-américaine

Catherine Flumian • Josiane Labascoule
Philippe Liria • María Rita Rodríguez
Corinne Royer

Adapté *par* **Hedwige Meyer**

PEARSON
Prentice Hall

woRLd
Languages

Upper Saddle River, New Jersey 07458

Acquisitions Editor: Rachel McCoy
Executive Director of Market Development: Kristine Suárez
Director of Editorial Development: Julia Caballero
Assistant Development Editor: Debbie King
Production Supervision: Nancy Stevenson
Assistant Director of Production: Mary Rottino
Developmental Editor, Difusión: Agustín Garmendia
Production Editor, Difusión: Eulàlia Mata
Supplements Editor: Meriel Martínez Moctezuma
Media Editor: Samantha Alducin
Prepress and Manufacturing Buyer: Christina Amato
Prepress and Manufacturing Manager: Mary Ann Gloriande
Senior Marketing Manager: Jacquelyn Zautner
Marketing Coordinator: William J. Bliss
Publisher: Phil Miller

This book was set in Meta Plus 11/13 typeface by Interactive Composition Corporation
and was printed and bound by Bind-Rite Graphics. The cover was printed by Bind-Rite Graphics.

 © 2007 by Pearson Education, Inc.
Upper Saddle River, NJ 07458

Printed in the United States of America
10 9 8 7 6 5 4

ISBN 0-13-238652-6

Pearson Education LTD., London
Pearson Education Australia PTY, Limited, Sydney
Pearson Education Singapore, Pte. Ltd
Pearson Education North Asia Ltd., Hong Kong
Pearson Education Canada, Ltd., Toronto
Pearson Educación de México, S.A. de C.V.
Pearson Education-Japan, Tokyo
Pearson Education Malaysia, Pte. Ltd
Pearson Education, Upper Saddle River, New Jersey

Table of Contents

Unité 1
QUI SOMMES-NOUS?

ACTIVE VOCABULARY FOR UNITÉ 1

Numbers

un	*one*	sept	*seven*
deux	*two*	huit	*eight*
trois	*three*	neuf	*nine*
quatre	*four*	dix	*ten*
cinq	*five*	onze	*eleven*
six	*six*	douze	*twelve*

A few European countries (for a complete list, please refer to Lexique par Unité)

l'Allemagne	*Germany*	la Norvège	*Norway*
l'Angleterre	*England*	les Pays-Bas	*Netherlands*
l'Autriche	*Austria*	la Pologne	*Poland*
la Belgique	*Belgium*	le Royaume-Uni	*United Kingdom*
l'Espagne	*Spain*	la Suède	*Sweden*
la France	*France*	la Suisse	*Switzerland*
l'Italie	*Italy*		

Nouns

l'adresse électronique (f)	*e-mail address*	la mère	*mother*
l'ami/e	*friend*	la petite amie	*girlfriend*
l'école (f)	*school*	la photo	*photograph*
l'Europe (f)	*Europe*	le nom	*last name*
la chanson	*song*	le numéro de téléphone	*phone number*
la culture	*culture*	le numéro	*number*
la langue	*language*	le pays	*country*

le père	*father*	le travail	*work*
le petit ami	*boyfriend*	les parents (m)	*parents*
le prénom	*first name*		

Verbs

aimer	*to like, to love*	étudier	*to study*
apprendre	*to learn*	parler	*to speak*
connaître	*to know*	s'appeler	*to be named*
croire	*to believe*	travailler	*to work*
épeler	*to spell*		

Some words and expressions

l'arobase (f)	*@*	je	*I*
ça, cela	*this*	je ne sais pas	*I don't know*
ça s'écrit	*it is spelled/written*	je sais	*I know*
c'est	*it is, this is*	lui	*he (stressed), him*
c'est moi	*it's me*	moi	*I (stressed), me*
ce n'est pas	*it is not, this is not*	nous	*we*
ce ne sont pas	*these are not*	on dit	*we say*
ce sont	*these are*	parce que	*because*
comment	*how*	pour	*in order to, for*
elle	*she*	pourquoi	*why*
elles	*they (feminine)*	s'il te plaît	*please (informal)*
en français	*in French*	s'il vous plaît	*please (formal or plural)*
eux	*they (stressed), them*	toi	*you (informal, stressed)*
il	*he*	tu	*you (informal)*
ils	*they (masculine)*	vous	*you (formal or plural)*
j'apprends	*I learn*		

I. Étude de vocabulaire

1.1 A friend is going to have a baby and you would like the baby to have a French name. Can you suggest four or five names to her? Since you don't know whether it is going to be a boy or a girl, you need to choose both feminine and masculine names. You can consult your textbook or the Internet.

Prénoms masculins _____ _____ _____ _____ _____

Prénoms féminins _____ _____ _____ _____ _____

1.2 Let's do some simple math with numbers 1–12. Make sure to say each problem out loud to pronounce the numbers, then write the answer.

   MODÈLE: un + un = deux

1. deux + trois = _____   6. six + cinq = _____

2. cinq + cinq = _____   7. sept + deux = _____

3. un + six = _____   8. trois + trois = _____

4. six + trois = _____   9. deux + deux = _____

5. huit + quatre = _____   10. sept + un = _____

1.3 Try to match the following European capitals with the correct countries.

a. _____ Paris   1. l'Angleterre

b. _____ Lisbonne   2. la République tchèque

c. _____ Athènes   3. la France

d. _____ Londres   4. la Suisse

e. _____ Berlin   5. la Belgique

f. _____ Prague   6. le Portugal

g. _____ Berne   7. l'Italie

h. _____ Rome   8. la Grèce

i. _____ Bruxelles   9. l'Autriche

j. _____ Vienne   10. l'Allemagne

1.4 Can you unscramble the names of the following European cities and countries?

1. bxurgluome _____

2. lbuind _____

3. damdir _____

4. nlrageteer _____

5. spira _____

6. lgamlaeen _____

1.5 How would you ask the following persons what their name is? Write complete questions.

1. the president of your university:

   _____

2. a classmate:

   _____

3. your teacher:

   _____

4. your friend's young child:

   _____

5. someone new at work:

   _____

II. Structures

s'appeler	
je	m'appelle
tu	t'appelles
il/elle/on	s'appelle
nous	nous appelons
vous	vous appelez
ils/elles	s'appellent

1.6 It is the first day of class and students are trying to find out who their classmates are. They introduce themselves to each other. Complete the following dialogues with the correct forms of the verb **s'appeler**.

1. É1: Bonjour, comment tu (1) _____?

   É2: Je (2) _____ Virginie Rozée, et toi?

   É1: Moi, je (3) _____ Éric Descamps. Et lui, comment il (4) _____?

   É2: Lui, il (5) _____ Yves Lemont.

2. É: Bonjour Madame. Vous êtes le professeur?

   P: Oui, c'est moi!

   É: Comment vous (1) _____?

   P: Je (2) _____ Madame Durand.

3. É1: Ce sont tes amis?

   É2: Oui, ils _____ Manuel et Marie.

Subject pronouns	Stressed pronouns
je	moi
tu	toi
il	lui
elle	elle
nous	nous
vous	vous
ils	eux
elles	elles

1.7 Sonia is going to give us some information about people in her class. Complete the following sentences using the correct stressed pronouns.

1. _____, nous parlons anglais, et Tatsu et Daisaku, _____, ils parlent japonais.

2. _____, je m'appelle Sonia. Et _____, comment vous appelez-vous?

3. _____, c'est une amie, mais (*but*) _____, ce n'est pas une amie. Je ne l'aime pas!

4. _____, ils étudient l'italien, et _____, nous étudions le français.

5. _____, je travaille, et _____, tu travailles?

6. Nicole et Ophélie, _____, elles aiment travailler, mais _____, je n'aime pas travailler.

1.8 Complete the following dialogues with stressed pronouns where necessary and conjugate the verb **s'appeler** where indicated.

> **MODÈLE:** É1: <u>Moi</u>, je <u>m'appelle</u> Bruno. Et vous?
>
> É2: Cédric, et <u>elle</u>, elle s'appelle Laetitia.

1. Monsieur et Madame Dupont?

   Oui, c'est _____.

   Vos prénoms, s'il vous plaît?

   Moi, je (s'appeler) _____ Élisabeth, et _____, c'est Henri.

2. Tu (s'appeler) _____ bien Karine Lamer?

   Non, c'est une erreur. _____, c'est Anne Lemaire, et _____, c'est Karine.

3. Vous (s'appeler) _____ Gérard Pasquier, n'est-ce pas?

   Oui, et _____, Arnaud Teyssou?

4. Patrick Lenoir?

   Non, ce n'est pas _____, désolé.

5. Excusez-moi, vous savez qui c'est?

   Oui, il (s'appeler) _____ Sébastien LeGal.

6. Et comment tu (s'appeler) _____?

   Pierrick. Et _____?

   _____, c'est Lucile.

1.9 The following nouns can be found in **Unité 1** in the textbook. Indicate the correct article for each noun.

le or **l'** (in front of a vowel or silent **h**) if you think the word is masculine

la or **l'** (in front of a vowel or silent **h**) if you think the word is feminine

les if you think the word is plural

_____ cinéma	_____ Pays-Bas	_____ tradition	_____ cuisine
_____ histoire	_____ mode	_____ Irlande	_____ gens
_____ affaires	_____ littérature	_____ vin	_____ monde
_____ Europe	_____ France	_____ sport	_____ chanson
_____ tourisme	_____ amie	_____ sons	_____ pays

pourquoi = question	pour + noun	parce que + clause
	pour + infinitive	

1.10 Complete the following sentences, using either **parce que** or **pour**.

> **MODÈLE:** Pourquoi tu apprends le français?
>
> <u>Pour</u> le travail.

Pourquoi tu apprends le français?

1. _____ c'est une belle langue.

2. _____ j'aime les langues.

3. _____ mes études.

4. _____ connaître une nouvelle culture.

5. _____ je veux visiter Paris.

6. _____ parler une nouvelle langue.

7. _____ faire du tourisme.

1.11 Complete the following dialogue with **pourquoi, parce que**, or **pour**.

É1: (1) _____ apprenez-vous le français?

É2: J'apprends le français (2) _____ je voyage souvent en Afrique.

É1: Et vous? (3) _____ êtes-vous dans le cours de français?

É3: (4) _____ le travail et (5) _____ j'ai une amie française.

É1: Et (6) _____ vous travaillez?

É3: Je travaille (7) _____ j'aime travailler!

1.12 In the following situations, would you use **tu** or **vous**? Circle your choices.

1. You are speaking with your boss at work: tu / vous

2. You are speaking with your brother: tu / vous

3. You are speaking with your instructor: tu / vous

4. You are buying a train ticket at the train station: tu / vous

5. You are calling a restaurant: tu / vous

6. You are calling a friend: tu / vous

croire
je crois
tu crois
il/elle/on croit
nous croyons
vous croyez
ils/elles croient

1.13 Finish the sentences by matching the subject pronouns with the verbs.

a. _____ Je	1. crois que ça, c'est la France?
b. _____ Tu	2. nous appelons Marc et Antoine.
c. _____ Elle	3. s'appellent Frédéric et Karine.
d. _____ Nous	4. croyez que le français est facile?
e. _____ Vous	5. m'appelle Sophie.
f. _____ Ils	6. croit que cette photo, c'est la Grèce.

1.14 Complete the following sentences with the correct form of the verb **croire**.

1. Je _____ que Londres est la capitale de l'Angleterre.

2. Le professeur _____ que les étudiants sont excellents.

3. Vous _____ que la France est un pays intéressant?

4. Nous _____ que Venise est en Italie.

5. Tu _____ que le français est obligatoire à l'école dans certains pays.

6. Les étudiants _____ que Zidane est un bon joueur de football.

1.15 Complete the following sentences with **c'est, ce n'est pas, ce sont**, or **ce ne sont pas**.

1. Isabelle Adjani? _____ une actrice française. _____ une actrice anglaise.

2. André et Jacques, _____ des prénoms français, mais Andrew et Jack, _____ des prénoms américains. _____ des prénoms français.

3. Un petit dialogue . . . _____ toi?

   —Oui, _____ moi!

4. Un autre petit dialogue . . . _____ Jacques?

   Non, _____ Jacques, _____ Patrick!

5. Et elles? _____ des amies de Jacques ou de Patrick?

Nom:_____ Date:_____

1.16 Answer the questions in complete sentences, following the model given below.

MODÈLE: C'est un livre d'anglais? (Non / français)

Non, ce n'est pas un livre d'anglais. C'est un livre de français.

1. C'est Pierre? (Non / Roger)
   _____

2. C'est un joueur de football? (Non / joueur de rugby)
   _____

3. Ce sont des vins italiens? (Non / vins français)
   _____

4. C'est de la cuisine française? (Non / cuisine italienne)
   _____

5. Ce sont des étudiants polonais? (Non / hongrois)
   _____

6. C'est le prénom? (Non / nom)
   _____

7. Ce sont des photos d'Angleterre? (Non / de France)
   _____

1.17 These two persons want to register for an English class. Listen to the dialogues and fill out each form.

Nom:
Prénom:
Adresse électronique:
Téléphone:
Profession:
Motivation pour étudier l'anglais:

Nom:
Prénom:
Adresse électronique:
Téléphone:
Profession:
Motivation pour étudier l'anglais:

1.18 Now it is your turn to fill out a form for yourself.

Nom:	
Prénom:	
Adresse électronique:	
Téléphone:	
Profession:	
Motivation pour étudier le français:	

III. Phonétique

1.19 Listen to the sentences below. If the sentence is a question, add a question mark at the end of the sentence. If it is a statement, add a period.

> **MODÈLE:** C'est la Mauritanie __?__

1. C'est le Québec _____
2. C'est le Maroc _____
3. C'est le Vietnam _____
4. C'est la Côte d'Ivoire _____
5. C'est l'Angola _____
6. C'est le Tchad _____
7. C'est la Belgique _____
8. C'est le commissaire Maigret _____
9. C'est Édith Piaf _____
10. C'est Isabelle Adjani _____
11. C'est Serge Gainsbourg _____
12. C'est Picasso _____
13. C'est Zinédine Zidane _____
14. C'est Tintin _____
15. C'est Céline Dion _____

1.20 Listen to the words and expressions as they are read to you and write parentheses around the final letters that are not pronounced.

> **MODÈLE:** tu habites   tu habit(es)

1. je m'appelle
2. il aime
3. sac
4. tu adores
5. ils arrivent
6. elle répète
7. tu parles
8. ville
9. Hollande
10. venir
11. France
12. belge

13. musique
14. tourisme
15. salut
16. grand
17. très
18. bonjour
19. trop
20. habiter
21. écoutez
22. avec
23. bal
24. vif

1.21 What do you notice? Answer the questions below and give an example for each case.

– Is the **e** at the end of a word pronounced? _____ Example: _____

– Are the consonants **d, p, s, t,** and **z** at the end of a word pronounced? _____ Example: _____

– Are the consonants **c, f,** and **l** at the end of a word pronounced? _____ Example: _____

– Is the **r** at the end of a word pronounced? _____ Example: _____

1.22 Now, try to read aloud the following sentences.

1. Elle est très petite.
2. Elle s'appelle Marine.
3. Nous sommes espagnoles.
4. Vous êtes polonaises?
5. Pourquoi tu étudies le français?
6. Vous venez de Barcelone?
7. J'aime la culture française.
8. Nous habitons à Paris.

9. Ils sont italiens.
10. Quelle est votre adresse électronique?

IV. Stratégies pour mieux apprendre

1.23 Look at the following words taken from your textbook and indicate whether you think they are masculine (M) or feminine (F).

1. _____ tourisme
2. _____ actrice
3. _____ personnage
4. _____ amie
5. _____ motivation
6. _____ école

7. _____ travail
8. _____ difficulté
9. _____ distance
10. _____ joueur
11. _____ sport
12. _____ dessinateur

1.24 Now write a definite article in front of each of the following words and then write the plural form of the word.

MODÈLE: _____ amie   l'amie / les amies

1. _____ joueur _____
2. _____ nom _____
3. _____ actrice _____
4. _____ tradition _____
5. _____ difficulté _____

6. _____ sport _____
7. _____ école _____
8. _____ chanteur _____
9. _____ ami _____
10. _____ université _____

1.25 Read the following words. They are new to you and you might not know their meaning, but that does not matter. Based on your previous observations, you can try to guess whether they are masculine or feminine. Once you have decided, write the correct definite article in front of each word. If you use the article **l'**, indicate whether the word is masculine (M) or feminine (F). Verify your guesses with the answer key or a dictionary.

MODÈLE: _____ observation   l'observation (F)

1. _____ table
2. _____ quantité
3. _____ auteur
4. _____ télévision
5. _____ téléphone
6. _____ italien
7. _____ boulangère

8. _____ liberté
9. _____ ordinateur
10. _____ texte
11. _____ curiosité
12. _____ action
13. _____ chien
14. _____ facteur

15. _____ rédaction
16. _____ cassette
17. _____ disque
18. _____ pharmacien
19. _____ électricité
20. _____ docteur
21. _____ mère

1.26 Now you can establish a rule for yourself. Complete the chart below by placing an X under the category that applies to each noun ending.

Nouns ending in	are generally M	are generally F	can be M or F
-e			
-eur			
-ion			
-té			
-ien			
-ère			

Strategy

In the previous exercises, you have observed linguistic phenomena and you were able to formulate a rule based on your observations. If you use this strategy of observation, you will learn faster and better. We always remember better what we have learned ourselves.

V. Révision et auto-évaluation

1.27 Let's review what we have learned in this unit. Answer the following questions in French.

1. See if you can count from 1 to 12 by writing the words for your phone number, including the area code.

   _____

2. How would you ask someone's name if you had never met that person?

   _____

3. How would you ask the same question to a child?

   _____

4. Spell your name.

   _____

5. List at least five European countries.

   _____

6. Give us your e-mail address.

   _____

7. Tell us why you are learning French.

   _____

EXCELLENT! BRAVO!

VI. Préparation au DELF

DELF A1. Listening comprehension training

1.28 This oral comprehension exercise consists of listening to a series of dialogues. Circle the correct answers.

Présentation 1:

1. Comment s'écrit son nom?

   a. Rosée   **b.** Rozée   **c.** Rose

2. De quelle nationalité est-elle?

   a. français   **b.** française   **c.** on ne sait pas

3. Quel est son âge?

   a. 18 ans   **b.** 15 ans   **c.** 6 ans

4. Quel est son loisir préféré?

   a. la danse   **b.** le cinéma   **c.** la musique

Présentation 2

1. Comment dit-on «Sergio» en français?

   a. Sergie   **b.** Serge   **c.** Sergio

2. Pourquoi apprend-il le français?

   a. pour son travail   **b.** pour ses études   **c.** pour la culture

3. Quel est son numéro de téléphone?

   a. 02-45-81-75-11   **b.** 01-45-81-75-13   **c.** 01-45-81-75-12

Présentation 3

1. De quelle nationalité est-il?

   a. allemand   **b.** autrichien

   c. on ne sait pas

2. Quel pays connaît-il?

   a. la Russie   **b.** la Suisse

   c. la Suède

3. Quelle est son activité préférée?

   a. le cinéma   **b.** la lecture

   c. la cuisine

4. Quelle est son adresse électronique?

   a. franz.schmitt@wanadoo.com

   b. franzschmitt@wanadoo.com

   c. franz.schmitt@wanadoo.de

Unité 2
ELLE EST TRÈS SYMPA

ACTIVE VOCABULARY FOR UNITÉ 2

Numbers 13–60

treize (13), quatorze (14), quinze (15), seize (16), dix-sept (17), dix-huit (18), dix-neuf (19), vingt (20), vingt et un (21), vingt-deux (22), . . . trente (30), trente et un (31), trente-deux (32), . . . quarante (40), quarante et un (41), quarante-deux (42), . . . cinquante (50), cinquante et un (51), cinquante-deux (52), . . . soixante (60)

Professions

l'architecte (m, f)	*architect*	le directeur, la directrice	*director*
l'assistant social, l'assistante sociale	*social worker*	le musicien, la musicienne	*musician*
		le professeur	*teacher*
l'étudiant, l'étudiante	*student*	le sculpteur, la sculptrice	*sculptor*
l'infirmier, l'infirmière	*nurse*	le/la dentiste	*dentist*
l'informaticien, l'informaticienne	*computer specialist*	le/la journaliste	*journalist*
l'instituteur, l'institutrice	*schoolteacher*	le/la percussionniste	*drummer*
le cuisinier, la cuisinière	*cook*	le/la publicitaire	*publicist*

Nouns

l'anglais (m)	*English*	l'immobilier (m)	*real estate*
l'animal (m), les animaux	*animal(s)*	l'oncle	*uncle*
l'art (m)	*art*	la dame	*lady*
l'élève (m, f)	*schoolboy or schoolgirl*	la danse	*dance*
		la famille	*family*
l'enfant (m,f)	*child*	la femme	*woman, wife*
l'époux, l'épouse	*spouse*	la femme au foyer	*housewife*
l'escalade (f)	*rock climbing*	la fille	*daughter, girl*
l'histoire (f)	*history*	la géographie	*geography*
l'homme	*man*	la grand-mère	*grandmother*

la moto	*motorcycle*	le football	*soccer*
la nièce	*niece*	le frère	*brother*
la personne	*person*	le garçon	*boy*
la petite-fille	*granddaughter*	le grand-père	*grandfather*
la plante	*plant*	le mari	*husband*
la rue	*street*	le mariage	*wedding*
la sœur	*sister*	le marié, la mariée	*groom, bride*
la tante	*aunt*	le monde	*world*
la télévision	*television*	le neveu	*nephew*
le bruit	*noise*	le petit-fils	*grandson*
le chat	*cat*	le retraité, la retraitée	*retired person*
le chien	*dog*	le soir	*evening*
le copain, la copine	*friend*	le timbre	*stamp*
le cousin, la cousine	*cousin*	le veuf, la veuve	*widower, widow*
le fils	*son*	le voyage	*travel, trip*

Adjectives of nationality

allemand(e)	*German*	français(e)	*French*
américain(e)	*American*	grec(que)	*Greek*
anglais(e)	*English*	hollandais(e)	*Dutch*
autrichien(ne)	*Austrian*	hongrois(e)	*Hungarian*
belge	*Belgian*	italien(ne)	*Italian*
britannique	*British*	japonais(e)	*Japanese*
chinois(e)	*Chinese*	luxembourgeois(e)	*Luxembourgian*
danois(e)	*Danish*	portugais(e)	*Portuguese*
espagnol(e)	*Spanish*	suédois(e)	*Swedish*

Adjectives

âgé(e)	*old*	bon(ne)	*good*
agréable	*pleasant*	célibataire	*single*
ambitieux, ambitieuse	*ambitious*	coquet(te)	*stylish*
amusant(e)	*funny*	cultivé(e)	*well-read*
bavard(e)	*talkative*	décédé(e)	*deceased*
beau (bel), belle	*beautiful*	divorcé(e)	*divorced*

étranger, étrangère	foreign	poli(e)	polite
excellent(e)	excellent	prétentieux, prétentieuse	conceited
gentil(le)	nice	sociable	sociable
gros(se)	big	sympathique	friendly
intelligent(e)	intelligent	timide	shy
jeune	young	travailleur, travailleuse	hardworking
malin(e)	clever	vieux (vieil), vieille	old
marié(e)	married	vrai(e)	true
ouvert(e)	open		

Verbs

aller	to go	faire	to do
avoir	to have	jouer	to play
chanter	to sing	parler de	to talk about
danser	to dance	rire	to laugh
être	to be	sortir	to go out
étudier	to study	voyager	to travel

Some words and expressions

à bientôt	see you soon	jouer aux échecs	to play chess
à côté de	next to	non	no
aller au cinéma	to go to the movies	oui	yes
assez	enough	pas du tout	not at all
aujourd'hui	today	plusieurs	several
aussi	also	quelqu'un	someone
bien	well	sans	without
faire de la natation	to go swimming	seulement	only
faire des études	to study	souvent	often
faire du bricolage	to putter around the house, fixing this and that	tous les deux	both
		très	very
faire la fête	to party	un peu	a little

I. Étude de vocabulaire

2.1 Indicate the correct nationality of each of the following people.

1. Céline Dion:	a. italienne	b. canadienne	c. française
2. Gérard Depardieu:	a. espagnol	b. anglais	c. français
3. Bono:	a. irlandais	b. belge	c. grec
4. Arnold Schwarzenegger:	a. chinois	b. autrichien	c. allemand
5. Jane Goodall:	a. américaine	b. canadienne	c. anglaise
6. Marie Curie:	a. polonaise	b. française	c. italienne
7. Ludwig van Beethoven:	a. anglais	b. allemand	c. portugais
8. Nelson Mandela:	a. anglais	b. français	c. sud-africain

Now, write down the names of two famous persons you know and indicate their nationalities.

9. _____

10. _____

2.2 Read the following definitions and pick the correct professions from the list below.

dentiste, assistante sociale, infirmier, informaticien, cuisinier, journaliste, architecte, institutrice

1. He takes care of patients in a hospital but is not a doctor: _____

2. He cooks all day long: _____

3. She conducts interviews and writes articles: _____

4. She takes care of people's teeth: _____

5. He knows all about computers: _____

6. She teaches young children: _____

7. He designs houses: _____

8. She helps people get housing and jobs. _____

2.3 A. Read the following numbers out loud.

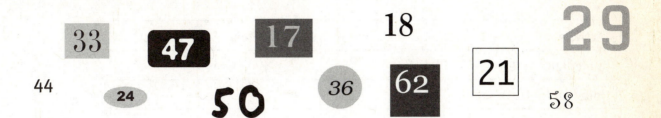

33 47 17 18 29
44 24 50 36 62 21 58

 B. Now, listen to the conversations and write down the six numbers that are mentioned.

_____ _____ _____ _____ _____ _____

2.4 The following math problems are not quite complete: the signs + (**plus**) and − (**moins**) were left out. Combine the numbers given below to match the totals. Write down the numbers so that you can explain your solutions to the class.

    MODÈLE: $6 + 10 - 2 = 14$

              Six plus dix moins deux font quatorze.

1. $5 \square 7 \square 10 = 22$ _____

2. $66 \square 3 \square 25 = 44$ _____

3. $56 \square 8 \square 9 = 57$ _____

4. $23 \square 42 \square 19 = 46$ _____

2.5 Look at Irène's family tree in your textbook on page 17 and tell us about her family by completing the following sentences.

1. Irène a une _____, Denise, et un _____, Pierre.

2. Denise et Pierre ont trois _____: deux _____ et un

   _____.

3. Denise a un _____, mais Pierre n'a pas de _____ ou de

   _____. Il est fils unique.

4. Irène a quatre _____, mais une _____ est décédée (Jeanne).

5. Le _____ de Denise est marié. Sa _____ s'appelle Jacqueline.

   Ils ont une _____ qui est donc la cousine d'Irène.

6. Jacqueline est la _____ d'Irène, et Marcel est son _____.

7. Irène est la _____ de Jacqueline et Marcel.

2.6 What activities do you do? Indicate this on the chart below: which ones do you do often (**souvent**), which ones do you do sometimes (**quelquefois**), and which ones do you never do (**jamais**).

Activité	Souvent	Quelquefois	Jamais
aimer faire la fête			
jouer au football			
jouer de l'accordéon			
aimer sortir le soir			
danser			
étudier les maths			
parler français			
aimer aller au cinéma			
aimer faire du bricolage			
jouer aux échecs			

2.7 Imagine you are placing ads for two jobs: one is to find a young actress and the other a volunteer guard in a museum (**surveillant**). Complete the ads choosing adjectives from the list. Watch for the correct gender.

Liste d'adjectifs: sympathique, sérieux/sérieuse, paresseux/paresseuse, discret/discrète, timide, travailleur/travailleuse, amusant(e), sociable, intelligent(e), aimable, indépendant(e), pessimiste, optimiste, beau/belle, poli(e)

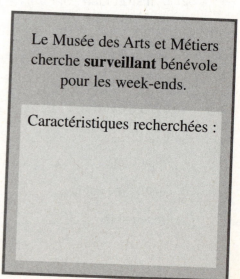

Le Musée des Arts et Métiers cherche **surveillant** bénévole pour les week-ends.

Caractéristiques recherchées :

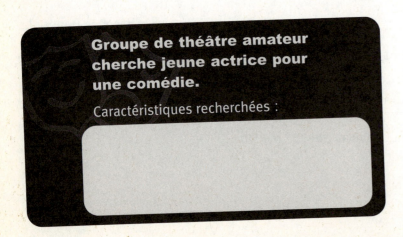

Groupe de théâtre amateur cherche jeune actrice pour une comédie.

Caractéristiques recherchées :

2.8 Which adjectives characterize you the best? Write eight sentences, nuancing your statements with **un peu, très**, or **pas du tout**. Make sure to use the correct gender!

Liste d'adjectifs: bavard(e), intelligent(e), sociable, jeune, prétentieux/prétentieuse, coquet(te), cultivé(e), gentil(le), sympathique, beau/belle, timide, poli(e), ouvert(e), travailleur/travailleuse, ambitieux/ambitieuse

Je suis . . .

_____

_____

_____

_____

_____

_____

_____

_____

2.9 The following descriptions are missing some words. Complete the sentences with the words below. Check your answers on page 15 of the textbook.

veuve, aime, gentille, sortir, ans, est, études, copains, cuisinière

1. Barbara Pinchard

    a. Elle a soixante-neuf _____.

    b. Elle est _____.

    c. C'_____ une dame très _____.

    d. C'est une excellente _____.

2. Jean-Marc Cuvelier

a. Il a dix-neuf _____.

b. Il fait des _____ de géographie.

c. Il _____ les grosses motos et _____ avec ses _____.

2.10 Look at the texts on page 15 of the textbook and write down the name of the person for each description.

1. Il travaille dans une banque.

   Il est né à Berlin.

   Il ne fait pas de sport.

   C'est un passionné de philatélie.

   Il s'appelle: _____

2. Elle n'étudie pas.

   C'est une femme d'âge moyen.

   Elle adore les arbres et les fleurs.

   Elle déteste le bruit.

   Elle s'appelle: _____

3. Il n'est pas marié.

   C'est un artiste.

   Il ne joue pas d'instrument de musique.

   Il est toujours de bonne humeur.

   Il s'appelle: _____

II. Structure

2.11 Sophie tells us here about several women in her family. The following sentences are therefore in the feminine form. Rewrite them in the masculine. Don't forget to modify the adjectives!

> **MODÈLE:**   Ma tante est jeune et amusante.
>
>   Mon oncle est jeune et amusant.

1. Ma cousine est très sérieuse.

   _____

2. C'est une belle fille.

   _____

3. Ma mère est vraiment agréable.

   _____

4. Elle est française.

   _____

5. Ma sœur est travailleuse et ambitieuse.

   _____

6. Ma grand-mère est veuve.

   _____

7. Elle est sympathique et très ouverte.

   _____

8. C'est une femme sociable et très bavarde.

   _____

9. Ma tante est très gentille.

   _____

10. Elle n'est pas mariée et elle est un peu vieille.

    _____

2.12 Rewrite each sentence as indicated and make all necessary changes.

   MODÈLE: Robert est intelligent. Sylvie et Marianne sont . . .

   Sylvie et Marianne sont intelligentes.

1. Paul est sérieux. Monique est . . .

   _____

2. Bertrand est belge. Sophie et Michel sont . . .

   _____

3. Mon grand-père est vieux. Ma grand-mère est . . .

   _____

4. Mon ami est canadien. Mes amies sont . . .

   _____

5. Le gyros est grec et la moussaka est . . .

   _____

6. Mes frères ne sont pas polis. Mes sœurs ne sont pas . . .

   _____

7. Mon cousin est gentil. Ma cousine est . . .

   _____

8. Hans est suédois. Elsa est . . .

   _____

9. Ces étudiantes sont cultivées. Ces étudiants sont . . .

   _____

10. Cet étudiant est suisse. Cette étudiante est . . .

   _____

   _____

2.13 Conjugate the verbs in parentheses paying special attention to the subject of the sentence.

1. Madame Guichard (aimer) _____ les plantes.

2. Günter et Marc (aimer) _____ l'art contemporain.

3. Philippe Bonté (jouer) _____ de la trompette.

4. Vous (jouer) _____ de la trompette?

5. Jennifer Laroche-Engelmann (voyager) _____ pour son travail.

6. Tu (voyager) _____ pour ton travail?

7. Moi, j' (étudier) _____ l'anglais.

8. Vous, vous (étudier) _____ le français.

9. Jamal (chanter) _____ quelquefois quand il fait des percussions.

10. Nous, nous (chanter) _____ souvent en cours de français.

parler	
je	parle
tu	parles
il/elle	parle
nous	parlons
vous	parlez
ils/elles	parlent

2.14 Indicate how old the following people are. Phrase your answers like the model given below.

MODÈLE: Justine Flabat (27)

Justine Flabat a vingt-sept ans.

1. Sylvie Cuvelier (41) _____

2. Justine Flavat et Philippe Bonté (27) _____

3. Barbara Pinchard (69) _____

4. Vous (20) _____

5. Je (39) _____

6. David Engelmann (12) _____

7. Marc Lefranc (33) _____

8. Tu (22) _____

avoir	
j'	ai
tu	as
il/elle	a
nous	avons
vous	avez
ils/elles	ont

2.15 Match the subjects with the correct form of the verb **être**.

1. _____ Jamal et Marc   a. ne sommes pas italiens.

2. _____ Tu   b. est canadien?

3. _____ Je   c. ne sont pas mariés.

4. _____ Philippe   d. suis étudiant de français.

5. _____ Vous   e. es journaliste?

6. _____ Nous   f. n'êtes pas allemande.

être	
je	suis
tu	es
il/elle	est
nous	sommes
vous	êtes
ils/elles	sont

Positive structure	Negative structure
Je travaille dans l'immobilier.	Je **ne** travaille **pas** dans l'immobilier.
Nous aimons étudier.	Nous **n'**aimons **pas** étudier.

2.16 A. Complete each question with a verb from the list and conjugate it correctly.

Liste de verbes: étudier (*twice*), jouer, aimer, travailler, être (*twice*), avoir

1. Vous _____ dans une banque suisse?

2. Tu _____ de Singapour?

3. Erwan _____ l'anglais avec un professeur irlandais?

4. Marion _____ faire la fête?

5. Vous _____ d'origine espagnole?

6. Vous _____ vingt ans?

7. Tu _____ au football?

8. Ils _____ l'histoire à l'université?

B. Now answer each question above in the negative.

1. _____

2. _____

3. _____

4. _____

5. _____

6. _____

7. _____

8. _____

2.17 Complete the following dialogue with **ce, c', il, elle, ils,** and **elles.**

    MODÈLE: É1: Qu'est-ce que c'est, cette photo? Un mariage?

                   É2: <u>Ce</u> n'est pas un mariage. <u>C'</u>est une réunion de famille.

1. É1: De qui sont ces enfants?

    É2: _____ sont les enfants du cousin Pierre. _____ sont des jumeaux (*twins*).

2. É1: Et cette fille?

    É2: _____ est la sœur de Julien. _____ est étudiante.

3. É1: À côté d'elle, c'est son copain?

    É2: Non, _____ n'est pas son copain. _____ est l'oncle Jacques.

4. É1: Et les petits?

    É2: _____ sont les enfants de l'oncle Jacques. _____ ne sont pas petits!

5. É1: Et derrière (*behind*), c'est la femme de Jacques?

    É2: Non, _____ n'est pas sa femme. _____ est la nouvelle copine de Julien.

6. É1: Et lui? C'est qui?

    É2: _____ est un ami. Il s'appelle Nicolas. _____ est canadien.

7. É1: Et eux? Ce sont tes parents?

    É2: Non, _____ sont mes grands-parents! _____ sont âgés, mais _____ sont très gentils!

8. É1: _____ est compliqué tout ça!

C'est + *adjective*	C'est fantastique!
C'est/ce sont + *article* + *noun*	Ce sont des amis. C'est le frère de Monique.
Il est/elle est/ils sont/elles sont + *adjective*	Elle est gentille.

2.18 Choose the correct possessive adjectives in the following sentences.

1. Thomas et Caroline ont deux enfants. **Son / Ses / Leur** fils s'appelle Kévin et **sa / ses / leur** fille, Stéphanie, je crois.

2. **Ma / Mon** nom? C'est Kosérasky, Andréa Kosérasky: **ma / mon** famille est d'origine polonaise.

3. É1: Et vous Mademoiselle? D'où sont **votre / vos** parents?

   É2: **Mon / Ma** père est breton et **mon / ma** mère est italienne.

4. É1: **Mon / Ma** frère dit que **ton / ta** amie Rosy sort avec **ton / ta** cousin. C'est vrai?

   É2: Oui, et **sa / son** frère sort avec **notre / nos** amie Claudine!

5. É1: Dis Sylvie, c'est qui sur la photo? **Ta / Ton** grand-mère?

   É2: Non, c'est **ma / mon** arrière-grand-mère, et à côté d'elle, c'est **son / sa** chien, Kidu.

Possessive adjectives	
Singular	**Plural**
mon/ma	mes
ton/ta	tes
son/sa	ses
notre	nos
votre	vos
leur	leurs

2.19 Complete the following sentences with the correct possessive adjectives.

MODÈLE: J'ai une table. C'est <u>ma</u> table.

1. J'ai un frère. C'est _____ frère.

2. Tu as une sœur . C'est _____ sœur.

3. Robert a deux enfants. Ce sont _____ enfants.

4. Il a une fille. C'est _____ fille. Et il a un fils. C'est _____ fils.

5. Monique a une tante. C'est _____ tante.

6. Elle a aussi un oncle. C'est _____ oncle.

7. Nous avons des amis. Ce sont _____ amis.

8. Vous avez une télévision. C'est _____ télévision.

9. Mes parents ont un chien. C'est _____ chien.

10. Ils ont aussi trois chats. Ce sont _____ chats.

2.20 Complete the following sentences with the correct form of the preposition **de** + definite article.

1. Bertrand joue _____ guitare et Xavier joue _____ accordéon.

2. David est un spécialiste _____ ordinateurs.

3. Est-ce que vous êtes un fan _____ groupe U2?

4. Anne-Marie est une grande amie _____ animaux.

5. Thomas est le roi _____ bricolage.

6. Hélène est la femme _____ cousin André.

7. Simon est le fils _____ professeur de maths.

8. Comment s'appelle le chien _____ voisins?

9. Julie est une collègue _____ université.

10. Jennifer est une professionnelle _____ télévision.

de + le = **du**
de + la = **de la**
de + l' = **de l'**
de + les = **des**

III. Phonétique

Nasal vowels

In French, there are three main nasal vowels. To start differentiating these sounds, listen to your teacher pronounce these three words and repeat after him/her.

chans**on**   allem**and**   canad**ien**

Note that once you know how to hear and pronounce these sounds, it will be easier to know whether a word is masculine or feminine.

Il s'appelle Just**in**, et elle, elle s'appelle Just**ine**.

 2.21 Classify in the three columns below the following words according to the nasal vowel you hear.

[õ] comme chans**on**	[ã] comme allem**and**	[ɛ̃] comme canad**ien**

Liste de mots: étudiante, gens, vin, allemande, danser, italien, français, notation, un, oncle, quinze, ans, trompette, Laffont, brun, accordéon, soixante, canadien

2.22 Listen to the words below and indicate which vowel you hear (watch out, in some cases, there is no nasal sound).

	[õ]	[ã]	[ɛ̃]	No nasal sound
nom				
cent				
cinq				
Justin				
Justine				
bien				
bon				
main				
peinture				
vingt				
vin				
pain				
américain				
américaine				
voisin				
voisine				

2.23 Listen to the sentences and indicate below whether we are talking about a man or a woman, or whether it is not possible to tell.

	Masculine	Feminine	Not possible to tell
1.			
2.			
3.			
4.			
5.			
6.			
7.			
8.			
9.			
10.			
11.			
12.			

2.24 Listen to the same sentences again, write down the sentences, and underline the endings of the words that enable you to distinguish whether you hear a masculine or a feminine form. Do not underline anything in the cases you cannot distinguish between the two genders, but write both solutions.

Sentences	Masculine	Feminine
1. Ses amies polonai<u>ses</u> arrivent demain.		✓
2. Nos ami(e)s espagnol(e)s sont là.		
3.		
4.		
5.		
6.		
7.		
8.		
9.		
10.		
11.		
12.		

> **Homophone words**
>
> In French, some words are pronounced similarly (homophones) but have different spellings. This is the case with **a** and **à**, **ou** and **où**, **et**, and **est**.

2.25 A. Read the following sentences and try to find the difference between **a** and **à**, **ou** and **où**, **et** and **est**.

1. François **a** une adresse électronique. Il habite **à** Paris.

2. Qui c'est? Théo **ou** Lucas?

3. Tu sais **où** il habite?

4. Romain **et** Frank habitent à Marseille.

5. Nathalie **est** suisse.

B. What do you notice? Try to comment with your instructor.

C. Now pick the correct forms in the following sentences:

1. Marc **a** / **à** 25 ans. Il **et** / **est** suisse, il vient de Genève.

2. Tu sais **ou** / **où** habite Virginie?

   Oui, c'est facile, rue Saint-Jacques, **a** / **à** Paris.

3. Tu aimes la littérature **et** / **est** le tourisme. Mais tu préfères le cinéma **ou** / **où** la musique?

4. Je crois que c'**est** / **et** l'Allemagne.

   Non, c'**est** / **et** le Luxembourg.

5. Édith Piaf **et** / **est** une chanteuse, née **a** / **à** Paris en 1915.

6. Zinédine Zidane **et** / **est** un joueur de football.

IV. Stratégies pour mieux apprendre

2.26 Complete the following drawing with words that you have learned in this unit.

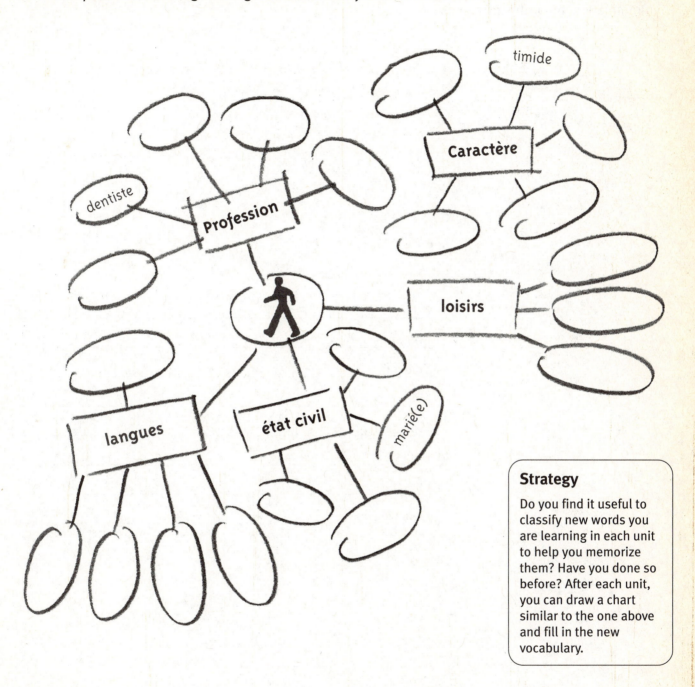

Strategy

Do you find it useful to classify new words you are learning in each unit to help you memorize them? Have you done so before? After each unit, you can draw a chart similar to the one above and fill in the new vocabulary.

V. Rédaction, révision et auto-évaluation

2.27 Think of a man and of a woman among your friends or family. Complete two forms with their information, following the model.

Nom: Le Bouquin

Prénom: Laetitia

État civil: célibataire

Âge: 30 ans

Profession: Elle travaille dans une agence de voyages.

Goûts: cinéma et lecture

Caractère: dynamique et très bavarde

Lien avec vous: amie

Nom: _____

Prénom: _____

État civil: _____

Âge: _____

Profession: _____

Goûts: _____

Caractère: _____

Lien avec vous: _____

Nom: _____

Prénom: _____

État civil: _____

Âge: _____

Profession: _____

Goûts: _____

Caractère: _____

Lien avec vous: _____

2.28 Who am I talking about? Writing five negative statements, describe two persons who are invited to Irène and Thierry's wedding (pages 18 and 19 in your textbook). You will then read one of these descriptions to the class and they will try to guess who it is.

> **MODÈLE:** Ce n'est pas une amie d'enfance de la mariée.
>
> Elle ne s'appelle pas Lepont.
>
> Elle ne parle pas portugais.
>
> Elle n'est pas mariée.
>
> Elle ne parle pas beaucoup italien.
>
> C'est Pascale Riva!

2.29 Prepare an interview: Write ten questions to ask a classmate. For instance, you can find out whether he/she plays sports, whether he/she likes music, whether he/she works, studies, travels . . . Find out about your classmate's family members and their personalities. Have your instructor check your questions before you conduct your interview. Once you are done, write a report and turn it in.

VI. Préparation au DELF

DELF A1. Written practice test

In the following practice test, you will write a short rédaction (about 100 words). Generally, students will be asked to write a letter explaining what they have done (using the past tenses, see Unité 5) or what they are going to do (using the future, see Unité 8). The letter is not for administrative purposes, but rather a letter to a friend.

2.30 Look at the models (on the left: a letter to a friend; on the right: a business letter). Then, answer the questionnaire below.

Tours, le 4 juin 2004

Chère Corinne,
Dans deux semaines c'est les vacances et j'ai envie de te rendre visite à Aix. Est-ce que c'est possible pour toi ?
À bientôt, j'espère.

Sophie

Corinne Lesœur

19, rue des Cordeliers

13100 Aix-en-Provence

Limoges, le 25 septembre 2005

Monsieur,

Suite à votre courrier du 23 septembre dernier, je vous envoie le catalogue de nos produits.

Très cordialement,

Maryse Le Goff
Service Clientèle

To write a letter to a friend

	Oui	Non
1. I must indicate the city and date.		
2. I must say **vous** to the person.		
3. If I am writing to more than one person, I must say **vous**.		
4. I must start with something such as **Cher Pierre** or **Chère Julie**.		
5. I must start with something such as **Cher Monsieur** or **Chère Madame**.		
6. I can write **Très cordialement** before I sign.		
7. I can write **À bientôt** before I sign.		
8. I can write **Je t'embrasse** or **Je vous embrasse**.		
9. It is necessary to sign both my first name and my last name.		
10. I must sign my first name or a nickname.		

Here are a few tips to write a letter to a friend:

A. Write the date:

> In front of the date, we usually write the name of the place where we happen to be when we write. Then we write the article **le** followed by the day, the month, and the year. Note that the day precedes the month in French and that months are not capitalized.

    EXAMPLE: Nantes, le 3 mars 1998

B. How to start the letter:

You can use different formulas such as:

> **Cher / Chère** + the first name of the person (Cher Michel or Chère Cathy)
>
> **Chers amis / Chères amies,** if you are writing to several friends
>
> **Salut** + the first name of the person (Salut Cédric!)

Note that if you use **cher / chère,** you will add a comma after the name, but if you use **salut,** you will often add an exclamation point.

C. How to end the letter:

You can write:

> **À bientôt,** or **à dimanche,** or **à la semaine prochaine,** depending on when you will see the person again.
>
> **Je t'embrasse / Je vous embrasse,** if you know the person well enough.
>
> **Bises** or **bisous** are expressions reserved for very close friends and relatives.

D. Model of a letter to a friend. This DELF A1 test gives some information that needs to be included in the letter.

Nous sommes le 6 septembre. Valérie et Marc font du camping en Dordogne depuis une semaine. Ils écrivent une lettre à leurs amis Catherine et Didier pour leur raconter ce qu'ils ont fait et les inviter à venir passer la semaine prochaine avec eux (about 100 words).

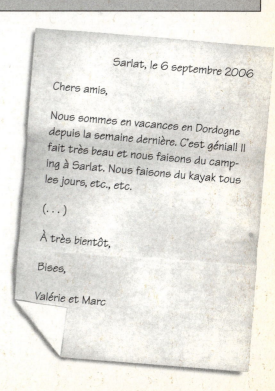

Sarlat, le 6 septembre 2006

Chers amis,

Nous sommes en vacances en Dordogne depuis la semaine dernière. C'est génial! Il fait très beau et nous faisons du camping à Sarlat. Nous faisons du kayak tous les jours, etc., etc.

(...)

À très bientôt,

Bises,

Valérie et Marc

2.31 Now it is your turn to try to write a letter containing the following information.

Nous sommes le 8 juillet 2004. Sylvie est en vacances en Bretagne depuis le 1er juillet. Elle écrit à son amie Séverine pour lui raconter ses vacances.

Unité 3
EN ROUTE!

ACTIVE VOCABULARY FOR UNITÉ 3

Months

janvier	*January*	juillet	*July*
février	*February*	août	*August*
mars	*March*	septembre	*September*
avril	*April*	octobre	*October*
mai	*May*	novembre	*November*
juin	*June*	décembre	*December*

Nouns

l'aéroport (m)	*airport*	la pêche	*fishing*
l'année (f)	*year*	la piscine	*swimming pool*
l'argent (m)	*money*	la plage	*beach*
l'auberge (f)	*inn*	la planche à voile	*windsurfing*
l'automne (m)	*autumn*	la plongée	*scuba diving*
l'avion (m)	*plane*	la promenade	*walk*
l'équitation (f)	*horseback riding*	la randonnée	*hike*
l'été (m)	*summer*	la rivière	*river*
l'hiver (m)	*winter*	la route	*road*
l' hôtel (m)	*hotel*	la saison	*season*
la campagne	*countryside*	la semaine	*week*
la carte	*map*	la ville	*city*
la chambre	*bedroom*	la voiture	*car*
la dégustation	*tasting, sampling*	le château	*castle*
la discothèque	*club, disco*	le jour	*day*
la gare	*train station*	le magasin	*store*
la laverie	*laundromat*	le marché	*market*
la location	*rental*	le matin	*morning*
la mer	*sea*	le monument	*monument*
la montagne	*mountain*	le moyen de transport	*mode of transportation*
la nuit	*night*	le musée	*museum*

le parc thématique	*theme park*	le spectacle	*show*
le pont	*bridge*	le train	*train*
le printemps	*spring*	le voyage	*travel, trip*
le quartier	*neighborhood*	le VTT	*mountain bike*
le restaurant	*restaurant*	les vacances (f)	*vacation*
le soleil	*sun*		

Adjectives

chaud(e)	*hot*	magnifique	*magnificent*
grand(e)	*big*	naturel(le)	*natural*
idéal(e)	*ideal*	prochain(e)	*next*
intéressé(e)	*interested*	sec/sèche	*dry*
joli(e)	*pretty*	seul(e)	*alone*
libre	*available*	tranquille	*quiet*

Verbs

aller	*to go*	loger	*to stay overnight*
bronzer	*to tan*	manger	*to eat*
chercher	*to look for*	partir	*to leave*
connaître	*to know*	revenir	*to return*
dormir	*to sleep*	se baigner	*to go swimming*
faire	*to do*	visiter	*to visit*
lire	*to read*	voir	*to see*

Some words and expressions

alors	*so, then*	il y a	*there is*
au bord de la mer	*by the sea*	moi aussi	*me too*
avoir envie de	*to feel like*	moi non plus	*me neither*
bon marché	*cheap*	où	*where*
différemment	*differently*	par jour	*per day*
ici	*here*	pardon	*sorry*
il fait chaud	*it is hot*	près de	*close to*
il fait froid	*it is cold*	quand	*when*
il n'y a pas	*there isn' t*	sur	*on top of*

I. Étude de vocabulaire

3.1 Look for the months of the year in the following table.

J	V	E	I	J	U	I	L	L	E	T	O
A	R	S	E	P	A	U	N	L	O	M	O
N	I	E	M	A	R	S	T	J	I	L	C
V	N	P	M	A	I	T	I	A	O	U	T
I	O	T	J	U	I	L	L	V	R	I	O
E	V	E	U	R	T	C	D	R	O	Q	B
R	E	M	I	A	B	N	S	I	O	I	R
T	M	B	N	O	M	A	R	L	V	R	E
U	B	R	A	N	A	R	B	M	T	I	L
L	R	E	R	F	E	V	R	I	E	R	M
M	E	O	U	D	E	C	E	M	B	R	E

3.2 Indicate your date of birth, the season that corresponds to it, and your astrological sign. Do the same for your father and your mother as well as for your best friend.

Bélier (du 21 mars au 20 avril)

Taureau (du 21 avril au 20 mai)

Gémeaux (du 21 mai au 21 juin)

Cancer (du 22 juin au 22 juillet)

Lion (du 23 juillet au 22 août)

Vierge (du 23 août au 22 septembre)

Balance (du 23 septembre au 22 octobre)

Scorpion (du 23 octobre au 21 novembre)

Sagittaire (du 22 novembre au 20 décembre)

Capricorne (du 21 décembre au 19 janvier)

Verseau (du 20 janvier au 18 février)

Poissons (du 19 février au 20 mars)

MODÈLE: Moi, je suis née le 15 juillet 1983, je suis née en été et je suis Cancer.

1. Moi, je _____

2. Mon père _____

3. Ma mère _____

4. Mon ami(e) _____

3.3 Here are some places you can go to on vacation. Indicate the activities that you are most likely to do in these places.

1. À la mer, en été, je vais:

   a. visiter des monuments

   b. bronzer

   c. faire du ski

2. À la montagne, en été, je vais:

   a. faire du VTT

   b. faire de la planche à voile

   c. faire de la plongée

3. Dans une grande capitale européenne, en hiver, je vais:

   a. jouer au tennis

   b. faire de la moto

   c. visiter des musées

4. À la campagne, au printemps, je vais:

   a. faire du camping

   b. connaître des cultures différentes

   c. aller à la discothèque tous les soirs

5. À la mer, en automne, je vais:

   a. nager

   b. faire de l'équitation sur la plage

   c. voir un spectacle

3.4 A. Look at the two travel ads. Which one would be most likely to attract the five people below? To find out, read the ads, then listen to the dialogues and write down which ad is most suited for each person.

OFFRES DE VOYAGES
SOLEIL LEVANT

GRANDES CAPITALES EUROPÉENNES

Londres, Berlin et Rome
15 jours

A/R en avion depuis Paris et Lyon
Déplacements en autocar et en train
Hôtels de 3 et 4 étoiles
Guides spécialisés

1

VENEZ À LA MONTAGNE !

Une semaine en pleine nature
Auberges de montagne et campings
Randonnées en vélo
Tarifs spéciaux pour les familles

2

Ad 2: _____

Ad 1: _____

B. Now write a short sentence that justifies your choice for each person.

1. Je crois qu'Anne-Marie préfère le voyage à la montagne parce que . . .

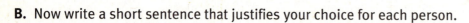

2. _____

3. _____

4. _____

5. _____

3.5 A. How about these people? How do they like to spend their vacation? Take a look at the photos and say whether the following statements are true (T) or false (F).

1. Monique et Marco n'aiment pas la campagne. ____

2. Ils préfèrent voyager en famille. ____

3. Marco aime l'hiver. ____

1. Anne et Frank aiment visiter des pays étrangers. ____

2. Ils préfèrent prendre le train. ____

3. Frank adore l'hiver. ____

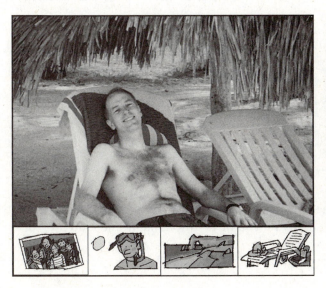

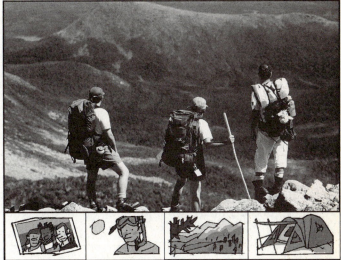

1. Richard n'aime pas la plage. ____

2. Il bronze et fait de la plongée. ____

3. Il aime partir en vacances seul. ____

1. Daniel, David et Sarah adorent faire des randonnées. ____

2. Ils aiment loger dans des hôtels de luxe. ____

3. Ils aiment la plage. ____

B. How about you? Write four or five sentences explaining what you like to do on vacation. Do you prefer the sea, the mountains, the countryside? Which season do you prefer? Which mode of transportation? Do you like to vacation by yourself, with friends, with family?

_____

_____

_____

_____

3.6 A. Look at the list of activities below and complete the chart.

Liste d'activités: jouer au rugby, le jazz, la politique, les restaurants chinois, voyager en avion, l'hiver, les plages désertes, l'histoire, Bach et Vivaldi, sortir la nuit, visiter un parc thématique, faire du shopping, faire du ski, voir des monuments historiques, faire de l'équitation, le calme, voyager seul(e), faire une randonnée, la pêche, faire du camping, faire de la plongée

+++ J'aime beaucoup	**+** J'aime bien	**–** Je n'aime pas beaucoup	**– –** Je n'aime pas du tout
_____	_____	_____	_____
_____	_____	_____	_____
_____	_____	_____	_____
_____	_____	_____	_____
_____	_____	_____	_____
_____	_____	_____	_____

B. Now, choosing from the same list and using the same expressions, write five sentences indicating the likes and dislikes of your father, your mother, your siblings if you have any, some friends, etc.

1. _____

2. _____

3. _____

4. _____

5. _____

II. Structure

Positive structure	Negative structure
Il y a une boulangerie.	Il **n'**y a **pas de** boulangerie.
Il y a des ponts.	Il **n'**y a **pas de** ponts.

3.7 Look at the description of Oroques on page 26 of your textbook and answer the following questions in complete sentences.

> **MODÈLE:** Il y a une piscine à Oroques?
>
> Oui, il y a une piscine.

1. Il y a une laverie? _____

2. Il y a un château? _____

3. Il y a un aéroport? _____

4. Il y a un restaurant chinois? _____

5. Il y a un hôpital? _____

6. Il y a un marché? _____

7. Il y a un musée? _____

8. Il y a un parc thématique? _____

3.8 A. A friend is coming from out of town to spend a few days with you. Make a list of five places that are to be found in your city and of five things that are right in your neighborhood.

> **MODÈLE:** Dans ma ville, il y a un stade de football.

1. _____

2. _____

3. _____

4. _____

5. _____

MODÈLE: Dans mon quartier, il y a un café.

1. _____

2. _____

3. _____

4. _____

5. _____

B. Now indicate three things that cannot be found in your city and three others that are not in your neighborhood.

MODÈLE: Dans ma ville, il n'y a pas de monument historique.

1. _____

2. _____

3. _____

MODÈLE: Dans mon quartier, il n'y a pas de cinéma.

1. _____

2. _____

3. _____

3.9 Find the missing verb for each sentence and don't forget to conjugate it!

Liste de verbes: avoir envie de, aimer, jouer, faire, avoir, préférer, jouer, visiter

faire	
je	fais
tu	fais
il/elle/on	fait
nous	faisons
vous	faites
ils/elles	font

préférer	
je	préfère
tu	préfères
il/elle/on	préfère
nous	préférons
vous	préférez
ils/elles	préfèrent

1. Romain _____ de la flûte.

2. Julien _____ des amis en Espagne.

3. Claire _____ un musée.

4. Brice et Marc _____ du football.

5. Aurélien _____ de faire du vélo.

6. Gaëlle et moi, nous _____ de la guitare.

7. Océane _____ les vacances à la plage.

8. Catherine et moi, nous _____ le chocolat.

3.10 Complete the following sentences, conjugating the verbs correctly.

Bonjour! Je (s'appeler) _____ Nicole et j' (avoir) _____ 20 ans. Je (être) _____ étudiante à l'université de Nantes. J' (étudier) _____ la chimie et la physique. Je (faire) _____ du sport et de la musique.

Elle, c'est Marie. Elle (avoir) _____ 21 ans et elle (habiter) _____ à Nantes aussi. Elle (ne pas étudier) _____ à la faculté, mais elle (travailler) _____ à la bibliothèque. Nous (être) _____ amies et nous (aimer) _____ sortir en ville. Nous (faire) _____ du shopping et nous (visiter) _____ des musées.

Mes parents (s'appeler) _____ Robert et Françoise. Ils (être) _____ retraités et ils (préférer) _____ vivre à la campagne. Ils (avoir) _____ une grande maison à côté de Nantes. Ils (faire) _____ de la randonnée en été. Je (croire) _____ que ma mère (avoir envie de) _____ faire un voyage aux États-Unis, mais mon père (préférer) _____ rester à la maison. Il (faire) _____ du bricolage. Ma mère et moi, nous (préférer) _____ les voyages.

Et vous? Qu'est-ce que vous (préférer) _____? Est-ce que vous (faire) _____ du sport, de la musique? Est-ce que vous (aimer) _____ les voyages?

3.11 A. Study these expressions of agreement and disagreement, then try to complete the following sentences according to the indications: ☺ indicates agreement and ☹ indicates disagreement.

Agreement	Disagreement
moi aussi, moi si	moi non, pas moi, moi non plus

MODÈLE: É1: Je veux connaître l'Auvergne!

             É2: ☺ Moi aussi!

             É3: ☹ Moi non!

1. É1: J'adore le théâtre!

   É2: ☺ _____

   É3: ☹ _____

2. É1: Je n'ai pas de vacances en août.

   É2: ☺ _____

   É3: ☹ _____

3. É1: Je n'aime pas du tout le golf.

   É2: ☹ _____

   É3: ☺ _____

4. É1: J'aime beaucoup les chats!

   É2: ☺ _____

   É3: ☹ _____

5. É1: Je n'aime pas du tout les araignées (*spiders*).

   É2: ☹ _____

   É3: ☺ _____

B. Now, applying the same logic, try to complete the following sentences. Watch out! The subjects change and so do the stressed pronouns.

MODÈLE: É1: Natasha est très sportive. Et Béatrice?

             É2: ☺ Oui, elle aussi.

1. É1: Thomas est vraiment sympathique. Et Patrick?

   É2: ☺ _____, il est très sympa.

2. É1: Mes parents ne sont pas contents parce que j'aime sortir la nuit. Et tes parents?

   É2: ☹ _____, ils ne sont pas contents.

3. É1: Marc et moi, nous faisons de la randonnée. Et André et toi?

   É2: Non, ☹ _____.

4. É1: Manu et moi, nous ne faisons pas de planche à voile. Et Alain et toi?

   É2: ☺ _____, nous faisons de la planche à voile.

3.12 You just received a postcard from a friend but some words are missing. Add **on** (four times), **en** (three times), **faire** (twice, and conjugate it!), **une** (twice), **il y a** (once), **de** (once), and **des** (once).

Dakar, le 25 juin 2005

Salut Bruno!

(1) _____ est à Dakar. On est venu (2) _____ avion, c'est un peu long!

(3) _____ du soleil et (4) _____ va à la plage tous les jours. On

(5) _____ des promenades (6) _____ 4x4 tous les après-midi pour visiter la région.

Il n'y a pas (7) _____ touristes mais on (8) _____ beaucoup d'activités en

groupe. Demain, on part (9) _____ autocar pour voir le désert.

À l'hôtel, on a (10) _____ chambre fantastique. Il y a (11) _____ piscine

immense et (12) _____ boutiques géniales: (13) _____ peut acheter tout

ce qu'(14) _____ veut.

Bisous,

Thomas

3.13 Complete the following sentences with partitive articles.

1. Mon frère joue _____ piano et moi, je joue _____ guitare.

2. Est-ce que vous faites _____ plongée?

3. Mon amie fait _____ équitation.

4. Quand Thomas va au bord de la mer, il fait _____ planche à voile.

5. Moi, je ne fais pas _____ planche à voile

6. À la montagne, on respire _____ air pur.

7. J'ai envie de manger _____ salade et _____ fromage.

8. Mes parents mangent souvent _____ chocolat.

Les articles partitifs
du
de la
de l'+ vowel

3.14 Now complete the following sentences with definite, indefinite, and partitive articles.

Les articles définis	
Singulier	**Pluriel**
le	les
la	
l'+ vowel	

Les articles indéfinis	
Singulier	**Pluriel**
un	
une	des

1. J'aime _____ fruits. J'adore _____ oranges et _____ bananes, mais je n'aime pas _____ pommes.

2. Aujourd'hui, nous allons faire _____ randonnée et _____ VTT.

3. Barbara a _____ amie française et _____ ami italien. _____ Française s'appelle Catherine, et _____ Italien s'appelle Roberto.

4. Ma mère adore faire _____ shopping.

5. À l'université, nous étudions _____ français, _____ histoire et _____ mathématiques.

6. Moi, j'ai deux frères. Avez-vous _____ frère ou _____ sœur?

7. Bernard a _____ cousins qui habitent au Canada.

8. À l'université, il y a _____ étudiants et _____ professeurs. _____ étudiants sont jeunes et _____ professeurs sont (un petit peu) vieux!

III. Phonétique

 3.15 A. What do you hear, singular or plural? Listen and complete the chart below. The sound [ə] is the sound you hear in words such as **le** or **promenade**. The sound [ɛ] is the sound you hear in words such as **les** or **discothèque**.

	I hear		What is it?	
	[ə]	**[ɛ]**	**Singular**	**Plural**
A	le film	les films		
B	le livre	les livres		
C	le sport	les sports		
D	ce garçon	ces garçons		
E	ce programme	ces programmes		

B. What do you notice? Is there a link between the sounds you hear and the fact that the words are singular or plural?

_____

_____

3.16 A. Listen to and read the following sentences. Underline the words that have the sound [ə].

1. J'adore les plages ensoleillées pour bronzer et me baigner.

2. Je déteste les musées.

3. Regardez les photos, écoutez les dialogues et complétez le tableau.

4. Il voyage dans le monde entier.

B. Now listen again, and write down all the words that have the sound [e].

1. _____

2. _____

3. _____

4. _____

C. What are the letters or group of letters that are pronounced [e]? _____

_____

> You might have noticed that the sound [e] and the sound [ɛ] are quite similar. Words that have these sounds are not necessarily pronounced the same way, depending on which region or French-speaking country speakers come from. For instance, the word **pays** may be pronounced [pɛi] or [pei].

3.17 Look through **Unité 3** and note four words that contain the following letters:

é: _____

ez: _____

ai: _____

-er (as a word ending): _____

IV. Stratégies pour mieux apprendre

3.18 A. Observe Martine and Jean-Louis carefully. Try to imagine the kind of vacation they like. You may write their initials next to the activity icons that fit them in your opinion.

1

2

Strategy

You might have noticed that contexts and what we know about people and the world in general enable us to make hypotheses. These hypotheses are useful for understanding what we hear or what we read, in the classroom as well as outside the classroom.

B. Now listen to the interviews of Martine and Jean-Louis in which they talk about the types of vacation they like. Were your hypotheses correct? Answer the question below.

1. Est-ce que Martine aime la nature? _____

2. Quelles activités est-ce qu'elle aime? _____

3. Est-ce qu'elle préfère le camping ou l'hôtel? _____

4. Est-ce qu'elle aime sortir le soir? _____

5. Est-ce que Jean-Louis aime le sport? _____

6. Quelles activités est-ce qu'il aime? _____

7. Est-ce qu'il préfère le camping ou l'hôtel? _____

8. Est-ce qu'il aime sortir le soir? _____

V. Révisions des Unités 1, 2 et 3

3.19 Complete the following drawing with words you have learned in these first three units.

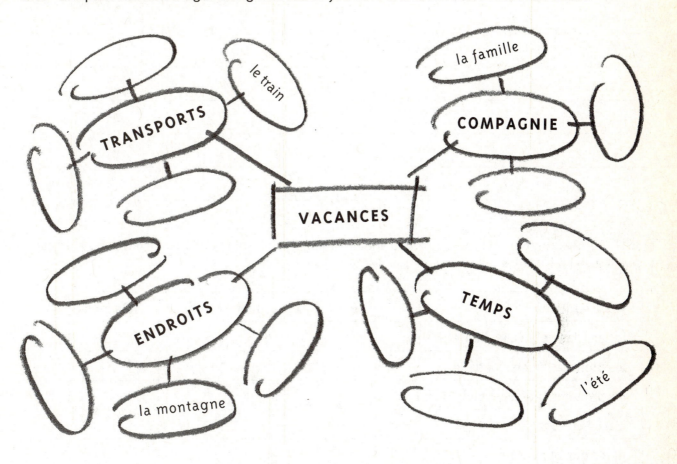

3.20 A. Complete the following text in a logical way with the following words. (Careful: the words are not in order and you need to conjugate the verbs!)

> le, la, l', habiter, être, avoir, moi, adorer, aimer, s'appeler

(1) _____, je (2) _____ Ivan Dutronc. Je (3) _____ français, je suis de Mulhouse et j'(4) _____ 21 ans. Je suis né le 20 janvier 1986.

J'(5) _____ à Strasbourg. J'(6) _____ faire du sport, mais pas le regarder à la télévision. J'adore (7) _____ football et (8) _____ natation. J'étudie (9) _____ anglais. La majorité des livres que je lis sont en anglais et j'(10) _____ le groupe Queen, c'est un groupe génial. J'aime beaucoup la musique.

B. Now modify the text starting with:

Lui, il _____

_____

_____

_____

_____

_____

 3.21 Auto-évaluation. Evaluate how well you are using the following notions. Review whatever aspect is causing you difficulties.

Je sais utiliser	Peu	Assez bien	Bien	Très bien
les articles définis: **le, la, l'** et **les**				
les pronoms sujets: **je, tu, il, . . .**				
les pronoms toniques: **moi, toi, lui, . . .**				
c'est / ce sont				
parce que et **pour**				
le présent d'**être**				
le présent d'**avoir**				
le présent de **s'appeler**				
le présent d'**habiter**				
le présent d'**aimer**				

3.22 You have learned how to introduce your family. This is a description of Clarisse's family. Complete the sentences with the following words (they are not in order!):

s' appeler

c'est / ce sont / il est / elle est / ils sont / elles sont

la négation **ne . . . pas**

les adjectifs possessifs: **mon, ma**, etc.

les pronoms toniques: **moi, toi, lui**, etc.

bavard, belle, pharmacienne, étudiante, architecte, suisse, française

Clarisse nous parle de sa famille: «Ça, (1) _____ une photo de (2) _____

famille, la famille Dupuis. (3) _____ une photo de vacances chez (4) _____

parents, dans (5) _____ maison de campagne. Au milieu, vous pouvez donc voir

(6) _____ père. Il s'appelle Bernard, il est (7) _____. Il est

(8) _____, de Lausanne. À côté de (9) _____, c'est (10) _____

mère, elle s'appelle Magalie, elle est (11) _____. Elle adore donner des conseils sur les

médicaments. Elle est (12) _____, de Nancy. À sa droite, (13) _____ ma tante,

elle est très (14) _____. Là, c'est tonton Thierry, il est très (15) _____, il parle

tout le temps. Il (16) _____ travaille _____, il est retraité. Il y a aussi

(17) _____ oncle Christian et (18) _____ femme Laetitia avec

(19) _____ enfants Lionel, (20) _____ cousin préféré, et Marion,

(21) _____ cousine. (22) _____, je (23) _____ Clarisse et j'ai 18

ans. Je suis (24) _____ en médecine à Paris.»

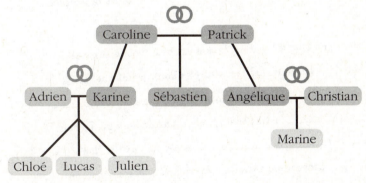

3.23 Look at the family tree and define the relationships between the following people.

1. Lucas and Marine: _____

2. Lucas and Julien: _____

3. Angélique and Chloé: _____ et _____

4. Marine and Patrick: _____ et _____

5. Caroline and Julien: _____ et _____

6. Christian and Sébastien: _____

7. Karine and Angélique: _____

8. Sébastien and Marine: _____ et _____

9. Adrien and Caroline: _____ et _____

 3.24 Check the notions that you have mastered (the ones you did not get any mistakes on in the previous exercises). If you have fewer than six check marks, review all three units!

Je sais utiliser	Peu	Assez bien	Bien	Très bien
les adjectifs: **bavard, timide**, etc.				
les adjectifs de nationalité				
c'est / il est				
la négation: **ne . . . pas**				
les adjectifs possessifs: **mon, ta**, etc.				
les liens de parenté: **mère, père, sœur** , etc.				

3.25 You have studied how to express your tastes and to talk about places you go to on vacation. Complete the following postcard with the verbs **faire, avoir envie de**, and **préférer**, with **il y a / il n'y a pas de**, with the indefinite pronoun **on**, with partitive articles, with **(moi) aussi, (moi) non, (moi) non plus, c'est**.

Ibiza, le 25 juillet

Chère Sophie,

Je (1) _____ du ski nautique tous les matins, la mer est très chaude et avec Frédéric, (2) _____ sort tous les soirs. Les discothèques sont géniales ici et les gens sont sympathiques. Ici, (3) _____ fantastique, (4) _____ du soleil tous les jours et il (5) _____ très beau. Il n'y a pas de nuages. Tu sais que Frédéric n'aime pas faire du shopping. (6) _____ je n'aime pas ça. Nous (7) _____ visiter l'île, il y a beaucoup d'endroits magnifiques à découvrir, et on profite de la gastronomie locale: (8) _____ mange (9) _____ poisson et (10) _____ gâteaux excellents qui s'appellent «ensaimadas». Demain, j'(11) _____ _____ _____ passer la journée à la plage pour bronzer, le sable est blanc et l'eau d'un bleu indescriptible.

Bisous,

Laetitia

3.26 Evaluate your knowledge of the following notions. Review whatever points need improvement.

Je sais utiliser	Peu	Assez bien	Bien	Très bien
les articles indéfinis: **un, une, des**				
il y a / il n'y a pas de				
le pronom indéfini **on**				
le présent de **faire** et **préférer**				
les articles partitifs: **du, de la, de l'**				
le lexique des moyens de transport				
le lexique des loisirs				
le lexique des mois et des saisons				
avoir envie de				
(moi) aussi, (moi) non, (moi) non plus				

VI. Préparation au DELF

DELF A1. Oral practice test

You need to complete a simple everyday situation such as introducing your family or describing your apartment. You will be given a few minutes to prepare and the test will last about ten minutes. Here is some advice for the test:

Show that you understand the topic as well as the questions you are asked.

Speak clearly and without haste.

Organize your presentation.

3.27 Here are a few topics based on the units you have studied so far that will help you prepare for the test.

1. Vous organisez un voyage pour la classe. Vous expliquez le type de voyage que vous préférez.

2. Vous êtes en vacances, vous téléphonez à un de vos amis pour lui expliquer où vous êtes et ce que vous faites.

3. Expliquez ce qu'on peut faire dans votre pays ou région.

4. Qu'aimez-vous faire quand vous voyagez?

5. Quelles sont vos vacances idéales?

3.28 Written practice test

Review the advice about writing letters given in Unité 2 (pages 39). Write a postcard to a friend (about 80 words). Here is some information about your trip and your feelings.

DÉPART

✈ Aéroport d'Orly (Paris) le 6 juillet à 14h35

ARRIVÉE

✈ Aéroport de Londres-Gatwick le 6 juillet à 16H30.
☞ Transfert à l'hôtel (autocar)

VISITES

☞ National Gallery (vous détestez)
☞ Le Palais de Buckingham (vous aimez)
☞ La Tour de Londres et son musée (vous adorez)

ACTIVITÉS

☞ Faire du shopping (vous n'aimez pas)
☞ Sortir la nuit (vous adorez)
☞ Voir une comédie musicale (vous aimez)

3.29 Comprehension practice test

You will listen to four people talk about their vacations. Check all the correct statements on the charts below.

1.

Quelle est sa nationalité ?
- ◯ italienne
- ◯ française

Quelles sont ses activités préférées ?
- ◯ sortir la nuit
- ◯ faire des randonnées
- ◯ faire du shopping

Qu'est-ce qu'il déteste faire ?
- ◯ faire du ski
- ◯ visiter des musées
- ◯ faire les magasins

Quel est le voyage qu'il a envie de faire ?
- ◯ connaître la Suisse et ses lacs
- ◯ connaître la Suisse et ses montagnes
- ◯ connaître la France et ses montagnes

2.

Où veut partir Julien ?
- ◯ à Paris
- ◯ à Bali
- ◯ à Bari

Quelles sont ses activités préférées ?
- ◯ bronzer et se baigner
- ◯ faire des randonnées
- ◯ visiter des monuments

Qu'est-ce qu'il déteste faire ?
- ◯ faire du VTT
- ◯ visiter des monuments
- ◯ aller à la plage

Quelle est sa saison préférée ?
- ◯ l'hiver
- ◯ l'automne
- ◯ l'été

3.

Elle préfère les voyages :
- ◯ en moto
- ◯ en avion
- ◯ en auto

Elle préfère dormir :
- ◯ au camping
- ◯ à l'hôtel
- ◯ on ne sait pas

Quelles sont ses activités préférées ?
- ◯ bronzer et se baigner
- ◯ visiter des musées
- ◯ visiter des monuments

Pourquoi est-ce qu'elle choisit un pays ?
- ◯ pour sa culture
- ◯ pour ses traditions
- ◯ pour son climat

4.

Quelles sont ses activités préférées ?
- ◯ sortir la nuit
- ◯ faire des promenades
- ◯ faire du shopping

Il préfère dormir :
- ◯ au camping
- ◯ à l'hôtel
- ◯ on ne sait pas

Qu'est-ce qu'il déteste faire ?
- ◯ faire du ski
- ◯ visiter des monuments
- ◯ aller à la plage

Pourquoi est-ce qu'il n'aime pas faire ça ?
- ◯ à cause de la chaleur
- ◯ parce qu'il fait froid
- ◯ c'est trop fréquenté

Unité 4
LEVEZ UNE JAMBE!

ACTIVE VOCABULARY FOR UNITÉ 4

Days of the week

lundi	*Monday*	vendredi	*Friday*
mardi	*Tuesday*	samedi	*Saturday*
mercredi	*Wednesday*	dimanche	*Sunday*
jeudi	*Thursday*		

Nouns

l'alimentation (f)	*diet (what you eat)*	le bureau	*desk*
l'an (m)	*year*	le cœur	*heart*
l'après-midi (m)	*afternoon*	le conseil	*advice*
l'athlétisme (m)	*track*	le corps	*body*
l'eau (f)	*water*	le cyclisme	*biking*
l'emploi (m)	*job*	le dos	*back*
l'environnement (m)	*environment*	le fruit	*fruit*
l'escrime (f)	*fencing*	le genou	*knee*
l'heure (f)	*hour*	le jour	*day*
l'horaire (m)	*schedule*	le lait	*milk*
l'humeur (f)	*mood*	le légume	*vegetable*
l'œil (m)	*eye*	le matin	*morning*
l'ordinateur (m)	*computer*	le ménage	*housecleaning*
la bouche	*mouth*	le midi	*at noon*
la chaise	*chair*	le nez	*nose*
la graisse	*fat*	le petit-déjeuner	*breakfast*
la gymnastique	*gymnastics*	le pied	*foot*
la jambe	*leg*	le poids	*weight*
la main	*hand*	le poisson	*fish*
la marche à pied	*walking*	le régime	*diet (as in "to go on a diet")*
la semaine	*week*		
la sieste	*nap*	le soir	*evening*
la tête	*head*	le visage	*face*
la viande	*meat*	les devoirs(m)	*homework*
la vie	*life*	les légumes(m)	*vegetables*
la voile	*sailing*	les sucreries(f)	*sweets*
le bras	*arm*	les yeux(m)	*eyes*

Adjectives

assis(e)	*seated*	frais, fraîche	*fresh*
bruyant(e)	*noisy*	gauche	*left*
contrarié(e)	*upset*	irrégulier, irrégulière	*irregular*
droit(e)	*right*	régulier, régulière	*regular*
facile	*easy*	sain(e)	*healthy*

Verbs

acheter	*to buy*	s'habiller	*to get dressed*
boire	*to drink*	se coucher	*to go to bed*
courir	*to run*	se déplacer	*to move around*
donner	*to give*	se détendre	*to relax*
essayer	*to try*	se disputer	*to argue*
fermer	*to close*	se doucher	*to shower*
finir	*to finish*	se laver	*to wash oneself*
fumer	*to smoke*	se lever	*to get up*
marcher	*to walk*	se peigner	*to comb one's hair*
ouvrir	*to open*	se réveiller	*to wake up*
penser	*to think*	tendre	*to extend*
prendre	*to take*	tirer	*to draw*
réussir	*to succeed*	vivre	*to live*
s'asseoir	*to sit down*		

Some words and expressions

après	*after*	perdre du poids	*to lose weight*
assez	*enough*	quelquefois	*sometimes*
avoir mal à	*to hurt (as in, a particular body part hurts)*	rarement	*rarely*
		rien	*nothing*
chaque	*each*	tard	*late*
en plein air	*outdoors*	tôt	*early*
être en forme	*to be healthy, to be in good shape*	toujours	*always*
		tous les jours	*every day*
faire du sport	*to exercise*	toutes les semaines	*every week*
il faut (+ infinitive)	*to be necessary*	trop	*too much*
jamais	*never*	vers le bas	*downwards*
passer des examens	*to take exams*	vers le haut	*upwards*

I. Étude de vocabulaire

4.1 Here are some activities that are most likely part of your life. Indicate on which day of the week you usually do them. If you don't do them, write **jamais**. If you do them every day, write **tous les jours**.

Activité	Jour(s) de la semaine
étudier le français	
faire du sport	
travailler	
boire du lait	
dormir tard	
se lever tôt	
aller au cinéma	
être stressé(e)	
se détendre	
jouer aux échecs	

4.2 Do you remember all the words for the body parts? You can look them up in your textbook pages 34–35 if you need help!

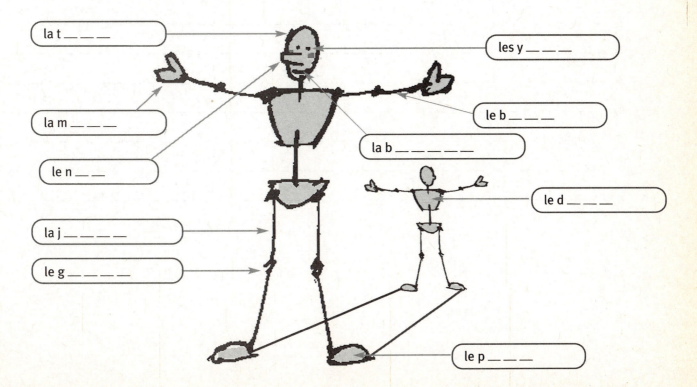

la t _ _ _ _

les y _ _ _ _

la m _ _ _ _

le b _ _ _ _

le n _ _

la b _ _ _ _ _ _

la j _ _ _ _ _

le d _ _ _ _

le g _ _ _ _ _

le p _ _ _ _

4.3 A. Identify the body parts depicted on the drawings below. Then match each part with one or more of the activities mentioned underneath.

1. _____

2. _____

3. _____

4. _____

5. _____

6. _____

7. _____

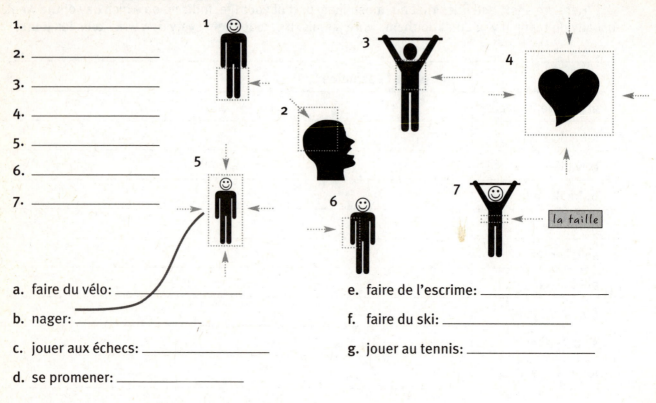

a. faire du vélo: _____

b. nager: _____

c. jouer aux échecs: _____

d. se promener: _____

e. faire de l'escrime: _____

f. faire du ski: _____

g. jouer au tennis: _____

B. Now make sentences explaining what is good for which part.

    MODÈLE: Danser, c'est bon pour les jambes, pour le cœur et pour la tête.

1. _____

2. _____

3. _____

4. _____

5. _____

6. _____

7. _____

4.4 Match the statements using logic.

1. ____ Ce soir, je dois beaucoup étudier.		a. Je dois faire du sport.
2. ____ Mon amie fait un régime.		b. J'ai mal à la tête.
3. ____ Je fais une grande randonnée.		c. Tu ne manges jamais de viande.
4. ____ Je désire perdre du poids.		d. Tu n'es pas en forme.
5. ____ Tu sors à la discothèque avec des amis.		e. J'ai mal aux jambes.
6. ____ Je mange trop de sucreries.		f. Je dois passer un examen demain matin.
7. ____ Tu es végétarien.		g. Elle mange beaucoup de légumes.
8. ____ Tu fumes beaucoup.		h. Tu te couches très tard.

4.5 Reorganize the following sentences into a logical order.

(1) Monique se couche à 11h00, elle est très fatiguée. (2) Elle se dépêche parce qu'elle doit aller travailler. (3) Monique se réveille à 7h00: Oh non! Elle est en retard! (4) Elle s'habille rapidement. (5) Elle se lave très vite et elle se brosse les dents. (6) Elle s'asseoit à son bureau et elle commence son travail. (7) Elle ne prend pas de petit-déjeuner, elle sort et elle prend le bus. (8) Après le travail, elle fait les courses et elle fait du jogging. (9) Elle lit un peu et elle s'endort. (10) Elle se douche et elle va au restaurant avec des amis.

_____, _____, _____, _____, _____, _____, _____, _____, _____, _____,

II. Structure

> **se réveiller**
>
> je me réveille
>
> tu te réveilles
>
> il/elle se réveille
>
> nous nous réveillons
>
> vous vous réveillez
>
> ils/elles se réveillent

4.6 Complete the following mini-dialogues with the correct forms of the verbs.

1. É1: Est-ce que vous (se détendre) _____ souvent?

   É2: Oui, nous (se promener) _____ tous les jours.

2. É1: Est-ce que tu (se lever) _____ tôt le matin?

   É2: Oui, je (se réveiller) _____ à 6h00!

3. É1: Est-ce que vos grands-parents (se coucher) _____ tard?

   É2: Non, ils (ne pas se coucher) _____ tard.

4. É1: Est-ce que vous (se doucher) _____ avant votre petit-déjeuner?

   É2: Non, je préfère (se laver) _____ après.

5. É1: Est-ce que vos enfants (se brosser) _____ les dents tous les soirs?

   É2: Oui bien sûr, mais il n'aiment pas (se brosser) _____ les cheveux!

6. É1: Est-ce que ta mère (s'habiller) _____ de manière chic en général?

   É2: Oui, elle est très coquette! Mais mon père (ne pas s'habiller) _____
   très bien . . .

4.7 Explain your daily routine using the verbs **se réveiller, se lever, se doucher, se brosser les dents, se laver, s'habiller, prendre son petit-déjeuner,** and **lire le journal,** as well as any other verbs and expressions you wish to use.

_____

_____

_____

_____

_____

_____

4.8 Conjugate the verbs in parentheses in the present tense.

1. Mes amis (dormir) _____ tard le matin, mais moi, je (se lever) _____ tôt.

2. Je (devoir) _____ travailler tous les jours. Et vous, vous (travailler) _____?

3. Nous (devoir) _____ parler français dans le cours de français!

4. Qu'est-ce que tu (boire) _____ au petit-déjeuner?

5. En France, nous (boire) _____ souvent du vin.

6. Beaucoup d'enfants (boire) _____ trop de boissons sucrées.

7. Est-ce que vous (sortir) _____ souvent le soir?

8. Mon père (sortir) _____ très rarement le soir.

9. Marc (acheter) _____ le journal tous les matins.

10. Nous, nous (acheter) _____ des magazines de temps en temps.

11. À quelle heure est-ce que vous (finir) _____ vos cours?

12. Nathalie (prendre) _____ l'autobus pour aller au travail.

13. Moi, je (prendre) _____ ma voiture, et mes amis Jean et François (prendre) _____ le métro.

14. En général, nous (ne pas manger) _____ assez de légumes et nous (prendre) _____ trop de sucreries.

15. Je (aller) _____ faire une randonnée ce week-end, et mes parents (aller) _____ faire du deltaplane.

4.9 Choose the correct verbs from the list and complete the following sentences in a logical way. Don't forget to conjugate the verbs!

    Liste de verbes: manger (*four times*), boire, fumer, faire (*three times*), jouer, travailler

1. Moi, je ne fume pas, mais mes frères _____ beaucoup.

2. Mon père ne _____ pas de poisson, mais ma mère et moi, nous en _____ trois fois par semaine.

3. Chez moi, personne ne _____ d'alcool.

4. Ma mère me dit toujours: «Tu _____ trop de sucreries!», mais parfois, elle en _____ aussi.

5. Papa _____ 35 heures par semaine.

6. Mes frères et moi, nous _____ du vélo tous les week-ends.

7. Ma mère _____ du yoga et mon père _____ au tennis. Ils _____ beaucoup de sport, mes parents.

4.10 Make an association between the following activities and people you know. It can be someone in the class, a friend, a relative, etc. Don't forget to conjugate the verbs!

    MODÈLE: (faire) un régime:

                Mon ami Robert fait un régime.

1. (voyager) souvent en avion: _____

2. (ne pas manger) de viande: _____

3. (jouer) au football de temps en temps: _____

4. (parler) deux langues ou plus: _____

5. (devoir) manger plus de légumes: _____

6. (lire) tous les soirs avant de dormir: _____

7. (aller) souvent au cinéma: _____

8. (faire) de l'équitation: _____

9. (boire) trop d'alcool: _____

10. (être) en forme: _____

Négation:	ne . . . pas	Je **n'**aime **pas** le ski.
	ne . . . jamais	Je **ne** fais **jamais** de ski.

**Careful: un, une, des, du, de l', and de la become pas de in the negative, except with the verb être:

Je fais **du** vélo.	Je **ne** fais **pas de** vélo.
C'est **un** ami.	Ce n'est **pas un** ami.

4.11 Your friend is asking you many questions. You are clearly annoyed and in a bad mood, and you cannot help but being negative. Rewrite each sentence in the negative:

MODÈLE: Tu es en forme?

Non, je ne suis pas en forme.

1. Tu te réveilles tôt le matin?

_____

2. Tu aimes te promener?

_____

3. Tu bois assez d'eau?

_____

4. Ta sœur adore l'équitation?

_____

5. Tes parents font de la plongée?

_____

6. Tu fais de l'athlétisme?

_____

4.12 A. Now it is your turn to ask questions. Look at the information below and use **est-ce que**.

MODÈLE: à votre professeur: boire beaucoup de lait, regarder souvent la télé

Est-ce que vous buvez beaucoup de lait?

Est-ce que vous regardez souvent la télé?

1. à votre mère: manger des fruits, dormir assez la nuit

_____

_____

2. à votre professeur: prendre son vélo pour aller à la fac, finir son travail tôt

_____

_____

3. à un ami: boire du café, faire de la plongée

_____

_____

4. à votre frère ou sœur: se lever tard, aller souvent au cinéma

_____

_____

5. à vos grands-parents: être en forme, faire du sport

_____

_____

B. Now imagine their answers.

1. _____

_____

2. _____

_____

3. _____

_____

4. _____

_____

5. _____

_____

Tu aimes l'escrime?	Oui, j'aime l'escrime.
	Non, je n'aime pas l'escrime.
Tu n'aimes pas l'escrime?	Si, j'aime l'escrime!

4.13 A. Sandrine, Antoine, and Laurent are roommates and they need to decide who will take their shower first in the morning. Read the dialogue below and complete the sentences using **oui, non, si,** and **aussi.**

ANTOINE: Sandrine, comment on fait demain matin? Tu ne te lèves pas avant 8h00, n'est-ce pas?

SANDRINE: Mais (1) _____! Je dois me lever à 7h30 pour être au travail à 9h00 pile.

LAURENT: Ah bon? Moi (2) _____, je dois me lever à 7h30. Et toi Antoine, est-ce que tu as cours à l'université demain matin?

ANTOINE: (3) _____, à 9h00.

SANDRINE: C'est pas vrai! Et j'imagine que tu te lèves (4) _____ à 7h30?

ANTOINE: (5) _____, bien sûr! Et à cette heure-là, je dois prendre une douche, sinon je n'arrive pas à me réveiller. Vous ne vous douchez pas le soir, vous?

SANDRINE: (6) _____, toujours le matin.

LAURENT: Moi, (7) _____, parfois. Avant de me coucher.

B. Now listen to the dialogue and check whether your answers were correct.

C. Can you find a solution for Antoine, Sandrine, and Laurent since they all need the bathroom around the same time?

MODÈLE: Sandrine doit se réveiller à 6h30 pour se doucher, Antoine à 7h00 et Laurent à 7h30.

_____

_____

_____

4.14 A. Complete the chart below by checking how frequently or infrequently you do the activities mentioned.

Activité	Toujours	Souvent	Quelquefois	Rarement	Jamais
fumer					
boire du coca					
visiter un musée					
se coucher tôt					
se disputer avec ses parents					
manger du poisson					
manger des sucreries					
faire du yoga					

B. Now write at least five sentences narrating what you checked on the chart.

    MODÈLE: Moi, je bois rarement du coca et je ne mange jamais de sucreries.

_____

_____

_____

_____

4.15 Look at the following list and the picture. What do you think this man's habits are? Say whether the following statements are true (T) or false (F).

1. Il boit trop de café. _____

2. Il fume beaucoup. _____

3. Il fait beaucoup de sport. _____

4. Il boit peu d'alcool. _____

5. Il ne mange pas assez de fruits et de légumes. _____

6. Il boit assez d'eau. _____

7. Il mange trop. _____

8. Il fait un peu de natation. _____

4.16 Read the descriptions of David and Paula and complete the sentences with **peu (de)**, **assez (de)**, **beaucoup (de)**, **trop (de)**, **pas assez (de)**.

1. Il travaille _____ heures par jour.

2. Il n'a _____ temps libre.

3. Il connaît _____ gens importants.

4. Il voyage _____ à l'étranger.

5. Il a une maison _____ grande pour lui.

6. Il ne dort pas _____.

7. Il a _____ amis.

8. Elle fait _____ sport.

9. Elle ne mange _____.

10. Elle a _____ amis et de copains.

L' impératif		
finis	finissons	finissez
mange	mangeons	mangez
sois	soyons	soyez
aie	ayons	ayez

DAVID

Il passe toute sa journée au travail, il n'a donc pas de temps pour ses hobbies. Mais grâce à sa profession, il rencontre très souvent des acteurs et des chanteurs dans des festivals internationaux. Comme il voyage toute la semaine, il n'a pas le temps de surveiller son alimentation. Le week-end, il n'aime pas rentrer dans sa grande maison près de Lyon (500 m² !), où il habite tout seul et il sort avec son seul ami, Pierre. C'est un homme stressé et ses nuits sont courtes.

PAULA

Elle va au club de sports avec deux amies tous les matins avant son travail et après le travail, elle fait du footing trois fois par semaine avec Pierre, son copain. Le matin, elle prend un thé et des fruits. Le midi, elle mange un petit sandwich et le soir, elle mange une salade ou une soupe. Tous les soirs, après dîner, elle rencontre ses copains au bistrot du quartier. Avant de se coucher, elle ne lit pas souvent parce qu'elle s'endort toujours très vite.

4.17 Now give Paula and David two pieces of advice each, using the imperative.

1. _____

2. _____

3. _____

4. _____

4.18 Imagine that you are in charge of the advice column of a magazine. Give your readers some advice using the imperative.

> **MODÈLE:** LECTEUR: Ces derniers temps, je me trouve très gros.
>
> VOTRE CONSEIL: Faites un régime et mangez moins de sucreries.

1. LECTEUR: Je suis terriblement stressé, je ne dors pas bien.

   VOTRE CONSEIL: _____

2. LECTRICE: J'ai envie de voyager mais je suis seule et j'ai un peu peur.

   VOTRE CONSEIL: _____

3. LECTEUR: Je veux apprendre le français mais je ne peux pas aller en France.

   VOTRE CONSEIL: _____

4. LECTEUR: Je fume beaucoup et je dois arrêter, mais je ne sais pas comment.

   VOTRE CONSEIL: _____

5. LECTRICE: Je suis souvent assise à mon bureau et j'ai très mal au dos.

   VOTRE CONSEIL: _____

4.19 You are the parent of three children and you are trying to bring back some order into your household. Give them commands using the imperative.

> **MODÈLE:** Dites (*tell*) à votre fils de finir ses devoirs.
>
> Finis tes devoirs!

1. Dites à vos trois enfants de ne pas regarder la télé.

   _____

2. Dites à votre fils de boire moins de Coca-Cola.

   _____

3. Dites à vos trois enfants de ne pas faire de bruit.

   _____

4. Dites à votre fille de se lever.

   _____

5. Dites à votre fille de téléphoner à sa grand-mère.

   _____

6. Dites à vos trois enfants de ranger (*clean up*) leurs chambres.

   _____

7. Dites à votre fils d'aller promener le chien.

   _____

8. Dites à votre fille de sortir la poubelle (*trash*).

   _____

9. Dites à vos trois enfants de ne pas se coucher tard.

   _____

10. Dites à vos trois enfants d'être gentils avec vous.

   _____

4.20 There are other expressions we can use to give advice, such as **il faut, il est nécessaire de, il est important de**, or the verb **devoir**. Complete the following sentences with these expressions.

> **MODÈLE:** Si vous voulez apprendre le français, . . .
>
> Si vous voulez apprendre le français, vous devez prendre un cours de français.

1. Si vous voulez bien manger, . . . _____

2. Pour avoir de bons amis, . . . _____

3. Si vous voulez être en forme, . . . _____

4. Si vous voulez avoir un bon travail, . . . _____

5. Pour être heureux, . . . _____

6. Si vous voulez perdre du poids, . . . _____

7. Pour passer de bonnes vacances, . . . _____

8. Pour réussir aux examens, . . . _____

III. Phonétique

 4.21 Listen to the conjugation of the verbs **dormir** and **boire** in the present tense and complete the chart below.

	Dormir	Boire
je	dors	
tu		bois
il/elle	dort	
nous		buvons
vous		
ils/elles	dorment	

4.22 Now listen to the singular forms of the following verbs and complete the chart.

	Danser	Venir	Terminer	Prendre	Sortir
je					
tu					
il/elle					

4.23 Listen to the verbs **dormir** and **boire** again, and observe their conjugation.

How many stems does **dormir** have, and what are they? How many stems does **boire** have, and what are they?

_____

_____

4.24 Can you tell how many stems the following verbs have and what these stems are? Complete the chart below.

Verb	Number of stems	Stems
sortir	2	sor, sort
finir		
devoir		
se lever		

4.25 A. Write down and pronounce the first-person singular (**je**) and the first-person plural (**nous**) for each of these verbs

1. préférer: je _____   nous _____

2. s'appeler: je _____   nous _____

3. rappeler: je _____   nous _____

4. envoyer: j'_____   nous _____

B. Now listen to the recording and check your answers.

IV. Stratégies pour mieux apprendre

4.26 A. Certain words have been erased from the following texts, but as you read the texts, you will notice that you still understand them. Try!

NON AU STRESS !

✔ La meilleure façon de xxxxxxxxxxxxx contre le stress est de garder une xxxxxxx optimiste. (...) être capable de voir la vie de façon positive permet d'xxxxxxxxxx le stress, de s'accepter et d'accepter xxxxxxxxxxxxx plus facilement. Un xxxxxxxxxxxxx moyen pour voir les bons côtés de la vie, c'est de rire !(...)

L'exercice physique

(...) Pour se maintenir en forme, il xxxxxxxxxxxx faire un peu de marche tous les jours. Le mieux, bien sûr, c'est de xxxxxxxxxxxx différentes activités comme le vélo, le footing, xxxxxxxxxxxx, etc. Il faut encore dire que le sport permet de faire travailler le cœur (...)

> What happened? Exactly the same as what happens when you read in your native language. We do not read every word or every letter. But when we read a language that we are learning, we lack confidence and we want to read every word and letter. Now you can see that you can understand a text without knowing all the words that are in it.

B. However, we also want to learn new words. When we read a text in a foreign language that we are learning, we can guess the meaning of some words from their context. We actually do the same in our native language. Now try to guess the meaning of the highlighted words below.

NON AU STRESS !

✔ La meilleure façon de lutter contre le stress est de garder une attitude optimiste. (...) être capable de voir la vie de façon positive permet d'affronter le stress, de s'accepter et d'accepter les autres plus facilement. Un excellent moyen pour voir les bons côtés de la vie, c'est de rire ! (...)

L'exercice physique

(...) Pour se maintenir en forme, il suffit de faire un peu de marche tous les jours. Le mieux, bien sûr, c'est de pratiquer différentes activités comme le vélo, le footing, la natation, etc. Il faut encore dire que le sport permet de faire travailler le cœur (...)

Look in the dictionary, or ask your teacher, for the meaning of these words.

1. lutter: _____

2. attitude: _____
   _____

3. affronter: _____
   _____

4. les autres: _____

5. excellent: _____

6. suffit de: _____

7. pratiquer la natation: _____

Did you guess them right?

Strategy

When we read, we can discover the meaning of many words and expressions simply by looking at their context, that is, what the text is about and the words that come before and after. Also, many words resemble words from other languages, which is very helpful. They are called *cognates*.

V. Rédaction et révision de l'Unité 4

4.27 Here are a few images illustrating moments of 19-year-old Eric's daily life. Imagine what his life is like, and write down at least eight sentences about it.

_____

_____

_____

_____

_____

_____

_____

_____

_____

_____

4.28 Imagine this man is your uncle Bob, and you have taken it upon yourself to straighten him out. Write him a letter telling him what he must and must not do.

_____

_____

_____

_____

_____

_____

_____

_____

_____

4.29 Interview a classmate and find out the following information.

1. What is his/her physical activity level like, does he/she exercise, how frequently, which kind of exercise, etc.

2. Find out about his/her diet. Does he/she drink lots of water? Too much coffee or soda? Does he/she eat too many sweets?

3. What are his/her sleeping habits? Does he/she go to bed early enough?

4. How about work and studies? Does he/she take the time to relax?

You should prepare your questions and write them down before conducting your interview. Once you are done with the interview, write a report as well as some recommendations for that classmate. Be careful, no one likes to be told what to do!!

_____

_____

VI. Préparation au DELF A1

 DELF A1. Listening comprehension practice

4.30 Read the following texts carefully and listen to the recordings as many times as needed while checking the correct statements below. Note that there might be several correct choices.

PROBLÈMES	CONSEILS
☐ Elle est fatiguée.	☐ Elle doit dormir plus.
☐ Elle est stressée.	☐ Elle doit prendre des vacances.
☐ Elle est contrariée.	☐ Elle doit sortir plus.

1. CAROLINE : ....

PROBLÈMES	CONSEILS
☐ Elle attend un bébé.	☐ Elle doit dormir plus.
☐ Elle a grossi.	☐ Elle doit manger mieux.
☐ Elle est fatiguée.	☐ Elle doit faire du sport.

2. SYLVIE : ....

PROBLÈMES	CONSEILS
☐ Il n'est pas en forme.	☐ Il peut faire un sport adapté aux personnes âgées.
☐ Il ne veut pas perdre la forme.	☐ Il doit rester chez lui.
☐ Il est stressé.	☐ Il peut se déplacer à pied en ville.

3. CHRISTOPHE : ....

PROBLÈMES	CONSEILS
☐ Ils ont mal aux jambes.	☐ Faites du sport !
☐ Ils ont grossi.	☐ Mangez mieux !
☐ Ils n'ont pas le temps.	☐ Sortez plus !

4. PATIENTS DU DOCTEUR : ....

DELF A1. Oral practice

4.31 Here are some suggestions you should read before the oral test of the DELF A1.

1. Use words you already know; do not try to guess.

2. Use a variety of adjectives.

3. Locate actions in time (use the present, the **passé composé,** and the future) as well as in space (use prepositions).

4. Jot down your ideas on a piece of paper, but do not write entire sentences; write only the outline.

5. Watch your pronunciation, your tone of voice, and how fluid and rhythmical your sentences are.

6. If you are looking for a word, do not try to translate. Look for a different word or sentence that expresses the same idea. Do not get stuck on one word!

7. Practice before the test: record yourself and listen to yourself so you can correct mistakes.

Here are a few topics that you can try to practice with.

1. Donnez des conseils à votre meilleur ami qui veut perdre du poids.

2. Expliquez quelles sont les bonnes habitudes à avoir dans la vie de tous les jours pour être en forme.

3. Quels sports aimez-vous? Est-ce que vous les pratiquez? Pourquoi?

4. Vous êtes médecin et vous donnez des conseils à un patient qui souffre de stress.

5. Décrivez une journée typique de votre vie actuelle.

Unité 5
VOUS PARLEZ ITALIEN?

ACTIVE VOCABULARY FOR UNITÉ 5

Professions

l'agriculteur, l'agricultrice	*farmer*	le cuisinier, la cuisinière	*cook*
l'architecte (m,f)	*architect*	le juge, la femme juge	*judge*
l'artisan, la femme artisan	*artisan*	le médecin, la femme médecin	*medical doctor*
l'assistant(e) social(e)	*social worker*	le musicien, la musicienne	*musician*
l'avocat, l'avocate	*lawyer*	le pompier, la femme pompier	*firefighter*
l'employé(e) de bureau	*office worker*	le serveur, la serveuse	*waiter, waitress*
l'enseignant(e)	*teacher*	le traducteur, la traductrice	*translator*
l'informaticien, l'informaticienne	*IT person*	le vendeur, la vendeuse	*store clerk*
l'ingénieur, la femme ingénieur	*engineer*	le/la dentiste	*dentist*
l'instituteur, l'institutrice	*schoolteacher*	le/la journaliste	*journalist*
l'interprète (m,f)	*interpreter*	le/la secrétaire	*secretary*
l'ouvrier, l'ouvrière	*factory worker*	le/la styliste	*clothing designer*
le boulanger, la boulangère	*baker*		
le camionneur, la camionneuse	*truck driver*		
le coiffeur, la coiffeuse	*hairdresser*		

Nouns

l'annonce (f)	*ad*	la reine	*queen*
l'argent (m)	*money*	la rémunération	*pay, income, salary*
l'emploi (m)	*job*	la scolarité	*schooling*
l'expérience professionnelle	*professional experience*	le baccalauréat (le bac)	*high school diploma*
l'offre d'emploi (f)	*job ad*	le candidat, la candidate	*candidate*
la force	*strength*	le collège	*junior high school*
la licence	*bachelor's degree*	le concours	*competitive exam*
la patience	*patience*		

le CV	résumé	le lycée	high school
le dieu	god	le mastaire	master's degree
le diplôme	university	le métier	work, profession
universitaire	diploma	le roi	king
le doctorat	doctorate		

Adjectives

aimable	nice	habitué(e)	used to
assis(e)	seated	indépendant(e)	independent
court(e)	short	laïque	lay (nonreligious)
créatif, créative	creative	long, longue	long
dangereux, dangereuse	dangerous	motivant(e)	motivating
difficile	difficult	obligatoire	compulsory
disposé(e)	inclined	organisé(e)	organized
doué(e)	gifted	ouvert(e)	open-minded
ennuyeux, ennuyeuse	boring	patient(e)	patient
facile	easy	pénible	tedious
franc, franche	honest, straightforward	sérieux, sérieuse	serious
gratuit(e)	free (no charge)	stressant(e)	stressful

Verbs

aider	to help	monter	to go up
arriver	to arrive	perdre	to lose
chercher	to look for	postuler	to apply for a job
commander	to order, to lead	rencontrer	to meet
conduire	to drive	rester	to stay
connaître	to know	savoir	to know
convaincre	to convince	se marier	to get married
descendre	to go down	tomber	to fall
devenir	to become	vivre	to live
écouter	to listen	vouloir	to want
gagner	to win, to earn		

Some words and expressions

bien	well	loin	far
chez moi (toi, soi, etc.)	at home	mal	not well, bad
de suite	in a row	parler couramment	to speak fluently
déjà	already, ever	travailler en équipe	to work as a team
depuis	since	une fois, deux fois, . . .	once, twice, . . .
il y a (+ time expression)	ago		

I. Étude de vocabulaire

5.1 Match the definitions with the correct professions from the list.

Liste de professions: agriculteur, secrétaire, médecin, coiffeur, camionneur, musicienne, journaliste, avocat, artisan, institutrice, dentiste, pompier, ouvrière, traductrice, boulanger

1. Il fait le pain et les croissants. _____

2. Elle traduit des documents d'une langue à une autre. _____

3. Il travaille dans une ferme et cultive la terre. _____

4. Elle fabrique des objets dans une usine. _____

5. Vous appelez cette personne s'il y a un feu (*fire*) chez vous. _____

6. Vous consultez cette personne si vous avez mal aux dents. _____

7. Elle joue du piano et fait des concerts. _____

8. Il coupe les cheveux. _____

9. Elle enseigne dans une école primaire. _____

10. Il travaille à l'hôpital et il a des patients. _____

11. Vous consultez cette personne si vous avez un problème légal. _____

12. Il conduit un gros camion. _____

13. Il fait des interviews et travaille pour la télévision. _____

14. Il fabrique des objets. _____

15. Elle tape des lettres à l'ordinateur et classe des documents. _____

5.2 Complete the chart with adjectives that you associate with the following professions.

Liste d'adjectifs: patient, ennuyeux, pénible, intéressant, intelligent, difficile, dangereux, courageux, bavard, aimable, franc, créatif, facile, organisé, sérieux, stressant, motivant, fatiguant

Profession	Adjectifs que vous associez
médecin	
enseignant	
pompier	
camionneur	
artisan	
journaliste	
secrétaire	
cuisinier	
interprète	
ingénieur	

5.3 The following students need to find a job to help them finance their studies. Read the short description of each student and look at the three job advertisements. Determine which job would be the most appropriate for each student and justify your choice.

Thérèse: Elle a 20 ans. Elle est très bavarde et dynamique. Elle se lève toujours très tôt. Elle est très bonne en maths. Elle n'aime pas les enfants.

Michel: Il a 23 ans. Il est très organisé mais il n'aime pas le travail en équipe. Il n'est pas très dynamique mais il connaît bien les ordinateurs.

Nathalie: Elle a 18 ans. Elle aime la musique, elle chante toujours des chansons. Elle aime aussi la peinture et elle est très créative. Elle a quatre frères et trois sœurs, tous plus jeunes qu'elle. Elle est très sociable.

Annonce 1

Cabinet de docteur cherche secrétaire

Tâches principales: organiser les dossiers des patients

taper des lettres

répondre au téléphone et prendre des rendez-vous

Annonce 2

Centre aéré cherche animateur/animatrice pour programme du mercredi après-midi

Tâches principales: travailler avec des enfants de 5–10 ans

organiser des activités et des jeux

communiquer avec les parents

Annonce 3

Boulangerie cherche vendeur/vendeuse pour quelques heures le matin

Tâches principales: vendre pain et pâtisseries

tenir la caisse (*register*)

faire les comptes

---

1. Travail idéal pour Thérèse: _____

Pourquoi? _____

2. Travail idéal pour Michel: _____

Pourquoi? _____

3. Travail idéal pour Nathalie: _____

Pourquoi? _____

5.4 You are the director of a temporary work agency and you have several job openings for which you need to interview candidates. Write down one question that would be absolutely crucial to ask the candidates for each of these openings.

1. Camionneur:

Question: _____

2. Pompier:

Question: _____

3. Traducteur (du français à l'anglais):

Question: _____

4. Instituteur:

Question: _____

5. Serveur:

Question: _____

5.5 Choose the correct word in each of the following sentences.

1. Un avocat doit **convaincre / connaître / conduire** le juge que son client est innocent.

2. Je veux **devoir / dire/ devenir** médecin après mes études.

3. Quand on a 12 ans, on va au **lycée / collège / concours**.

4. J'adore mon travail. Il est très **ennuyeux / pénible / motivant**.

5. Quand on travaille, on gagne de l' **argent / emploi / annonce**.

6. Certains emplois demandent une grande **licence / patience / force** physique.

7. Pour être interprète, il faut parler deux langues **couramment / constamment / courageusement**.

8. Voici une bonne annonce! Je vais **perdre / postuler / partir** pour cet emploi!

II. Structure

5.6 Complete the charts indicating the past participle of the verbs.

Infinitif	Participe passé	Infinitif	Participe passé
1. étudier	étudié	12. être	
2. parler		13. avoir	
3. finir		14. naître	
4. partir		15. vivre	
5. dormir		16. rester	
6. attendre		17. aller	
7. prendre		18. mourir	
8. comprendre		19. écrire	
9. peindre		20. devoir	
10. boire		21. vouloir	
11. faire		22. savoir	

5.7 Complete the chart indicating the **passé composé** form of each verb. Watch for agreements with the auxiliary **être**!

Présent	Passé composé	Présent	Passé composé
1. nous mangeons	nous avons mangé	11. nous partons	
2. vous finissez		12. elle arrive	
3. elle boit		13. tu entres	
4. j'ai		14. elle meurt	
5. nous prenons		15. ils naissent	
6. ils doivent		16. elles rentrent	
7. je fais		17. nous sortons	
8. elle achète		18. il tombe	
9. ils sont		19. ils se couchent	
10. vous voulez		20. elle se lave	

5.8 Valérie wrote her friend a letter during her last vacation, but she forgot to conjugate a few verbs. Complete the letter by conjugating the verbs in the **passé composé**.

Salut Vincent!

Je reviens juste de vacances en Espagne. C'était super! Je (1) (partir) _____

avec mes parents et nous avons pris l'avion pour aller à Madrid. Ensuite, nous (2) (aller)

_____ à Barcelone et nous (3) (visiter) _____ la ville.

On a super bien mangé et on (4) (avoir) _____ du très beau temps pendant

toutes les vacances! Il y a des architectures incroyables à Barcelone. Après, on (5) (prendre)

_____ le bateau pour aller à Ibiza, qui est une île superbe. Il y a beaucoup de

touristes, mais j' (6) (beaucoup aimer) _____ la plage et nous (7) (faire)

_____ de très belles promenades. Je (8) (sortir) _____

tous les soirs, mais mes parents (9) (préférer) _____ rester tranquillement à

l'hôtel. Et puis on (10) (voir) _____ l'île de Formentera aussi. Très chouette! Nous

(11) (rentrer) _____ il y a une semaine. C'est moins drôle ici, il pleut et il fait froid!

Enfin, j'espère que tu vas venir me voir à Paris un de ces quatre.

Bisous!

Valérie

5.9 Can you associate the famous people from the first column with a verb in the second column and an action, a fact, or an object in the third column? Write complete sentences in the **passé composé** below the chart.

Personnage	Verbe	Objet/fait/œuvre
Spielberg	aller	sept fois le Tour de France
Zidane	découvrir	*E. T.*
Marie Curie	écrire	"les tournesols"
Van Gogh	gagner	sur la lune
Neil Armstrong	jouer	*Harry Potter à l' école des sorciers*
Gandhi	peindre	dans plusieurs équipes de football
Lance Armstrong	réaliser	contre l'injustice
J. K. Rowling	se battre	la radioactivité

1. _____
2. _____
3. _____
4. _____
5. _____
6. _____
7. _____
8. _____

5.10 Look at the following list of verbs and organize them in the two bubbles: bubble A is for verbs that use the auxiliary **avoir** in the **passé composé** and bubble E is for verbs that use the auxiliary **être** in the **passé composé**.

Liste de verbes: voyager, entrer, tomber, naître, monter, s'endormir, se réveiller, dormir, marcher, aller, descendre, courir, sortir, travailler, manger, arriver, se coucher, voir, passer, connaître, devoir, mourir, se lever, rester, venir, partir, faire, étudier, jouer

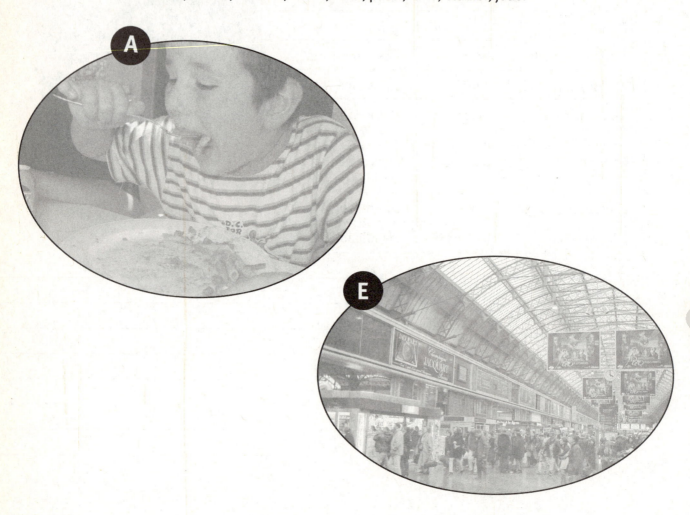

5.11 Write sentences in the **passé composé** using the verbs **se coucher, marcher, étudier, aller, faire,** and **dormir**.

1. _____

2. _____

3. _____

4. _____

5. _____

6. _____

5.12 All the following expressions situate events in the past. Complete the following sentences with the correct expressions. Use logic!

> **Liste d'expressions:**   il y a longtemps, hier matin, en 1970, la semaine dernière, au dix-neuvième siècle

1. Victor Hugo est né _____.

2. Moi, je suis née _____.

3. Mon frère est parti en Chine _____. Il m'a téléphoné il y a trois jours: tout va bien.

4. Je suis fatiguée aujourd'hui parce que je suis arrivée à Paris _____ après un long voyage.

5. Mes grands-parents se sont mariés _____.

5.13 Where are we at with findings and discoveries in the 21st century? Complete the following sentences using **déjà** and **pas encore**.

1. Les médecins ne savent _____ guérir le sida (*AIDS*).

2. Les astronautes n'ont _____ marché sur la planète Mars, mais ils ont _____ mis le pied sur la Lune (*Moon*).

3. Jusqu'à présent, on n'a _____ découvert l'Atlantide.

4. Malgré les efforts des scientifiques, on n'a _____ trouvé la preuve d'une vie extraterrestre.

5. Les pyramides d'Égypte n'ont _____ révélé tous leurs secrets.

6. On a _____ réussi à cloner des animaux, mais on n'a _____ cloné des êtres humains.

5.14 Answer the following questions using **déjà**, **pas encore**, or **jamais**.

> **MODÈLE:**   Avez-vous déjà mangé des escargots?
>
> Non, je n'ai jamais mangé d'escargots.

1. Avez-vous déjà voyagé en Europe?

_____

2. Êtes-vous déjà allé(e) à Disneyland?

_____

3. Êtes-vous déjà parti(e) en vacances avec des amis?

_____

4. Avez-vous déjà bu un kir royal?

_____

5. Avez-vous déjà visité le musée du Louvre?

_____

6. Avez-vous déjà pris le TGV?

_____

7. Avez-vous déjà mangé des chocolats belges?

_____

8. Êtes-vous déjà allé(e) au théâtre?

_____

---

en + feminine country or country that starts with a vowel or silent **h**

au + masculine country or masculine noun designating a place

aux + plural noun designating a place

à + city or island or feminine noun designating a place

5.15 Marianne and Thierry are talking about vacation plans. Choose the correct prepositions in the following dialogue.

MARIANNE: Tu sais où vous allez en vacances cet été?

THIERRY: Pas encore, j'aimerais partir (1) **au / en / à** Inde.

MARIANNE: C'est loin! Est-ce que Marco est d'accord?

THIERRY: Pas vraiment. Il veut voyager (2) **pour / à la / en** Espagne. On n'a pas encore décidé. Et toi? Tu pars (3) **à / en / au** Cuba ou tu restes (4) **en / à l' / dans l'** Europe?

MARIANNE: Ni l'un, ni l'autre. J'ai changé d'avis et je prépare un voyage (5) **en / dans le / au** Maroc.

THIERRY: C'est génial! Tu vas (6) **en / à / au** Casablanca?

MARIANNE: Non, je vais faire un circuit pour visiter tout le pays. Et tu sais où Patrick part en vacances? (7) **Au / En / Aux** États-Unis?

THIERRY: Non, je crois qu'il va (8) **en / au / à** Colombie puis (9) **à / en / au** Brésil avec sa nouvelle copine. Ses parents habitent (10) **en / à / au** Rio.

MARIANNE: Enfin, vivement les vacances!

5.16 Here is another dialogue taking place between friends who are just back from various trips. Complete their dialogue with the correct prepositions. This time, the prepositions are not indicated!

SOPHIE: Salut Virginie! Alors, ces vacances (1) _____ Pérou? C'était bien?

VIRGINIE: C'était merveilleux, merci. Et toi?

SOPHIE: Moi, je suis allée (2) _____ Suisse pour voir ma grand-mère et puis après, au mois d'août, Alain et moi sommes partis (3) _____ Canada.

VIRGINIE: Vous êtes allés dire bonjour à Claudie (4) _____ Montréal?

SOPHIE: Oui, et puis on est allé (5) _____ Vancouver.

VIRGINIE: Vous êtes descendus (6) _____ États-Unis? Il y a une super ville au sud de Vancouver il paraît.

SOPHIE: Tu veux dire Seattle? Non, nous ne sommes pas allés (7) _____ Seattle. On n'a pas eu le temps. Ce sera pour une prochaine fois! Mais l'année prochaine, moi je voudrais aller (8) _____ Italie.

VIRGINIE: Moi aussi! Peut-être qu'on peut aller ensemble (9) _____ Florence ou (10) _____ Venise?

SOPHIE: Bon, ben on va voir, on a encore le temps de s'organiser pour l'été prochain!

savoir	vouloir
je sais	je veux
tu sais	tu veux
il/elle sait	il/elle veut
nous savons	nous voulons
vous savez	vous voulez
ils/elles savent	ils/elles veulent

5.17 A. Do you know how to do the following things? Complete the chart below (with check marks) and write five sentences below explaining what you can and cannot do.

Activité	Très bien	Bien	Un peu	Pas bien	Je ne sais pas
cuisiner					
danser					
jouer au tennis					
nager					
skier					
chanter					
écouter les autres					
parler en public					
parler français					
dessiner					
raconter des blagues					

MODÈLE: Je sais bien cuisiner mais je ne sais pas bien danser.

1. _____

2. _____

3. _____

4. _____

5. _____

5.18 Among the things that you said you do not know, which are the ones you would like to learn? How about other people in your family, or your friends? Write five sentences about it.

   MODÈLE: Moi, je veux apprendre à danser. Et ma mère, elle veut apprendre à dessiner.

1. _____

   _____

2. _____

   _____

3. _____

   _____

4. _____

   _____

5. _____

   _____

connaître

je connais

tu connais

il/elle connaît

nous connaissons

vous connaissez

ils/elles connaissent

5.19 Romain and Xavier are talking about celebrities. Complete the following dialogue with **savoir** and **connaître**.

ROMAIN: Xavier, tu (1) _____ Coldplay?

XAVIER: Oui, c'est un groupe que j'aime beaucoup. Et tu (2) _____ que le chanteur de Coldplay, Chris Martin, est marié avec Gwyneth Paltrow?

ROMAIN: Ah bon! Tu (3) _____ les Rolling Stones, bien entendu. Et bien, tu (4) _____ que Mick Jagger (5) _____ très bien parler français?

XAVIER: Oui, oui, et je suppose que tu (6) _____ l'actrice américaine Jodie Foster. Elle aussi, elle (7) _____ bien parler français.

ROMAIN: Ah oui? Et tu (8) _____ que Bono a une maison dans le Sud de la France?

XAVIER: Ah bon, mais Bono, il ne (9) _____ pas bien parler français.

ROMAIN: Ça, je ne (10) _____ pas! Et toi, tu (11) _____ un peu le Sud de la France?

XAVIER: Non, je n'y suis jamais allé, mais maintenant que je (12) _____ que Bono y est, je vais peut-être y aller aussi!

III. Phonétique

Note that for some verbs, it is easy to mix up the first person singular of the present with the first person singular of the **passé composé** because their pronunciations are similar:

je fais [jə fɛ] – **j'ai fait** [jɛ fɛ]

je dis [jə di] – **j'ai dit** [jɛ di]

Make sure to distinguish the sounds [ə] and [ɛ]. Practice with your instructor!

 5.20 What do you hear? **Présent** or **passé composé**? Check the right column and try to write down the sentences you hear.

Numéro	Présent	Passé composé	Phrase
1.			
2.			
3.			
4.			
5.			
6.			
7.			
8.			
9.			
10.			
11.			
12.			

5.21 Listen to the recording and check whether the adjectives you hear are masculine or feminine, or whether it is not possible to tell.

Numéro	Masculin	Féminin	On ne sait pas
1.			
2.			
3.			
4.			
5.			

5.22 Now you will hear six sentences. In these sentences, you will hear the adjectives that appear on the chart below. Indicate whether they are masculine or feminine. The pronunciation or the context will guide you.

Numéro	Masculin	Adjectif	Féminin
1.		organisé / organisée	
2.		sociable	
3.		allemand / allemande	
4.		patient / patiente	
5.		doué / douée	
6.		aimable	
7.		fantastique	

IV. Stratégies pour mieux apprendre

5.23 Take a look at the three texts but do NOT read them. Can you tell which one is a job offer, which one is a real estate ad, and which one relates statistics?

MERCURE BRETAGNE PAYS DE LOIRE
BASSE NORMANDIE- 35740 PACE
℡ : 02 99 85 25 00 Fax : 02 99 85 25 98

AU CŒUR DE LA LOIRE ATLANTIQUE, grand Château XVème remanié XVIIIème, sur 800 m² habitables en 20 pièces principales, sur trois niveaux. Grandes pièces de réception avec boiseries murales, parquet, cheminées, une vingtaine de chambres, bureau, grande salle de jeux. Vastes dépendances: divers bâtiments sur 500 m², Maison de gardien, grange et chapelle. Beau parc de 40 hectares avec prairies et forêt. Ref.BLN313. Nous consulter.

ATIS REAL Auguste-Thouard

ATIS Real premier groupe européen de services immobiliers aux entreprises (Royaume Uni, Allemagne, Espagne, Belgique et France) : 1700 personnes, 300 M d'euros... Nous sommes reconnus pour la qualité de notre offre et pour nos solutions pertinentes en matière de transaction, de gestion, d'expertise et de conseil. Notre entité, ATIS Auguste-Thouard, est le leader en France sur le marché de la transaction en immobilier d'entreprise et s'appuie sur une excellente couverture nationale (Ile de France et 18 régions). Afin d'accompagner notre développement, nous recherchons un :

Directeur Marketing Opérationnel h/f

Immobilier d'Entreprise Levallois (92)

Rattaché au Directeur Marketing Communication, vous managez l'équipe "Marketing Opérationnel". Vous participez à des appels d'offres de propriétaires souhaitant promouvoir et commercialiser leurs biens (bureaux, locaux d'activités et commerces) en leur proposant des plans marketing adaptés. Vous soutenez nos équipes commerciales en créant des opérations complètes et personnalisées de marketing direct : ciblage, création graphique, mailing, phoning, rapport de commercialisation...
Votre rapide compréhension des marchés vous permet d'être un acteur déterminant dans la conquête et la fidélisation des clients et dans la réussite des projets. Vous coordonnez les actions de marketing opérationnel sur l'ensemble de la France.

A 30/35 ans environ, vous êtes de formation supérieure (ESC ou équivalent). Vous bénéficiez d'une expérience confirmée de Marketing Opérationnel dans une activité B to B. Votre anglais est opérationnel. Vous alliez rigueur et imagination et vous savez en particulier définir des priorités. Dynamique et pragmatique, vous mobilisez les talents et la créativité de votre équipe autour d'objectifs clairs : la qualité du service et la satisfaction des clients. Vous bénéficierez d'un environnement de travail de haut niveau favorisant l'épanouissement personnel.

PREMIERE ligne

Pour un entretien avec la société, merci d'adresser lettre, CV et photo sous la référence B4300 à notre Conseil :
PREMIERE LIGNE - 54, Avenue du Général Leclerc 92513 BOULOGNE Cedex.
Fax : 01 46 05 00 34 - E-mail : premiere.ligne@wanadoo.fr

MÉTÉO

Précipitations extrêmes

Depuis le 22 septembre 1992, après que l'Ouvèze en crue eut emporté le pont antique de Vaison-la-Romaine (Vaucluse) provoquant la mort de 37 personnes, les épisodes de pluies intenses n'ont pas cessé de se multiplier. En novembre 1994, toute la région Provence-Alpes-Côte d'Azur est inondée. Quelques mois plus tard, la Bretagne souffre à son tour. En janvier 1996, l'Hérault est particulièrement frappé : le village de Puisserguier est emporté par un torrent de boue. En juin 2000, le sud de la France a les pieds dans l'eau. Mais les inondations qui ont touché la Somme au printemps de 2001 auront été les plus dramatiques. Le niveau des précipitations a été deux fois plus important que la normale. Conséquence : l'évacuation de plusieurs milliers d'habitations. Les épisodes de sécheresse ont été beaucoup moins nombreux, mais tout aussi spectaculaires : entre juin et juillet 1996, la ville de Rennes n'a enregistré que 14 millimètres de pluie, du jamais-vu depuis un siècle ! La Provence a connu lors de la saison 1999-2000 son hiver le plus sec depuis 1949.

Tous ces événements extrêmes traduisent-ils un changement climatique profond ? Les experts ne veulent pas se prononcer. Pour eux, une décennie n'est pas, en effet, une période suffisamment longue pour en conclure à un bouleversement durable des conditions atmosphériques. D'autant que les évolutions

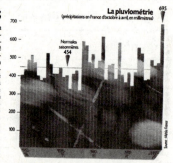

La pluviométrie (précipitations en France d'octobre à avril, en millimètres)
Normales saisonnières 454

sont loin d'être homogènes sur l'ensemble de l'Hexagone. L'année la plus pluvieuse de la décennie a été 2000 à Paris, 1996 à Marseille et 1992 à Bordeaux... ●

Montagnes russes **Record du xxe siècle**

A. In which of the texts would you be likely to find the following words?

1. CV _____

2. château _____

3. hiver _____

4. clients _____

5. grande salle _____

6. pluie _____

B. Now go through the texts and check whether you were right.

> **Strategy**
>
> *Understanding a text* does not mean understanding all the words in it. *Understanding a text* means extracting the information that is contained in it and that is of interest to you. That's why it is important to know grammar and vocabulary. Yet also, and most importantly, it is useful to know what different types of texts look like and how they are presented.

V. Rédaction et révision de l'Unité 5

5.24 Think of three persons you know (family, friends, acquaintances, neighbors . . .) who seem to be good at what they are doing for a living. Describe their professions and the qualities these people have that make them good at these particular professions. Finally, point out what you think are positive and negative aspects of their jobs. Write one paragraph for each person.

MODÈLE: Mon oncle Marco est médecin.
Il est très intelligent et travailleur.
Il travaille pour Médecins sans Frontières en Afrique.
Il voyage beaucoup et il aide les gens. . . .

_____
_____
_____
_____
_____
_____
_____
_____
_____
_____
_____
_____
_____
_____
_____
_____
_____
_____
_____
_____
_____
_____

5.25 Build complete sentences out of the following elements. You must conjugate the verbs, make adjectives agree, and add articles and prepositions as needed. PC = **passé composé** and P = **présent**

> **MODÈLE:** Josiane / acheter (PC) / beau / robe / hier matin
>
> Josiane a acheté une belle robe hier matin.

1. il y a / 2 / an / Sarah / aller (PC) / Allemagne

_____

2. elle / prendre (PC) / train / Paris / Berlin

_____

3. elle / rester (PC) / 4 / jour / Berlin / et / 3 / jour / Munich

_____

4. elle / rencontrer (PC) / étudiants / allemand / et / autrichien

_____

5. elle / faire (PC) / shopping / et / elle / sortir (PC) / soir

_____

6. elle / visiter (PC) / musées

_____

7. Sarah / ne pas parler (P) / allemand / mais / beaucoup / Allemands / parler (P) / anglais / donc / elle / pouvoir (PC) / communiquer

_____

_____

8. elle / bien aimer (PC) / son / vacances / Allemagne

_____

5.26 You are going to interview a classmate. You need to obtain the following information:

1. Did he/she go to the movies this past week?

2. If yes, what did he/she see?

3. Did he/she go out late last night?

4. What time did he/she go to bed?

5. What did he/she have for lunch yesterday?

6. Did he/she work yesterday?

7. Did he/she do homework last night?

8. What did he/she eat and drink this morning?

Write down the questions in French and once you have conducted your interview, write a paragraph summing up the answers.

_____

_____

_____

VI. Préparation au DELF

Starting with this unit, you will get ready for the **DELF A2**, which focuses on the expression of ideas and feelings. There are two written tests and one oral test for the **DELF A2**. Here is an explanation of what you might find in each test.

1. Written test 1

This test is a reading comprehension exam. It assesses your ability to identify documents or important opinions appearing in one or several short documents. This means that you need to understand a simple written document (film review, letter to the editor in a magazine, etc.) and to answer questions (true/false-type) or to find information within the text.

This test lasts 40 minutes.

2. Written test 2

In this test, you will need to write a note or a message (about 50 words) within a simple communicative context, in which you will have to express your opinion or feelings relating to a situation.

The topic will always be related to the text(s) you read in written test 1, and topics are generally about daily life or social issues. The articles are often taken from magazines for teenagers or women's magazines.

This test lasts 45 minutes.

3. Oral test

In this test you will be invited to express your tastes and simple opinions about a topic. For instance, you will be shown a photograph and you will need to describe it, explain its meaning, and then comment on it.

This test lasts 20 minutes.

5.27 **A.** Read the three texts and answer **vrai** (*true*) or **faux** (*false*) on the chart below.

Je suis allé voir **Master and Commander**. C'est un film qui se déroule dans les mers du Sud. Il y a un navire, le Surprise, qui est commandé par un capitaine impétueux. C'est un grand vaisseau de la Marine Britannique. Le Surprise affronte l'Achéron, un magnifique bateau corsaire.

J'ai beaucoup aimé l'histoire. Je trouve que les scènes de batailles navales sont vraiment bien faites. On dirait des vraies. Et puis Russell Crowe est excellent dans son personnage.

Je conseille aux lecteurs qui adorent l'aventure et les belles images de ne pas manquer ce film.

Cédric, Poitiers.

L'autre jour, j'ai vu la troisième partie du **Seigneur des Anneaux**. Elle m'a un peu déçu par rapport au livre mais ça reste un très bon film. On suit Frodon dans ses péripéties pour arriver à la crevasse et jusqu'au dernier moment, on se demande s'il pourra jeter l'anneau et vaincre le mal. Les combats du siège de Minas Tirith sont très bien faits. On a beaucoup parlé de l'araignée : personnellement, je pense qu'on exagère, elle ne fait pas vraiment peur.

Romain, Besançon.

Après le monde des oiseaux, voici celui des baleines avec **La planète bleue**. Franchement, je n'ai pas du tout aimé. C'est vrai que les images sont jolies : on voit comment vivent les baleines et d'autres mammifères marins, mais qu'est-ce qu'on s'ennuie ! Je sais que ce n'est pas facile de filmer les animaux et j'imagine qu'il a fallu beaucoup de temps mais c'est bien pour un documentaire à la télé, pas au cinéma. Et puis, c'est peut-être joli le chant des baleines mais j'aimerais bien en apprendre plus sur leur vie.

Je crois qu'un film comme ça, c'est fait pour s'endormir au cinéma ou partir avant la fin de la séance (c'est ce que j'ai fait) ! Si les lecteurs ne l'ont pas encore vu, qu'ils se rassurent, ils n'ont rien raté.

Fatiha, Toulouse.

Questions	Vrai	Faux
1. Le *Surprise* et *L' Achéron* sont des bateaux corsaires.		
2. Les combats sur la mer semblent réels.		
3. Le film *Le Seigneur des Anneaux* est aussi bon que le livre.		
4. L'araignée n'a pas effrayé Romain.		
5. «La planète bleue» raconte une histoire d'oiseaux et de mammifères marins.		
6. Fatiha s'est endormie dans la salle de cinéma.		

B. Justify your answers by quoting the exact passages from the texts.

1. _____

2. _____

3. _____

4. _____

5. _____

6. _____

C. Go back to the texts and find synonymous expressions or words. (Careful: the verbs in the texts might be conjugated.)

1. se passer: _____

2. être moins bon qu'on espère: _____

3. incidents: _____

4. être nécessaire: _____

5. se tranquiliser: _____

D. Would you say that the letters you read are rather favorable or not favorable toward the movies they mention? Justify your answers.

Lettre	Favorable	Défavorable	Justification
1.			
2.			
3.			

DELF A2. Practice for written test 2

How to express your opinion:

Je pense que . . .
Je crois que . . .   *C'est une excellente/mauvaise idée parce que . . .*
Je trouve que . . .

Avoid negative structures because they need to be followed by the subjunctive!

Instead, use:

À mon avis, . . .
Selon moi, . . .

To express agreement or disagreement, use:

Je suis pour / je suis contre . . .
Je suis d'accord / pas d'accord avec . . .
Je suis favorable à . . .
Je m'oppose à . . .
J'approuve . . .

You can strengthen your statements with adverbs or expressions such as: **absolument, complètement, entièrement, tout à fait, pas du tout.**

Je suis complètement d'accord avec . . .
Je n'approuve pas du tout . . .

5.28 Now write a letter to a magazine to give your opinion about the last movie you saw (about 100 words).

_____

_____

_____

_____

_____

_____

_____

_____

_____

_____

_____

_____

_____

_____

_____

_____

Unité 6
ÇA CÔUTE COMBIEN?

ACTIVE VOCABULARY FOR UNITÉ 6

Numbers 70–1 million

soixante-dix (70), soixante et onze (71), soixante-douze (72), . . . quatre-vingts (80), quatre-vingt-un (81), quatre-vingt-deux (82), . . . quatre-vingt-dix (90), quatre-vingt-onze (91), quatre-vingt-douze (92), . . . cent (100), cent un (101), . . . deux cents (200), deux cent un (201), . . . mille (1.000), dix mille (10.000), cent mille (100.000), . . . un million (1.000.000)

Les vêtements

l'écharpe (f)	scarf	le pantalon	pants
l'imperméable (m)	raincoat	le pull	sweater
la chemise	shirt	le sac	bag
la cravate	tie	le short	shorts
la jupe	skirt	le tee-shirt	T-shirt
la robe	dress	les bottes (f)	boots
la veste	jacket	les chaussettes (f)	socks
le chapeau	hat	les chaussures (f)	shoes
le chemisier	blouse	les sandales (f)	sandals
le collier	necklace	les tennis (f), les baskets (f)	tennis shoes
le costume	suit		
le jean	jeans	les vêtements (m)	clothes
le manteau	coat		

Nouns

l'agenda électronique (m)	PDA	l'enveloppe (f)	envelope
		l'épicerie (f)	grocery store
l'anniversaire (m)	birthday	l'œuf (m)	egg
l'appareil photo (m)	camera	l'optique (f)	optical
l'aspirine (f)	aspirin	l'ordinateur portable (m)	laptop computer
l'eau (f)	water		

la bière	*beer*	le fromage	*cheese*
la boisson	*drink*	le gâteau	*cake*
la boulangerie-pâtisserie	*bakery*	le journal	*newspaper*
la bouteille	*bottle*	le jus de fruit	*fruit juice*
la brosse à dents	*toothbrush*	le lait	*milk*
la Carte Bleue	*debit card*	le livre	*book*
la carte de crédit	*credit card*	le magasin	*store*
la consommation	*consumption*	le maquillage	*makeup*
la couleur	*color*	le marchand de chaussures	*shoe store*
la fleur	*flower*	le médicament	*medication*
la gomme	*eraser*	le morceau	*piece*
la librairie	*bookstore*	le pain	*bread*
la matière	*material*	le paquet	*package*
la papeterie	*office supply store*	le parfum	*perfume*
la parfumerie	*perfume/cosmetics shop*	le photographe	*photographer*
la pellicule	*film for camera*	le prix	*price*
la perle	*pearl*	le quartier	*neighborhood*
la pharmacie	*drugstore*	le réveille-matin	*alarm clock*
la pile	*battery*	le shampooing	*shampoo*
la poche	*pocket*	le stylo	*pen*
la salade	*lettuce*	le sucre	*sugar*
la soie	*silk*	le supermarché	*supermarket*
le baladeur	*Walkman*	le traiteur	*deli*
le cadeau	*gift*	le yaourt	*yogurt*
le caméscope	*video camera*	les lunettes	*glasses*
le cuir	*leather*	les produits de beauté (m)	*beauty products*
le dentifrice	*toothpaste*	les produits laitiers (m)	*dairy products*
le disque	*CD*	les rollers (m)	*in-line skates*
le DVD	*DVD*		
le fleuriste	*flower shop*		

Adjectives

autre	*other*	moulu(e)	*ground*
blanc, blanche	*white*	naturel, naturelle	*natural*
bleu(e)	*blue*	noir(e)	*black*
cher, chère	*expensive*	numérique	*digital*
désolé(e)	*sorry*	orange	*orange*
gris(e)	*gray*	rose	*pink*
jaune	*yellow*	rouge	*red*
marron	*brown*	vert(e)	*green*

Verbs

accepter	*to accept*	fêter	*to celebrate*
acheter	*to buy*	indiquer	*to indicate*
apporter	*to bring*	mettre	*to put*
avoir besoin de	*to need*	payer	*to pay*
coûter	*to cost*	se renseigner	*to get information*
dépenser	*to spend*	vendre	*to sell*
essayer	*to try*		

Some words and expressions

aller en boîte	*to go out dancing*	ceux-ci, celles-ci	*these (here)*
aujourd'hui	*today*	ceux-là, celles-là	*those (there)*
bien sûr	*of course*	Combien ça coûte?	*How much is it?*
bon marché	*cheap*	demain	*tomorrow*
C'est combien?	*How much is it?*	en argent	*made out of silver*
C'est en quoi?	*What is it made of?*	en or	*made out of gold*
ce, cette	*this*	faire les courses	*to go shopping*
celui-ci, celle-ci	*this one*	faire mal	*to hurt*
celui-là, celle-là	*that one*	quelqu'un	*someone*
ces	*these*	quelque chose	*something*

I. Étude de vocabulaire

6.1 Paul and Céline need to go shopping. They both prepared a list. Indicate which store they need to go to for each item.

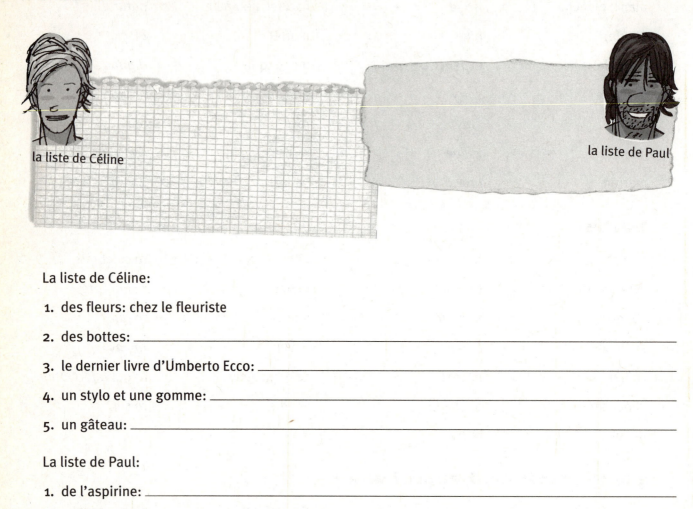

la liste de Céline

la liste de Paul

La liste de Céline:

1. des fleurs: chez le fleuriste

2. des bottes: _____

3. le dernier livre d'Umberto Ecco: _____

4. un stylo et une gomme: _____

5. un gâteau: _____

La liste de Paul:

1. de l'aspirine: _____

2. des yaourts: _____

3. un jean: _____

4. une baguette: _____

5. un déodorant: _____

Nom: _____   **Date:** _____

6.2 Which color do you associate with the following things?

> **MODÈLE:**   L'hiver: je le vois blanc, vert et rouge.

1. L'été: _____

2. Le printemps: _____

3. L'automne: _____

4. Le sucre: _____

5. Le café: _____

6. Le vin: _____

7. La salade: _____

8. La mer: _____

9. La nuit: _____

10. Les fleurs: _____

6.3 Do you remember what all these clothing items are? Try to spell them correctly!

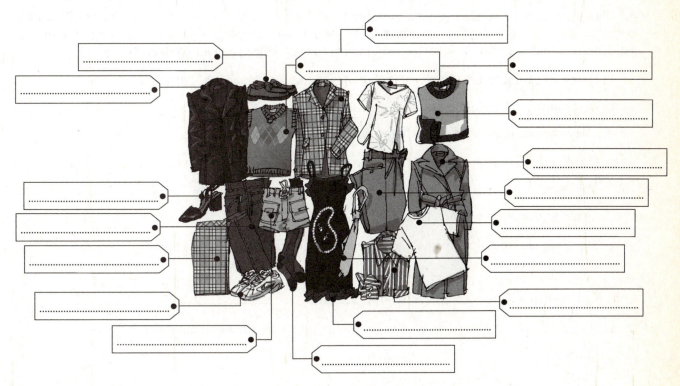

6.4 It is December 21 and you have just arrived in Toronto, only to find out that the airline lost your luggage. Indicate which items you need to buy immediately and which ones you don't need:

	J'en ai besoin.	Je n'en ai pas besoin.
1. une brosse à dents		
2. un parfum		
3. du dentifrice		
4. du shampooing		
5. du maquillage		
6. des chaussettes		
7. des sandales		
8. des piles		
9. des enveloppes		
10. un tee-shirt et un pull		

6.5 Every day of your workweek, your grandmother gives you a list of errands to run for her. The problem is you have enough time to go to only one store per day and you need to erase something from the daily list. Find the items that you will not get and indicate which store you will go to each day.

1. Lundi: des tomates, du fromage, du lait, des croissants, du sucre, du café

   Magasin: _____

   La chose que je ne peux pas acheter: _____

2. Mardi: du maquillage, du dentifrice, une brosse à dents, un livre, de l'aspirine

   Magasin: _____

   La chose que je ne peux pas acheter: _____

3. Mercredi: un DVD, du papier, un stylo, une gomme, des ciseaux, un cahier

   Magasin: _____

   La chose que je ne peux pas acheter: _____

4. Jeudi: un pull, un chemisier, un réveille-matin, une jupe, un manteau, une robe

   Magasin: _____

   La chose que je ne peux pas acheter: _____

5. Vendredi: un gâteau, du pain, des croissants, une tarte, une salade

   Magasin: _____

   La chose que je ne peux pas acheter: _____

6.6 You have a busy year, full of travel plans. What will you pack in your suitcase for each of your trips? Indicate five things for each trip.

1. Vous partez quelques jours à Paris au mois de mai.

J'apporte _____

2. Vous partez en voyage d'affaires au Canada en octobre.

J'apporte _____

3. Vous partez à la montagne faire du camping au mois de juillet.

J'apporte _____

6.7 You are going shopping but you will first need to stop by the bank to get cash for your purchases. Estimate how much you will take out depending on what is on your list and write out the number as in the model.

MODÈLE: Je vais acheter du pain, trois tomates, du lait, du café et du sucre: 100€? 20€? 5€?

J'ai besoin de vingt euros.

1. Je vais acheter un jean et des tennis: 300€? 15€? 80€?

_____

2. Je vais acheter un ordinateur: 1.000€? 10.000€? 100.000€

_____

3. Je vais acheter un baladeur: 25€? 75€? 200€?

_____

4. Je vais acheter un appareil photo numérique: 400€? 2.000€? 100€

_____

5. Je vais acheter un parfum et du maquillage: 30€? 90€? 500€?

_____

6.8 Observe the following patterns and find the missing numbers:

    MODÈLE: dix, vingt, trente, quarante, soixante

                 Nombre qui manque: cinquante

1. un, trente et un, soixante et un, cent vingt et un, cent cinquante et un

    Nombre qui manque: _____

2. cinquante, cent, cent cinquante, deux cents, trois cents

    Nombre qui manque: _____

3. quatre-vingts, quatre-vingt-deux, quatre-vingt-six, quatre-vingt-huit, quatre-vingt-dix

    Nombre qui manque: _____

4. dix, cent, dix mille, cent mille, un million

    Nombre qui manque: _____

II. Structure

Positive structure	Negative structure
un, une, des, du, de la, de l'	pas de
J'ai **un** stylo.	Je n'ai **pas de** stylo.
Exception: être:	
C'est **un** ami.	Ce **n**'est **pas un** ami.

6.9 Paul is trying to find out what Valérie and Bernadette own, so he asks them a few questions. Valérie is quite rich and owns many things while Bernadette has a modest income and owns very few things. Answer the questions!

MODÈLE: PAUL: Vous avez une voiture?

VALÉRIE: Oui, j'ai une Peugeot 305.

BERNADETTE: Non, je n'ai pas de voiture.

1. PAUL: Vous avez un ordinateur?

VALÉRIE: _____

BERNADETTE: _____

2. PAUL: Vous avez un caméscope?

VALÉRIE: _____

BERNADETTE: _____

3. PAUL: Vous avez une moto?

VALÉRIE: _____

BERNADETTE: _____

4. PAUL: Vous avez un appareil photo?

VALÉRIE: _____

BERNADETTE: _____

5. PAUL: Vous avez un piano?

VALÉRIE: _____

BERNADETTE: _____

6. PAUL: Vous avez une guitare?

VALÉRIE: _____

BERNADETTE: _____

7. PAUL: Vous avez un chat?

VALÉRIE: _____

BERNADETTE: _____

8. PAUL: Vous avez des rollers?

VALÉRIE: _____

BERNADETTE: _____

6.10 Now, answer the following questions, paying special attention to what happens to the articles in the negative structures:

1. Est-ce que vous portez un manteau en été?

   _____

2. Est-ce que vous buvez souvent du champagne le matin?

   _____

3. Est-ce que vous avez des amis au Groenland?

   _____

4. Est-ce que vous portez des lunettes de soleil pendant le cours de français?

   _____

5. Est-ce qu'on achète du pain à la papeterie?

   _____

6. Est-ce que Gérard Depardieu est un acteur américain?

   _____

7. Est-ce qu'il y a un arbre dans la salle de classe?

   _____

8. Est-ce que votre grand-mère a un baladeur?

   _____

6.11 Younger siblings often copy their brothers and sisters. Eva is in awe of her big sister Rachel and likes to imitate her by buying or wearing items of the same color. Look at the model and complete the following sentences, making all the necessary changes.

> **MODÈLE:** RACHEL: J'ai acheté un pull bleu aujourd'hui.
>
> EVA: (une robe) Moi, j'ai acheté une robe bleue.

1. RACHEL: J'aime les jeans noirs.

   EVA: (les jupes) _____

2. RACHEL: J'ai acheté une écharpe rouge pour maman.

   EVA: (un pull) _____

3. RACHEL: Je porte mon chapeau vert ce soir pour la fête.

   EVA: (mes sandales) _____

4. RACHEL: J'aime beaucoup les tee-shirts blancs.

   EVA: (les chemises) _____

5. RACHEL: Je veux acheter une veste rose.

   EVA: (un short) _____

6. RACHEL: Je n'aime pas les pulls jaunes.

   EVA: (les robes) _____

7. RACHEL: Je mets mon pantalon gris.

   EVA: (ma jupe) _____

8. RACHEL: J'aime mes sandales marron.

   EVA: (mes bottes) _____

6.12 A. Ask how much the following things cost using the verb **coûter** and demonstrative adjectives (**ce, cet, cette, ces**).

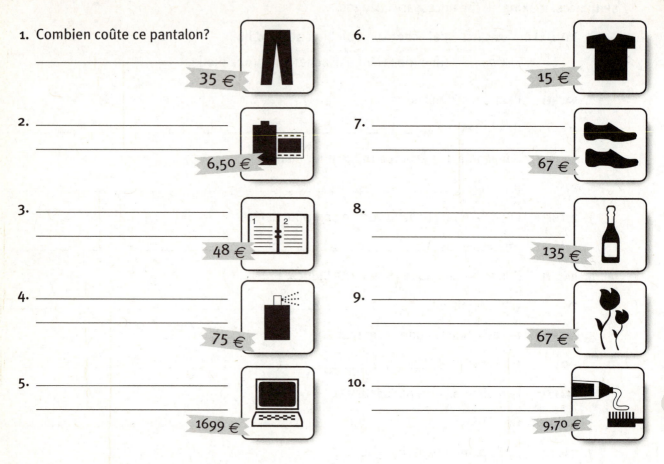

1. Combien coûte ce pantalon?
   _____ 35 €

2. _____
   _____ 6,50 €

3. _____
   _____ 48 €

4. _____
   _____ 75 €

5. _____
   _____ 1699 €

6. _____
   _____ 15 €

7. _____
   _____ 67 €

8. _____
   _____ 135 €

9. _____
   _____ 67 €

10. _____
    _____ 9,70 €

B. What items seem expensive to you? Which ones seem cheap? Write down your opinion. You can use adverbs such as **un peu, assez, très,** and **trop**.

MODÈLE: Le pantalon est assez bon marché, mais le champagne est très cher.

_____

_____

_____

_____

_____

6.13 You need to buy some presents but you are not sure what to choose. Look at the pictures and write questions according to the model.

MODÈLE:

1. Qu'est-ce qu'on achète? Ce bouquet ou cette pendule?

2. Quel pull on achète? Celui-ci ou celui-là?

3. _____

_____

_____

4. _____

_____

_____

5. _____

_____

_____

6. _____

_____

_____

7. _____

_____

_____

8. _____

_____

_____

9. _____

_____

_____

6.14 Complete the following dialogues with demonstrative adjectives (**ce, cet, cette, ces**) and pronouns (**celui-ci, celui-là, celle-ci, celle-là, ceux-ci, ceux-là, celles-ci, celles-là**).

1. Thomas et André sont à la librairie.

   THOMAS: Regarde, je vais acheter _____ livre.

   ANDRÉ: Quel livre? Je n'ai pas vu. Montre-moi!

   THOMAS: _____ !

2. Nadia et Hélène sont à la boulangerie.

   NADIA: Oh, j'adore _____ boulangerie.

   HÉLÈNE: Moi aussi, elle est super. Qu'est-ce que tu veux?

   NADIA: _____ petit éclair au café est certainement délicieux et _____ gâteau aux chocolat est superbe . . . je ne sais pas quoi choisir!

   HÉLÈNE: Bon, il faut décider! Tu veux _____ ou _____ ?

   NADIA: Les deux!

3. Henri et Nicolas sont dans un parc et ils voient deux étudiantes que Nicolas connaît.

   HENRI: Qui sont _____ deux filles?

   NICOLAS: _____ s'appelle Béatrice et _____ Andréa.

   HENRI: Tu me les présentes?

   NICOLAS: Certainement pas!

4. À l'épicerie . . .

   BERNARD: Est-ce qu'on prend des pommes?

   ANNE: Oui d'accord. On prend _____ ou _____ ?

   BERNARD: Je crois que _____ pommes sont meilleures.

5. Une discussion chez les Chapain.

   MARC: Je crois que je vais acheter un nouveau caméscope.

   CÉCILE: Et _____ caméscope sur la table, il est trop vieux pour toi?

   Marc montre une publicité dans un magazine à Cécile:

   MARC: Oui, il est trop vieux, je l'ai acheté il y a quatre ans. Maintenant, je veux _____ !

   CÉCILE: Ah non, il est trop cher!

6. Denise veut acheter des chaussures.

   DENISE: Monsieur, s'il vous plaît, combien coûtent _____ chaussures?

   LE VENDEUR: _____ ?

   DENISE: Non, _____ , là-bas.

   LE VENDEUR: Ah! _____ sandales sont en solde: 30€!

Direct object pronouns (COD)	Indirect object pronouns (COI)
le, la, l', les	**lui, leur**

6.15 Complete the following chart with direct and indirect object pronouns.

	Direct object pronouns	**Indirect object pronouns**
J'achète **le foulard**.	Je _____ achète.	
Tu prends **le bus**.	Tu _____ prends.	
Vous lisez **la lettre de Karine**.	Vous _____ lisez.	
Je téléphone **à Patrick / à Julie**.		Je _____ téléphone.
Nous écrivons **à nos parents**.		Nous _____ écrivons.

6.16 What are they talking about? Try to find the objects that are represented by the pronouns in the following sentences.

les gâteaux, la robe, les magazines, les chaussures, les lunettes, les pizzas, la nourriture, le parfum, la carte de crédit, le chien, le shampooing

MODÈLE: Je le promène tous les jours.

le chien

1. Vous pouvez l'acheter dans une parfumerie.

_____

2. Vous les mangez à l'occasion de fêtes et ils sont à la crème, au chocolat . . .

_____

3. Vous les mettez pour lire, pour conduire, pour voir des films . . .

_____

4. Normalement, ce sont les femmes qui la portent et ce n'est pas une jupe.

_____

5. On l'utilise pour se laver les cheveux.

_____

6. Vous l'utilisez pour payer mais ce n'est pas de l'argent.

_____

7. Vous pouvez les manger dans un restaurant ou chez vous.

_____

8. On les lit chez soi, dans l'autobus, au salon de coiffure . . .

   _____

9. Les gens l'achètent normalement au supermarché.

   _____

10. On les porte à nos pieds pour les protéger.

   _____

6.17 Indicate whether you would use the pronoun **lui** or **leur** in the following sentences.

   1. Nous téléphonons **à nos parents**. _____

   2. J'offre des fleurs **à mon amie**. _____

   3. Je vais parler **à mon professeur**. _____

   4. J'ai donné mon CD de U2 **à Victor**. _____

   5. Nous allons montrer nos photos **à Michel et Renée**. _____

6.18 Luc and Paul, two brothers, are choosing Christmas presents for their family. Replace the words in bold with pronouns (**le, la, l', les, lui**, or **leur**).

   MODÈLE: PAUL: Qu'est-ce que nous pouvons acheter à la tante Agnès?

   LUC: Nous pouvons acheter un foulard **à la tante Agnès**.

   Nous pouvons **lui** acheter un foulard.

   1. LUC: Et à la tante Josette? Le livre sur son acteur préféré?

   PAUL: Oui, bonne idée, on peut acheter **ce livre**.

   _____

   2. PAUL: Et pour l'oncle René et la tante Colette?

   LUC: Je ne sais pas. On peut acheter un CD.

   PAUL: D'accord, on peut acheter un CD **à l'oncle René et à la tante Colette**.

   _____

   3. LUC: Et grand-mère? Qu'est-ce qu'on achète **à grand-mère**?

   _____

   4. PAUL: Comme d'habitude, les chocolats belges qu'elle aime beaucoup.

   LUC: D'accord, j'achète **les chocolats**.

   _____

   5. PAUL: Et le cousin Sylvain, il veut les mêmes chaussures que son frère.

   LUC: Bon, c'est facile, tu achètes **les mêmes chaussures**.

   _____

6.19 Now, answer the following questions using pronouns (**le, la, l', lui,** and **leur**) to replace the words in bold.

> **MODÈLE:**   Est-ce que vous écoutez souvent **la radio**?
>
> Oui, je **l'**écoute souvent.

1. Est-ce que vous prenez souvent **l'autobus**?

   _____

2. Est-ce que vous regardez **la télévision** le soir?

   _____

3. Est-ce que vous avez téléphoné **à vos parents** ce matin?

   _____

4. Est-ce que vous aimez faire **les courses**?

   _____

5. Est-ce que vous parlez souvent **à votre professeur de français**?

   _____

6. Est-ce que vous écrivez quelquefois des lettres **à vos amis**?

   _____

6.20 A. Complete the following questions with **est-ce que** or **qu'est-ce que**.

1. En France _____ les gens apportent un livre quand ils sont invités à manger chez un ami?

2. _____ vous offrez quand vous allez voir quelqu'un à l'hôpital?

3. _____ les Français célèbrent les mêmes fêtes que les Américains?

4. _____ les Français dépensent beaucoup d'argent pour les cadeaux?

5. En France, _____ on offre à des amis qui se marient?

6. _____ les Français offrent quelque chose pour remercier quelqu'un pour un service rendu?

B. Now answer the questions! You can find the information you need on page 61 of your textbook.

1. _____
2. _____
3. _____
4. _____
5. _____
6. _____

6.21 Take a look at Lucien's answers and try to find the questions that his mother was asking him, using **est-ce que** and **qu'est-ce que**.

MODÈLE: LA MÈRE: _____

LUCIEN: Oui, j'ai fait mes devoirs.

QUESTION: Est-ce que tu as fait tes devoirs?

1. LA MÈRE: _____

   LUCIEN: Non, je n'aime pas beaucoup mon cours de maths.

2. LA MÈRE: _____

   LUCIEN: J'ai mangé des céréales avec du lait.

3. LA MÈRE: _____

   LUCIEN: J'ai bu du jus de fruits.

4. LA MÈRE: _____

   LUCIEN: Oui, j'ai fait les courses.

5. LA MÈRE: _____

   LUCIEN: Oui, j'ai acheté du dentifrice.

6. LA MÈRE: _____

   LUCIEN: Non, je n'ai pas envie de jouer au tennis.

7. LA MÈRE: _____

   LUCIEN: Je ne veux rien faire. Je dois étudier.

6.22 What does **on** represent in the following sentences: **nous** or **les gens** (impersonal)? Complete the chart.

	Nous	Les gens
1. Sabine et moi on va à la piscine demain.		
2. En France, on apporte des fleurs quand on est invité chez des amis.		
3. Au Québec, on parle français.		
4. On achète un CD à Sandra pour sa fête?		
5. On doit aller au supermarché aujourd'hui.		
6. En France, on mange beaucoup de fromage.		
7. On peut payer avec la Carte Bleue dans ce magasin.		

III. Phonétique

Les sons [i], [y], et [u]

 6.23 Listen to the recording and indicate whether you hear the sound [i] as in **si**, the sound [u] as in **sous**, or the sound [y] as in **sur**.

Numéro	[i]	[u]	[y]
1.			
2.			
3.			
4.			
5.			
6.			

6.24 You will hear five series of words. Listen and indicate, as in the example, which is the first word that you hear, and which is the second.

	[i]	[y]
a.	riz (2)	rue (1)
b.	dire	dure
c.	mille	mule
d.	pile	pull
e.	riche	ruche

 6.25 You will now hear six series of words. Listen to them and indicate, as in the example, which one is the first word you hear, and which one is the second.

	[u]	[y]
a.	roue (1)	rue (2)
b.	boue	bue
c.	boule	bulle
d.	Louis	lui
e.	doux	du
f.	pou	pu

6.26 Now look for five words you have learned in this unit that contain these sounds:

[i]: _____

[u]: _____

[y]: _____

 6.27 Read the following sentences out loud, then listen to the recording to check your pronunciation and make any necessary correction.

1. Tu aimes la musique?

2. Il possède une voiture, des lunettes et des skis.

3. Tu as vu le dernier film de Liliane Dufour?

4. Tu m'attends dans la rue Saint-Hubert?

5. Julien, tu viens avec nous?

IV. Stratégies pour mieux apprendre

6.28 Here are a few words you learned in this unit. Some may look like words you know in your native language or in other languages you may have learned. Words that look similar and have similar meanings are called *cognates*. Words that look similar but have different meanings are called "faux amis" (*false friends*).

Indicate the false friends with ≠ and the cognates with =

You can add to this list other words that you have learned in other units.

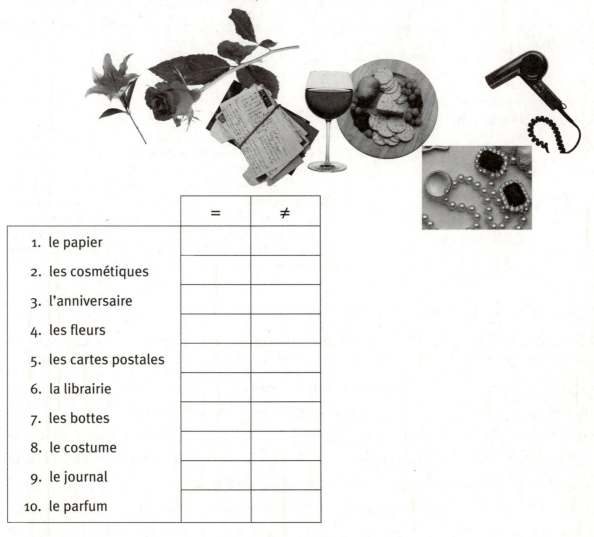

	=	≠
1. le papier		
2. les cosmétiques		
3. l'anniversaire		
4. les fleurs		
5. les cartes postales		
6. la librairie		
7. les bottes		
8. le costume		
9. le journal		
10. le parfum		

Certain verbs have a direct structure while others have an indirect structure. One of the ways to find out whether a verb is direct or indirect is to ask the questions **qui, que, à quoi,** or **à qui.**

Aimer:	**Qui** est-ce que tu aimes?	quelqu'un (direct object)
Manger:	**Que** manges-tu?	quelque chose (direct object)
Offrir:	**À qui** est-ce que tu offres ce cadeau?	à quelqu'un (indirect object)
Penser:	**À quoi** penses-tu?	à quelque chose (indirect object)

These questions will help you determine whether the verb takes a direct object (COD) or an indirect object (COI).

6.29 Do you know other verbs that are constructed like **offrir** or **aimer**? Make a list of them.

V. Rédaction et révisions des Unités 4, 5 et 6

6.30 Here is a typical day for Nathalie, who is a computer specialist in a large company. Complete the paragraph below, conjugating the verbs in the present tense and choosing the correct prepositions.

Le matin, je (1) (se lever) _____ à 7h00. Je (2) (prendre) _____ un grand bol de corn-flakes et je (3) (boire) _____ un grand jus d'orange. Je (4) (ne pas avoir) _____ beaucoup de temps pour faire ma toilette. Je (5) (partir) _____ fatiguée et je (6) (s'endormir) _____ dans le bus. Je (7) (commencer) _____ (8) **chez le / dans le / au** bureau à 8h30, mais mes collègues (9) (arriver) _____ à 9h00. J'(10) (avoir) _____ le temps de vérifier tout le système informatique avant leur arrivée. Dans la matinée, je (11) (réparer) _____ des ordinateurs en panne. À midi, je (12) (rester) _____ avec des collègues. Nous (13) (manger) _____ (14) mal **à la / chez la / dans la** cafétéria de la société mais ça (15) (ne pas coûter) _____ cher et nous (16) (parler) _____ de tout et de rien. L'après-midi, je (17) (travailler) _____ beaucoup: je (18) (faire) _____ des programmations. Je (19) (finir) _____ ma journée à 17h00. Je (20) (aller) _____ faire un peu de sport (21) **dans le / chez le / au** gymnase avant de rentrer (22) **à / dans / chez** moi. Mon dîner, c'est un sandwich acheté (23) **chez la / à la / dans la** boulangerie du coin. Après, je (24) (sortir) _____ prendre un verre avec des amis (25) **dans le / chez le / au** Café des Arts.

6.31 Now rewrite the text in the **passé composé** and in the third person singular. Be careful with the positions of adverbs and with past participle agreements. You might also need to change possessive adjectives and make a few other adjustments.

Hier matin, Nathalie s'est levée à 7h00. _____

_____

_____

_____

_____

_____

_____

_____

_____

_____

_____

_____

 6.32 Auto-évaluation. Evaluate how well you can use the following notions. Then review anything that has caused you some trouble.

Je sais utiliser	Peu	Assez bien	Bien	Très bien
le présent (en général)				
le présent des verbes pronominaux				
le passé composé				
les participes passés				
les adverbes (leur position)				
les prépositions				

6.33 Indicate whether in the following cases we would use **savoir** or **connaître**.

	Je sais	Je connais	
1.		X	Rome.
2.			aller chez toi.
3.			qui est ta copine.
4.			la Belgique.
5.			la recette de la crème anglaise.
6.			l'adresse de Sophie.
7.			nager.
8.			Sabine.
9.			pourquoi il n'est pas venu.
10.			où est la boulangerie.

6.34 Here are a few definitions of professions and clothing. Find the correct words after reading the definitions.

1. Des c _____	On les met aux pieds pour marcher dans la rue.
2. Un m _____	On le met pour aller dehors quand il fait froid.
3. Un c _____	On le met sur la tête.
4. Une v _____	Elle est employée dans un magasin pour vendre.
5. Un a _____	Il représente et défend son client devant le tribunal.
6. Une j _____	Elle peut être mini, normale ou longue.
7. Un p _____	Le blue-jeans en est un.
8. Une i _____	Elle passe sa journée à enseigner aux enfants.
9. Un c _____	Il coupe les cheveux.
10. Un i _____	On le porte quand il pleut.

6.35 Do you have the following things? Indicate on the chart what you have and what you don't have.

Est-ce que tu as . . . ?		
J'ai un livre de français	livre de français	
	collier de perles	Je n'ai pas de collier de perles
	blouson en cuir	
	vélo tout terrain	
	appareil photo numérique	
	agenda électronique	
	lunettes de soleil	
	carte de crédit	
	voiture	
	dictionnaire français	
	chat	
	portable	
	ordinateur	

6.36 Complete the following dialogues in a logical manner.

1. É1: Est-ce que vous _____ le livre de français?

   É2: Non, nous ne l'avons pas acheté.

2. É1: Est-ce que tu as le dernier CD de Patrick Bruel?

   É2: Non, je ne _____ pas.

3. É1: Est-ce que tu _____ à Sandrine?

   É2: Oui, je lui ai téléphoné ce matin.

4. É1: Est-ce que ton frère prend le bus pour aller à la fac?

   É2: Oui, il _____ près de chez nous.

5. É1: Est-ce que vous regardez la télé tous les soirs?

   É2: Non, nous ne _____ pas souvent.

6. É1: Est-ce que vous êtes restés très tard chez les Renaud?

   É2: Oui, nous _____ jusqu'à 3 heures du matin.

6.37 Use the correct demonstrative adjectives in the questions and answer the questions using demonstrative pronouns.

> **MODÈLE:** Je prends _____ ce _____ pull gris ou _____ ce _____ pull marron?
> Prends celui-ci!

1. Je m'achète _____ chaussures vertes ou _____ chaussures bleues?

   _____

2. Je fais _____ exercice de verbes ou _____ exercice de pronoms?

   _____

3. Nous jouons avec _____ cartes-ci ou _____ cartes-là?

   _____

4. Monsieur, vous voulez _____ tarte-ci ou _____ tarte-là?

   _____

5. J'utilise _____ téléphone-ci ou _____ téléphone-là?

   _____

6. Je mets _____ robe noire ou _____ robe marron?

   _____

6.38 Reflect on what you have learned in **Unités 4, 5,** and **6** and do the following self-evaluation.

Je sais utiliser	Peu	Assez bien	Bien	Très bien
le lexique des professions				
le lexique des vêtements				
j'ai un, une, des / je n'ai pas de, d'				
il faut / il est nécessaire / avoir besoin				
les adjectifs et les pronoms démonstratifs				
les pronoms (**le, la, l', les, lui, leur**)				
la question **est-ce que**				
l'impératif				

Maintenant je sais . . .	Peu	Assez bien	Bien	Très bien
parler de mes habitudes quotidiennes				
indiquer ce qui est bon/mauvais pour la santé				
donner des conseils, faire des suggestions				
parler de ma vie: ma formation et mes expériences				
évaluer des qualités, des aptitudes et des compétences				
exprimer mes opinions				
décrire des objets				
faire des courses				

VI. Préparation au DELF

DELF A1. Listening comprehension practice

 6.39 Listen to the recording three times and check the right answers. Be careful, there can be more than one correct answer. However, *do not* check more than 13 answers. Any additional answer would be penalized on the exam.

1.

1. Qu'achète Christine?	2. Où l'achète-t-elle?	3. Quand le commande-t-elle?	4. À quel cadeau a-t-elle pensé?
a. un bateau	a. au supermarché	a. ce matin	a. un CD
b. un gâteau au chocolat	b. à l'épicerie	b. avant la fête	b. une BD
c. un gâteau aux pommes	c. à la boulangerie	c. demain	c. un DVD

2.

1. Qu'apporte Djamel?	2. À quel cadeau a-t-il pensé?	3. Qui connaît l'adresse de la boutique?	4. Il va retéléphoner
a. du Coca	a. un CD	a. Christine	a. vers minuit
b. de l'Orangina	b. une maquette	b. Christophe	b. vers midi
c. du jus de fruits	c. on ne sait pas	c. Christiane	c. on ne sait pas

3.

1. Où se trouve le magasin?	2. Où se trouve le magasin?	3. Quel âge va avoir Nicolas?	4. Quel est son numéro de portable?
a. rue Ponge	a. entre une pâtisserie et une épicerie	a. 35 ans	a. 06-67-34-79-81
b. rue Longe	b. entre une boulangerie et une épicerie	b. 18 ans	b. 06-67-34-79-91
c. rue Monge	c. entre une pharmacie et une épicerie	c. 22 ans	c. 06-27-43-69-81

DELF A2. Oral interview practice

6.40 Here are a few topics that will enable you to use what you have studied in this unit.

    A. Que pensez-vous des habitudes des Français quand ils sont invités chez des amis?

    B. Quelle est la meilleure manière de s'habiller quand on se présente à un entretien de travail et pourquoi?

    C. De tous les cadeaux que l'on vous a offerts, quel est celui que vous avez préféré et pourquoi?

DELF A2. Written test practice

6.41 Now, write a letter to a magazine to express your opinion regarding the importance of fashion for the young people of today (about 100 words).

Here are some expressions of doubt:	Here are some expression of certitude:	Here are some expressions to insist:
Peut-être	Sans aucun doute, . . .	C'est très important . . .
Certains croient que . . .	Je suis absolument sûr(e) que . . .	C'est capital . . .
Il paraît que . . .	C'est certain . . .	C'est fondamental . . .
C'est loin d'être sûr . . .	Certainement . . .	C'est urgent . . .

Unité 7
SALÉ OU SUCRÉ?

ACTIVE VOCABULARY FOR UNITÉ 7

Nouns

l'addition (f)	bill (at a restaurant)	la viande	meat
l'ail (m)	garlic	le beignet	doughnut
l'ananas (m)	pineapple	le beurre	butter
l'entrée (f)	appetizer	le biscuit	cookie
l'épinard (m)	spinach	le bœuf	beef
l'escargot (m)	snail	le canard	duck
l'huile (f)	oil	le chou	cabbage
l'huître (f)	oyster	le citron	lemon
l'œuf (m)	egg	le concombre	cucumber
l'oignon (m)	onion	le déjeuner	lunch
l'orange (f)	orange	le demi	half
la boîte	can, box	le dessert	dessert
la bouteille	bottle	le dîner	dinner
la carotte	carrot	le féculent	starch
la crème chantilly	whipped cream	le fromage de chèvre	goat cheese
la crème fraîche	sour cream	le haricot	bean
la cuillère	spoon	le hors d'œuvre	appetizer
la farine	flour	le jambon	ham
la fraise	strawberry	le laitage	dairy product
la glace	ice cream	le melon	cantaloupe
la moule	mussel	le pain grillé	toast
la moutarde	mustard	le paquet	package, box
la noix de coco	coconut	le petit-déjeuner	breakfast
la pomme	apple	le plat	dish
la pomme de terre	potato	le plat principal	main dish, entrée
la recette	recipe	le poisson	fish
la salade	lettuce	le poivre	pepper
la saucisse	sausage	le pot	jar
la tasse	cup	le poulet	chicken
la tomate	tomato	le quart	fourth
la tranche	slice	le raisin	grape

le riz	rice	le vinaigre	vinegar
le saucisson	dried sausage (similar to salami)	les céréales (f)	cereals
		les crudités (f)	raw vegetables (special salads for appetizers)
le saumon	salmon		
le sel	salt	les frites (f)	French fries
le thon	tuna	les pâtes (f)	pasta
le tiers	third		

Adjectives

acide	sour	frit(e)	deep-fried
amer, amère	bitter	froid(e)	cold
bouilli(e)	boiled	gras, grasse	fatty
chaud(e)	hot	grillé(e)	grilled
cuit(e)	cooked	piquant(e)	spicy, tangy
épicé(e)	spicy	râpé(e)	grated
équilibré(e)	balanced	salé(e)	salted, salty
facile	easy	sucré(e)	sweet

Verbs

ajouter	to add	faire chauffer	to heat up
attendre	to wait	faire cuire	to cook
battre	to beat	goûter	to taste
choisir	to choose	laver	to wash
consommer	to consume	mélanger	to mix
couper	to cut	mettre	to put
cuisiner	to cook	servir	to serve
durer	to last	tartiner	to spread
éplucher	to peel	verser	to pour

Some words and expressions

à la vapeur	steamed	de la viande bien cuite	well-done meat
après	after		
cuit à la casserole	cooked in a pan	de la viande saignante	undercooked, rare meat
cuit au barbecue	barbecued		
cuit au four	cooked in the oven	enfin	finally
d'abord	first	ensuite	then
de la viande à point	medium-rare meat	puis	then

I. Étude de vocabulaire

7.1 Look at the following list of foods and at the chart below. Indicate on which aisle the foods would be located in a supermarket.

du saucisson, du lait, de la bière, des moules, du riz, des pommes de terre, des oignons, du poulet, des yaourts, une laitue, du roquefort, de la farine, de la confiture, du jus de fruit, des pommes, de la crème fraîche, de l'eau minérale, du fromage de chèvre, des pâtes, une bouteille de vin, un citron, du jambon, du thon

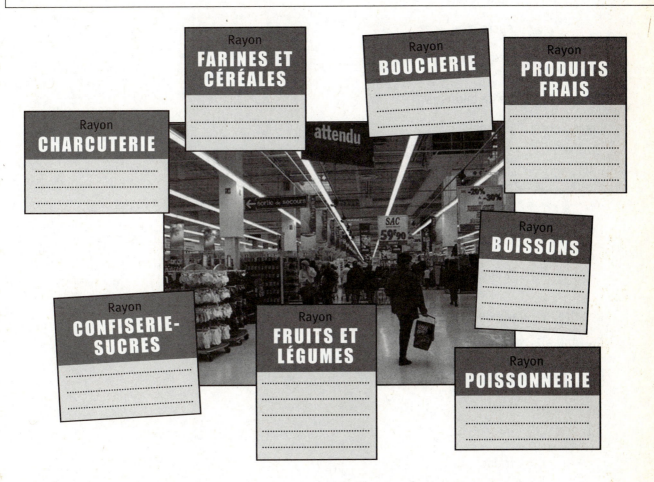

7.2 Look at your fridge and your pantry and make a list of what you need to buy the next time you go to the grocery store.

7.3 Identify the item that does not belong in each recipe and that would be sure to ruin the whole thing!

Recette 1: Gâteau au chocolat

Ingrédients: farine

   œufs

   lait

   huile d'olive

   sucre

   chocolat

Recette 2: Soupe de légumes

Ingrédients: oignons

   carottes

   pommes de terre

   céleri

   tomates

   ananas

Recette 3: Salade de fruits

Ingrédients: orange

   pomme

   raisin

   ail

   fraise

   banane

7.4 The Spa Les Thermes d'Ax offers a weight-loss program. Customers can lose 12 pounds in 3 days eating healthy meals. Prepare the menus!

LES THERMES D'AX	Petit-déjeuner			
	Déjeuner - Entrée - Plat principal - Dessert			
	Dîner - Entrée - Plat principal - Dessert			

7.5 You are visiting a friend for a few days and you decide to go grocery shopping and fill up her fridge for her while she is at work. However, you forgot she is a full-fledged vegetarian (no meat, eggs, or fish). Decide what needs to be removed from her fridge.

Liste de ce que vous avez acheté:

un litre de lait

un litre de jus d'orange

cinq tranches de jambon

un kilo de tomates

3 kilos de pommes de terre

une salade

12 œufs

une tranche de saumon

du pain et des croissants

du raisin et des pommes

un saucisson

une bouteille de vin blanc

Choses que vous devez retirer du frigo:

1. _____

2. _____

3. _____

4. _____

7.6 Listen to this chef describe the recipe for *poulet à la basquaise*. Identify the ingredients that are mentioned and indicate the quantities you hear.

_____ tomates

_____ pommes de terre

_____ poireaux

_____ cuillères à café d'épice

_____ verre de vin rouge

_____ oignons

_____ verre de vin blanc sec

_____ crème fraîche

_____ poivrons

_____ gousses d'ail

_____ de beurre

_____ poulet fermier

_____ carottes

_____ cuillères à soupe d'huile d'olive

7.7 A. What are the meals mentioned in the text? Complete the chart.

En France, les repas sont le petit-déjeuner, le déjeuner, le goûter et le dîner. En général, on prend le petit-déjeuner entre 6h30 et 8h30; on déjeune entre midi (12h00) et 13h00; on goûte vers 16h00 et on dîne entre 19h00 et 20h30. Dans beaucoup de régions de France et dans de nombreux pays francophones (Belgique, Suisse, etc), c'est un peu différent: on dit qu'on dîne le midi et qu'on soupe le soir.

Horaires	Repas en France	Repas dans d'autres pays francophones (la Suisse et la Belgique, entre autres)
6h30–8h30		
12h–13h		le dîner
16h		
19h–20h30		le souper

B. Compare those meals and hours with those of your country: do you have the same meal schedule?

_____

_____

_____

7.8 Find the words that were left out of this scene.

Marc et Virginie sont au restaurant. Le serveur prend leur commande.

LE SERVEUR: Que voulez-vous comme (1) _____?

VIRGINIE: L'assiette de crudités s'il vous plaît.

MARC: Et pour moi, la soupe de légumes.

LE SERVEUR: Très bien, et comme (2) _____?

VIRGINIE: Le canard à l'orange.

MARC: Le poulet aux poivrons.

LE SERVEUR: Parfait. Et qu'est-ce que je vous apporte comme (3) _____?

VIRGINIE: Marc, tu veux du vin je suppose?

MARC: Oui bien sûr, donnez-nous une (4) _____ de Bordeaux.

Un peu plus tard . . .

LE SERVEUR: Voulez-vous du (5) _____?

MARC: Oui, avez-vous du roquefort?

LE SERVEUR: Oui bien sûr. Et pour Madame?

VIRGINIE: Non merci.

Un peu plus tard . . .

LE SERVEUR: Est-ce que je vous apporte l'(6) _____?

VIRGINIE: Non, attendez, je voudrais un (7) _____ et un café.

MARC: Oui, moi aussi s'il vous plaît. Qu'est-ce que vous nous proposez?

LE SERVEUR: Un excellent gâteau aux amandes.

MARC: Parfait!

II. Structure

	Articles définis	Articles indéfinis	Articles partitifs
Masculin	le, l'	un	du, de l'
Féminin	la, l'	une	de la, de l'
Pluriel	les	des	des

Structures négatives

Articles définis: **pas le, pas la, pas l', pas les**

Articles indéfinis et partitifs: **pas de**

7.9 Complete the following sentences, adding the correct articles (definite, indefinite, partitive). Watch for negative structures!

1. Bugs Bunny adore _____ carottes mais il n'aime pas _____ tomates.

2. En France, on boit _____ eau minérale pendant les repas.

3. Avez-vous remarqué que _____ poisson est souvent plus cher que _____ viande?

4. Les Anglais boivent _____ thé toute la journée.

5. Les végétariens ne mangent pas _____ viande.

6. Aimez-vous _____ fromage de chèvre?

7. En général, les enfants aiment _____ chocolat et _____ bonbons, mais ils

   n'aiment pas _____ légumes.

8. Le matin, en France, beaucoup de gens prennent _____ café, _____ pain,

   _____ beurre et _____ confiture.

7.10 Complete the following shopping list with indications of weights and measurements.

Here is a list to choose from:

paquet(s), litre(s), boîte(s), kilo(s), douzaine(s), gramme(s), livre(s), tranche(s), pot(s)

Liste:

2 _____ de lait entier

1 _____ de sucre

5 _____ de jambon

250 _____ de fromage râpé

1 _____ de jus d'orange

2 _____ de sauce tomate

1 _____ de Nutella

1 _____ d'œufs

1 _____ de farine

1 _____ de moutarde

3 _____ de pommes

7.11 You are organizing a party for your best friend's birthday and you have invited 10 guests. Here is a list of things to buy. Certain quantities will seem reasonable to you, while others will seem insufficient or exaggerated. Use adverbs of quantity to comment about what is on the list:

pas de, (un) peu de, beaucoup de, trop de, pas assez de, plus de, moins de, etc.

_____

_____

_____

_____

Pour la fête il faut acheter:
- 30 bouteilles de coca
- 4 paquets de chips
- 10 bouteilles de jus de fruit
- un gâteau d'anniversaire
- 2 boîtes de biscuits d'apéritif

+ les ingrédients pour la salade de fruits:
- 100 g de fraises
- 2 kg d'oranges
- 1 kiwi
- 300 g de raisins secs

7.12 Now, answer the following questions using the adverbs given in parentheses.

   MODÈLE: Est-ce que vous buvez du vin? (peu)

   Je bois peu de vin.

1. Est-ce que vous mangez des légumes? (pas assez)

   _____

2. Est-ce que vous avez des devoirs? (trop)

   _____

3. Est-ce que les Français mangent du pain? (beaucoup)

   _____

4. Est-ce que les petits Français boivent du lait? (peu)

   _____

5. Est-ce que les Américains mangent des chips? (trop)

   _____

6. Est-ce que vous mangez du poisson? (un peu)

   _____

Pronoms COD	
Je regarde **la télé**.	Je **la** regarde.
J'ai lu **le journal**.	Je **l'**ai lu.
Tu mets **tes chaussures**.	Tu **les** mets.
Pronoms COI	
Je téléphone **à André**.	Je **lui** téléphone.
Nous parlons **à nos amis**.	Nous **leur** parlons.
Pronom EN	
J'achète **des tomates**.	J'**en** achète.
Tu manges **un peu de jambon**.	Tu **en** manges **un peu**.
Il boit **trop de vin**.	Il **en** boit **trop**.

7.13 Answer the questions using the pronoun **en**.

1. Est-ce que vous avez mangé du poulet hier soir?

   _____

2. Est-ce que vous buvez beaucoup de café?

   _____

3. Est-ce que vous avez une voiture?

   _____

4. Combien de frères avez-vous?

   _____

5. Mangez-vous souvent des huîtres?

   _____

6. Avez-vous bu un peu de vin hier soir?

   _____

7. Avez-vous besoin de nouvelles chaussures?

   _____

8. Buvez-vous assez d'eau?

   _____

7.14 Your friend is sick and you went shopping for him. You are now trying to put everything away in his kitchen. Complete the sentences with the correct pronouns (**le, la, l', les, en**).

VOUS: Tu le ranges où le pot de confiture?

VOTRE AMI: Tu peux le mettre dans le placard.

VOUS: Et le fromage?

VOTRE AMI: Eh bien, tu (1) _____ ranges dans le frigo!

VOUS: D'accord, je (2) _____ mets dans le bac à légumes. Et la sauce tomate, tu

(3) _____ mets aussi dans le frigo?

VOTRE AMI: Non, on va faire des pâtes pour manger. Tu peux même déjà (4) _____ ouvrir.

VOUS: Ah oui, et les tomates?

VOTRE AMI: Tu (5) _____ laisses dehors. Comme ça, on fera une salade. Tu as bien pris les

olives et les concombres?

VOUS: Zut, les olives! Je crois que je (6) _____ ai oubliées. Mais les concombres, je

(7) _____ ai mis sur l'étagère, là-bas. J'ai aussi acheté du jus de fruit. Tu en bois,

j'espère.

VOTRE AMI: Oui, de temps en temps. Et tu as pensé à acheter de la crème fraîche?

VOUS: Oui, j'(8) _____ ai acheté.

VOTRE AMI: Et des yaourts aussi?

VOUS: Non, je n'(9) _____ ai pas acheté. Désolé . . .

VOTRE AMI: Bon, tu peux retourner au supermarché et acheter des yaourts?

VOUS: Ah non, tant pis, on n'(10) _____ mangera pas ce soir.

7.15 Two friends meet for coffee. Paying attention to the pronouns used, pick the correct words.

ANNA: Tu prends (1) **une tisane / un café / le thé**?

BERNARD: J'en veux bien un.

ANNA: Tu peux sortir (2) **les tasses / le lait / du sucre**?

BERNARD: Bien sûr. Tu les ranges où?

ANNA: Elles sont dans le placard. Ah, et (3) **la saccharine / le sucre** est dans le petit meuble à côté.

BERNARD: Je ne le vois pas.

ANNA: Mais si, juste à côté de la confiture.

BERNARD: D'accord, c'est bon.

ANNA: Tu prends (4) **du lait / de la confiture / le lait** avec?

BERNARD: J'en prends une goutte. Merci.

ANNA: Tu veux (5) **des pralines / les pralines** avec?

BERNARD: J'en mangerais volontiers . . .

Pronoms à l'impératif: exemples	
+	prends-**en**, téléphone-**lui**, mange-**les**
−	**ne lui** parle **pas**, **n'en** bois **pas**, **ne la** regarde **pas**

7.16 Pépé is old and a little deaf. Mémé likes to tell him what to do, but he is never sure he heard her right the first time. Rewrite her second commands using pronouns.

> **MODÈLE:** MÉMÉ: Lis cet article dans le journal!
>
> PÉPÉ: Quoi? . . . lis le journal?
>
> MÉMÉ: Oui, lis-le!

1. MÉMÉ: Finis la soupe!

   PÉPÉ: Quoi? . . . finis la soupe?

   MÉMÉ: Oui, _____

2. MÉMÉ: Téléphone à ton frère!

   PÉPÉ: Quoi? . . . téléphone à mon frère?

   MÉMÉ: Oui, _____

3. MÉMÉ: Prends un peu de fromage!

   PÉPÉ: Quoi? . . . un peu de fromage?

   MÉMÉ: Oui, _____

4. MÉMÉ: Ne mange pas trop de chocolat!

   PÉPÉ: Quoi? . . . trop de chocolat?

   MÉMÉ: Oui, _____

5. MÉMÉ: Mets tes lunettes!

   PÉPÉ: Quoi? . . . mes lunettes?

   MÉMÉ: Oui, _____

6. MÉMÉ: Ne regarde pas la télé si tard.

   PÉPÉ: Quoi? . . . la télé?

   MÉMÉ: Oui, _____

7.17 To make good crêpes, match the elements of the first column (A) with the correct ones from the second column (B). Note that column A is already in chronological order. You can consult the recipe below.

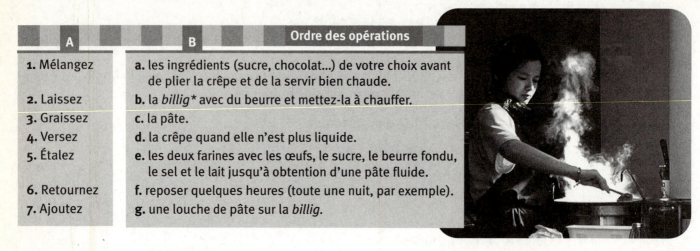

A	B	Ordre des opérations
1. Mélangez	**a.** les ingrédients (sucre, chocolat...) de votre choix avant de plier la crêpe et de la servir bien chaude.	
2. Laissez	**b.** la *billig** avec du beurre et mettez-la à chauffer.	
3. Graissez	**c.** la pâte.	
4. Versez	**d.** la crêpe quand elle n'est plus liquide.	
5. Étalez	**e.** les deux farines avec les œufs, le sucre, le beurre fondu, le sel et le lait jusqu'à obtention d'une pâte fluide.	
6. Retournez	**f.** reposer quelques heures (toute une nuit, par exemple).	
7. Ajoutez	**g.** une louche de pâte sur la *billig*.	

* Une « billig » est une poêle spéciale pour les crêpes. Vous pouvez bien entendu utiliser une poêle normale.

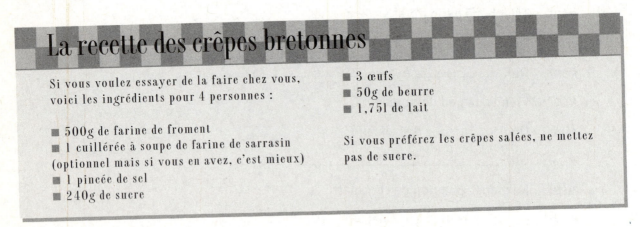

La recette des crêpes bretonnes

Si vous voulez essayer de la faire chez vous, voici les ingrédients pour 4 personnes :

- 500g de farine de froment
- 1 cuillérée à soupe de farine de sarrasin (optionnel mais si vous en avez, c'est mieux)
- 1 pincée de sel
- 240g de sucre

- 3 œufs
- 50g de beurre
- 1,75l de lait

Si vous préférez les crêpes salées, ne mettez pas de sucre.

7.18 Marie had a busy day on Saturday. Can you try to put her day back in chronological order?

1. Avant de continuer à étudier le soir, Marie a mangé et elle a téléphoné à sa mère.

2. Ensuite, elle a étudié toute la journée parce qu'elle a des examens à préparer.

3. Puis elle est allée au supermarché vers 17h00 et a acheté beaucoup de choses.

4. D'abord Marie s'est levée tôt. Elle a pris son petit-déjeuner et elle s'est préparée.

5. Enfin, elle a lu un peu dans son lit et elle s'est endormie.

6. Après, elle a fait la vaisselle, et elle a fait quelques devoirs avant d'aller se coucher.

L'ordre réel de sa journée:

7.19 In order to succeed with this recipe, here are the various stages you need to follow. Place the words **enfin, puis, après, avant de, d'abord,** and **ensuite** in the right places in the instructions.

Les ananas au CURRY

Une recette facile à faire pour 4 personnes

Ingrédients :
* 2 gros ananas
* 50g de beurre
* 100g de sucre
* 1 cuillère à café de poudre de curry
* 20cl de lait de coco

.............................., vous pelez les ananas à vif .... vous retirez les cœurs. Vous les découpez .... en tronçons .... les déposer dans un grand plat avec le sucre et le beurre coupé en morceaux. ...., vous mettez le plat au four (210°C) pour colorer les ananas pendant 25 minutes environ. Vous devez les arroser régulièrement avec le jus de la cuisson. ...., vous saupoudrez les ananas avec le curry et, une fois qu'ils sont dans les assiettes, vous versez du lait de coco par-dessus.

III. Phonétique

Les sons [s] et [z]

In French, the difference between [s] and [z] is important. You must not mix up the words **dessert** and **désert**, or **poisson** and **poison**!

 7.20 A. In order to pronounce the [s] correctly, imitate a snake. Listen to this sentence and repeat it:

Lucile sort sans son sac.

B. Listen and put a check mark when you hear the sound [s].

1. _____   4. _____

2. _____   5. _____

3. _____   6. _____

Remember! The **s** at the end of a word is usually not pronounced. Of course there are some exceptions, many of which are words borrowed from other languages (for example, **couscous**).

7.21 A. To pronounce the sound [z], imitate a fly. Listen to this sentence and repeat it:

Isabelle et Lise adorent Zidane.

B. Listen and write a check mark when you hear the sound [z].

1. _____   4. _____

2. _____   5. _____

3. _____   6. _____

The sound [z] occurs in some liaisons:

1. Between the articles **des** and **les** and the noun that follows if it starts with a vowel:

   des enfants / les animaux

2. Between a plural subject and a verb that starts with vowel:

   Ils habitent à Lyon. / Elles aiment le chocolat.

7.22 Indicate whether you think there is a liaison between the elements of the following sentences, and then listen to the recording to check your answers.

	Liaison [z]	Pas de liaison [z]
1. Ils adorent les gâteaux.		
2. Ses copines aiment le chocolat.		
3. Les enfants mangent trop de sucreries.		
4. Elles ont mal dormi.		
5. Les gâteaux salés ont été mangés.		
6. Elles ont mangé tous les gâteaux.		
7. Ils enlèvent la peau des fruits.		
8. Les parents de Sylvain sont partis mardi.		
9. Les amis de Marion habitent Bruxelles.		
10. Elles arrivent à 18h00.		
11. Les aubergines farcies, c'est bon.		
12. Ils écoutent du rap.		

The liaison is sometimes the only way to distinguish whether you are hearing singular or plural:

elle aime / elles aiment

Note that this liaison occurs only with subject pronouns. You would not hear the sound [z] in a case such as:

Le chat aime le lait / Les chats aiment le lait.

(But you could still distinguish singular from plural with the two different sounds for the article **le** and **les**.)

Spelling notes

When you hear the sound [s], there can be different spellings.

s at the beginning of a word:

sauce, sel, sucre . . .

s between a consonant and a vowel in the middle of a word:

ensuite, considérer . . .

c in front of **e** and **i** at the beginning or in the middle of a word:

cinéma, céréales, ceci, recette . . .

ç in front of **a, o,** and **u**:

ça, garçon, reçu . . .

ss between two vowels:

dessert, cassoulet, poisson . . .

When you hear the sound [z], there are two possible spellings.

z at the beginning of a word:

zèbre, zéro, zéphire . . .

s between two vowels:

noisette, cerise, raisin . . .

7.23 Try to complete the following sentences based on what you have learned about the sounds [s] and [z].

1. Est-ce que vous préparez des re____ettes fran____ai____ses de temps en temps?

2. En Afrique du Nord, on mange beaucoup de cou____cou____.

3. Dans le ____ud de la France, il y a beaucoup de beaux légumes et on peut faire de belles ____alades

   compo____ées en été.

4. La cui____ine fran____ai____se est très appré____iée dans le monde entier.

5. Il y a une grande différen____e entre ____e qu'on mange au restaurant et ____e qu'on mange à la

   mai____on.

IV. Stratégies pour mieux apprendre

7.24 A. These gestures are common in France and they are understood and made by all French people. Can you identify them?

1. Mon œil!

2. Passer sous le nez.

3. Avoir un verre dans le nez.

4. Ferme-la! (*vulgaire*)

5. La barbe! / C'est rasoir!

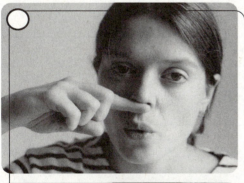 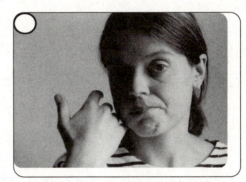

B. What are their meanings? Check with your instructor!

C. Do you have the same gestures in your culture? Do they mean the same thing as in French culture? Do you know other gestures in French?

Strategy

There are other ways to express meaning in a conversation besides words. Gestures are very important, too. You have noticed in the activity above that the position of our hands conveys a very specific meaning. However, the same gestures may convey a different meaning from one culture to another.

Salé ou sucré? ◼ **161**

V. Rédaction et récapitulation

7.25 Write three paragraphs describing what you ate and drank yesterday for each meal. If you do not know what a certain dish is called in French, simply keep the English name in quotation marks, and describe briefly what the ingredients of that dish are. Also, make sure to use expressions of quantity as well as the expressions **d'abord**, **ensuite**, **après**, and **enfin**.

_____

_____

_____

_____

_____

_____

_____

_____

_____

_____

_____

_____

_____

_____

7.26 Would you like to share your favorite recipe? Write it in French! You will need to convert (approximately) measurements into the metric system (use the Internet if in doubt!).

Ma recette préférée est _____

_____

_____

_____

_____

VI. Préparation au DELF

DELF A2. Reading comprehension

7.27 A. Read the following texts.

Les jeunes et la bouffe

Rachid, 17 ans: «Moi, ce que j'adore, ce sont les plats que me prépare ma grand-mère. C'est très différent des choses qu'on mange habituellement en France. Elle fait des tajines et puis son couscous est excellent. J'aime bien ce qui est épicé. De temps en temps, je vais dans les fast-foods avec mes copains, mais je n'aime pas trop ça.»

Amandine, 16 ans: «J'ai beaucoup de mal à manger des légumes verts. Ma mère m'oblige parfois à manger des épinards. C'est vraiment pas bon! De toute façon, mon truc à moi, c'est grignoter. Je déteste m'asseoir à table.»

Giulia, 17 ans: «Moi, c'est un peu comme Amandine. Souvent, je prends un paquet de chips et je m'installe devant la télé. Mes parents supportent vraiment pas ça. À mon avis, ils n'ont pas complètement tort mais je m'ennuie quand je mange avec eux. Et puis, je ne mets jamais les pieds dans la cuisine.»

Cyrille, 18 ans: «Je suis d'accord avec les filles, mais j'apprécie aussi les bons petits plats que ma grand-mère cuisine. Quand on se retrouve le week-end chez les amis, j'essaye de préparer des recettes. Je sais que certains trouvent ça ridicule, mais j'aime bien cuisiner de temps en temps. J'adore faire les sauces.»

Gilles, 17 ans: «Cyrille a raison. En plus, les boîtes de conserve, je n'aime pas ça du tout. Par contre, il faut avoir le temps de cuisiner. Chez moi, c'est toujours ma mère qui le fait. Mon père ne fait jamais rien. Moi, j'aimerais bien savoir faire autre chose que des pâtes: les spaghettis à la carbonara, c'est ma recette favorite quand on va en camping avec les copains.»

Fatiha, 18 ans: «Je déteste faire la cuisine. Heureusement, il y a les copains. Ma mère trouve ça bizarre: c'est toujours elle qui fait à manger et maintenant elle voit que ce sont les hommes qui cuisinent. Mes amis sont d'excellents cuisiniers. Ils préparent des plats de viande ou de poisson délicieux. Dommage qu'ils mettent trop de sauce!»

Géraldine, 18 ans: «Tout le monde parle de plats salés ici! Moi, mon truc, c'est les pâtisseries. J'en raffole! Les gâteaux au chocolat sont mes desserts préférés. J'en fais de temps en temps. Par contre, il faut faire attention à la ligne! Je fais donc du sport et je mange aussi des fruits. Mais qu'on ne m'oblige pas à manger de la viande, je déteste ça!»

B. Check the box that correspond to each person's cooking tastes.

	Il/Elle aime cuisiner.	Il/Elle n'aime pas cuisiner.	On ne sait pas.
Rachid			
Amandine			
Giulia			
Cyrille			
Gilles			
Fatiha			
Géraldine			

C. In the text, find words synonymous to:

1. l'alimentation _____

2. pimenté _____

3. manger en petite quantité et en dehors des repas _____

4. j'adore ça _____

D. In the text, find words with the opposite meanings of:

1. raison _____

2. je m'amuse _____

3. la même chose _____

4. tout le temps _____

E. Whom do the following statements describe? Write the name of the person next to the sentence.

1. Il/Elle aime les plats de sa grand-mère et parfois, il/elle cuisine: _____

2. Il/Elle aime manger ce que préparent ses ami(e)s: _____

3. Il/Elle mange à n'importe quelle heure: _____

4. Il/Elle ne va pas souvent manger des hamburgers: _____

5. Il/Elle cuisine quand il/elle part en vacances: _____

6. Il/Elle préfère le sucré au salé: _____

7. Ses parents n'aiment pas sa façon de manger: _____

DELF A2. Written practice

In previous units, you have learned to give your opinion, to say whether you agree or not, to express doubt or insist on something important. Now, here are a few useful elements you can use to make suggestions or present arguments.

Making suggestions:

To suggest something, you can use certain expressions in the conditional, such as:

1. **il faudrait / on devrait** + infinitive

Il faudrait changer le système de transport.

2. **ce serait bien / intéressant / nécessaire** + **de** + infinitive

Ce serait bien d' avoir le temps de cuisiner.

Presenting arguments:

To present an argument, you need to expose your ideas clearly.

1. You can use the sequence: **d'abord, ensuite, puis . . .**

2. You can also refer to a cause (**parce que**) or to a goal (**pour**):

*Il faudrait changer le système de transport **parce qu'** il y a trop de pollution.*

***pour** faire baisser la pollution.*

3. You can also use contrasting arguments or nuances with expressions such as: **mais, pourtant, malgré cela . . .**

7.28 Now it is your turn to write a text about new eating habits in our society, while giving your personal opinion (100–120 words).

_____

_____

_____

_____

_____

_____

_____

_____

_____

Unité 8
EN TRAIN OU EN AVION?

ACTIVE VOCABULARY FOR UNITÉ 8

Nouns

l'acompte (m)	*deposit*	le coéquipier	*teammate*
l'année (f)	*year*	le coureur	*runner*
l'après-midi (m or f)	*afternoon*	le courriel	*e-mail*
l'arrivée (f)	*arrival*	le départ	*departure*
l'avion (m)	*plane*	le fer à repasser	*iron*
l'étape (f)	*stage, leg of journey*	le jour	*day*
l'horaire (m)	*time schedule*	le liquide	*cash*
la calculatrice	*calculator*	le matin	*morning*
la carte de crédit	*credit card*	le midi	*noon*
la carte de visite	*business card*	le mois	*month*
la carte routière	*road map*	le moyen de transport	*mode of transportation*
la chambre	*bedroom*	le parcours	*journey*
la nuit	*night*	le passeport	*passport*
la règle	*rule*	le plan	*map*
la réunion	*meeting*	le porte-clés	*key chain*
la semaine	*week*	le pressing	*cleaners*
la valise	*suitcase*	le rendez-vous	*appointment*
le bagage	*luggage*	le retour	*return*
le billet d'avion	*plane ticket*	le soir	*evening*
le billet de banque	*bill*	le train	*train*
le bloc-notes	*notebook*	le vol	*flight*
le bottin	*phone book*	le voyage	*travel, trip*
le calendrier	*calendar*	le voyage d'affaires	*business trip*
le chèque	*check*	les clés (f)	*keys*
le code postal	*zip code*		

Adjectives

confortable	*comfortable*	libre	*free*
dernier/dernière	*last*	prochain(e)	*next*
disponible	*available*	spacieux/spacieuse	*spacious*

Verbs

accompagner	*to accompany*	parcourir	*to travel*
appeler	*to call*	partir	*to leave*
contacter	*to contact*	récupérer	*to retrieve*
défaire	*to undo*	repasser	*to iron*
dépenser	*to spend*	réserver	*to book, to make reservations*
écrire	*to write*		
emporter	*to bring*	se dépêcher	*to hurry*
fermer	*to close*	traverser	*to go through*
gagner	*to win*	venir	*to come*
loger	*to stay over, to room*	venir de	*to have just done something*
louer	*to rent*		

Some words and expressions

à l'heure	*on time*	en voiture	*by car*
à moto	*by motorcycle*	encore	*still*
à pied	*by foot*	entre	*between*
à vélo	*by bicycle*	être à l'heure	*to be on time*
après	*after*	être en train de	*to be in the process of*
après-demain	*the day after tomorrow*	être sur le point de	*to be on the verge of*
avant	*before*	faire la grasse matinée	*to sleep in*
avant-hier	*the day before yesterday*	hier	*yesterday*
		jusqu'à	*until*
avoir des choses à faire	*to have things to do*	ne . . . plus	*no longer*
combien	*how many*	où	*where*
comment	*how*	pas encore	*not yet*
déjà	*already*	pourquoi	*why*
demain	*tomorrow*	quand	*when*
en autobus	*by bus*	quel(s), quelle(s)	*which*
en avance	*early*	Quelle heure est-il?	*What time is it?*
en avion	*by plane*	tous frais payés	*all expenses paid*
en retard	*late*	tout de suite	*right now*
en train	*by train*		

I. Étude de vocabulaire

8.1 Adrien and Sylvie are going to Greece for two weeks. They want to make sure they have everything they need. Circle the correct words in their dialogue.

ADRIEN: Est-ce que tu es passée à l'agence de voyage pour prendre (1) **les billets d'avion / les billets de banque**?

SYLVIE: Oui, je suis passée les prendre cet après-midi. Et toi, as-tu commencé à faire (2) **les étapes / les valises**?

ADRIEN: Oui, oui. Tiens, je voulais te demander si tu voulais prendre (3) **le porte-clés / le fer à repasser**? C'est un peu lourd, mais si on veut sortir un soir, on aura des vêtements impeccables.

SYLVIE: D'accord, prends-le. Tu as (4) **les passeports / les cartes de visite**? On en aura besoin à l'aéroport.

ADRIEN: Oui bien sûr. Et au fait, tu es passée à la banque pour prendre un peu (5) **de liquide / d'acompte**?

SYLVIE: Non, pas encore, je vais y aller cet après-midi. Tu crois qu'on va (6) **défaire / dépenser** beaucoup d'argent?

ADRIEN: Ben, ça va dépendre un peu de toi, si tu fais beaucoup de shopping ou pas. . . .

SYLVIE: Bon, ça va aller, je ne vais pas acheter beaucoup de choses. Juste des petits souvenirs comme d'habitude.

ADRIEN: J'ai du mal à croire qu'on part (7) **demain / hier**! Il faut que je (8) **me dépêche / me lève** un peu. . . . J'ai encore plein de trucs à faire.

SYLVIE: Moi aussi. Et puis je me sens angoissée, j'ai peur qu'on arrive (9) **en avance / en retard** à l'aéroport et qu'on manque notre avion.

ADRIEN: Mais non, ne t'inquiète pas! On est toujours (10) **à l'heure / à pied** quand on voyage.

8.2 A. Look at what Adrien packed in his bag. Check the items he has.

- ❑ un plan de la ville
- ❑ un agenda
- ❑ des clés
- ❑ un porte-clés
- ❑ un tube de crème
- ❑ un calendrier
- ❑ des lunettes de soleil

- ❑ une carte routière
- ❑ un bloc-notes
- ❑ un téléphone portable
- ❑ des cartes de visite
- ❑ un stylo
- ❑ un livre
- ❑ un passeport

- ❑ des cartes de crédit
- ❑ une calculatrice
- ❑ des billets d'avion
- ❑ un bottin
- ❑ un appareil photo
- ❑ un fer à repasser
- ❑ des billets de banque

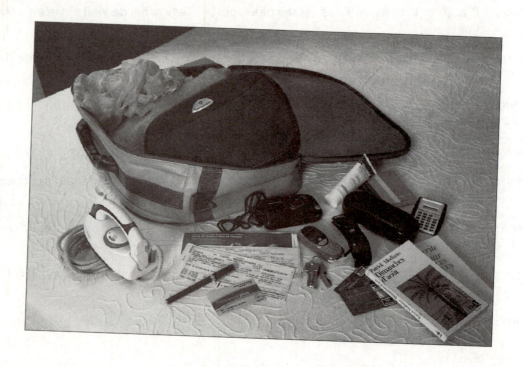

B. Take a look at the list above and write down what you took on your last trip:

_____

_____

8.3 Find the words for each definition:

1. Il y a 7 jours dans une _____ et 12 mois dans une _____.

2. Quand on voyage, il y a toujours le _____ et l'arrivée.

3. Quand on réserve une chambre d'hôtel, en général, il faut verser un _____.

4. Quand on prend le train, il est nécessaire de consulter l' _____ pour savoir l'heure de départ et l'heure d'arrivée.

5. Si vous ne voulez pas faire la lessive, vous pouvez toujours aller au _____ pour déposer votre linge sale.

6. Quand on visite une ville, c'est une bonne idée d'avoir un _____ pour s'orienter.

7. Quand on ne connaît pas le numéro de téléphone de quelqu'un, on peut regarder dans le _____.

8. Quand on voyage en avion, on doit _____ ses bagages quand on arrive à sa destination.

8.4 What do we usually do before, during, and after a trip? Organize the following activities. You can also add others!

Liste d'activités:

acheter les billets	repasser les chemises	écrire des cartes postales
défaire les valises	faire la valise	faire des photos
changer de l'argent	louer une voiture	
acheter des souvenirs	faire développer les photos	

Avant	Pendant	Après

8.5 Look at the following advertisements for hotels.

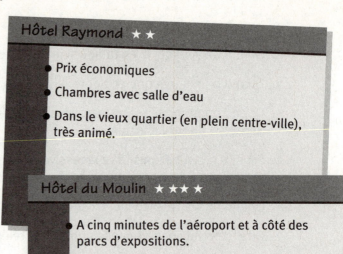

Hôtel Palace ★ ★ ★ ★ ★

- Solarium et piscine
- Massages
- Situé dans le centre-ville, à côté de la plage
- Hôtel de luxe idéal pour les vacances ou pour un voyage d'affaires
- 100 chambres et 10 suites avec vue sur la mer
- Air conditionné dans toutes les chambres

Hôtel Raymond ★ ★

- Prix économiques
- Chambres avec salle d'eau
- Dans le vieux quartier (en plein centre-ville), très animé.

Hôtel du Moulin ★ ★ ★ ★

- A cinq minutes de l'aéroport et à côté des parcs d'expositions.
- Terrains de golf et de tennis.
- Tous les services nécessaires pour les voyages d'affaires
- Très bien desservi (train et autobus)
- Trois restaurants : cuisine internationale, cuisine régionale typique et barbecue sur notre terrasse.

Which hotel would you recommend in the following situations?

1. Vous voulez un hôtel de luxe. _____

2. Vous ne voulez pas être dans le centre-ville. _____

3. Vous voulez nager. _____

4. Vous êtes en voyage d'affaires et vous devez prendre un avion tôt le lendemain matin.

   _____

5. Vous ne voulez pas avoir chaud. _____

6. La bonne cuisine vous intéresse. _____

7. Vous n'avez pas beaucoup d'argent. _____

8. Vous aimez sortir la nuit. _____

8.6 You have the train schedule for Paris-Lyon, but when you call the S.N.C.F. (Société Nationale des Chemins de Fer) to make sure you have the right times, you are greeted by a message that informs you of some changes in the schedule. What are these changes? Indicate them on the chart below:

PARIS	LYON
06 h 17	8 h 13　(1)
10 h 17	12 h 05
14 h 17	16 h 06
16 h 23	18 h 01　(1)
20 h 17	22 h 10　(2)

(1) Ces trains ne circulent pas le 25/12 et le 1/1
(2) Ce train circule tous les jours sauf le dimanche

PARIS	LYON

(1) Ces trains ne circulent pas le 25/12 et le 1/1
(2) Ce train circule tous les jours sauf le dimanche

 8.7 Look at the opening hours of the following places. Listen to the conversations and indicate whether they will be open when these people want to go there.

1. Est-ce que La Mouette sera ouverte?

_____

2. Est-ce que Mikis sera ouvert?

_____

3. Est-ce que les Galeries du Printemps seront ouvertes?

_____

II. Structure

8.8 Answer the questions with complete sentences, indicating the time you usually do the following things.

MODÈLE:　À quelle heure promenez-vous votre chien?

　　　　　　Je promène mon chien à dix-sept heures.

1. À quelle heure vous levez-vous normalement pendant la semaine?

_____

2. Et pendant le week-end?

_____

3. À quelle heure prenez-vous votre petit-déjeuner?

_____

4. À quelle heure commencez-vous à travailler ou à étudier?

_____

5. À quelle heure sortez-vous du travail ou de l'école?

_____

6. À quelle heure avez-vous votre cours de français?

_____

7. À quelle heure commence votre émission préférée à la télé?

_____

8. À quelle heure dînez-vous?

_____

9. Jusqu'à quelle heure lisez-vous avant de dormir?

_____

10. À quelle heure vous couchez-vous?

_____

8.9 Indicate what time it is below each clock.

1. _____   6. _____

2. _____   7. _____

3. _____   8. _____

4. _____   9. _____

5. _____   10. _____

8.10 Jérémie is a very organized person who always does the same things at the same time. Put his day back in chronological order by indicating numbers 1–12 on the left column.

Ordre	Activités
	Il se couche à vingt-trois heures.
	Il commence à travailler à neuf heures.
	Il se lève à sept heures et demie.
	À dix-heures et demie, il fait une pause-café au bureau.
	Il sort du travail à dix-huit heures.
	Il fait un quart d'heure de gym avant de prendre son petit-déjeuner.
	Avant de dîner, il navigue sur l'Internet pendant une heure.
	Il mange avec un collègue à midi.
	Après le dîner, il téléphone à sa mère et il regarde la télé.
	Il prend le métro à huit heures vingt.
	Il dîne à vingt heures.
	Avant de se coucher, il écrit deux ou trois pages dans son journal intime.

venir
je viens
tu viens
il/elle vient
nous venons
vous venez
ils/elles viennent

Passé très récent: **venir de + infinitif**

Je **viens de** finir mon exercice.

8.11 A. Imagine that today is June 17 and it is 6:00 P.M. Look at Amélie's agenda. What did she do and what is she going to do this week? Answer the questions with **oui** or **non**.

1. Elle a déjà mangé avec Farida. _____

2. Elle a déjà téléphoné à Gabi. _____

3. Elle est en train d'accompagner les Lyonnais à la gare. _____

4. Elle est encore au Salon International de la Confiserie. _____

5. Elle vient d'aller au cinéma. _____

6. Elle va récupérer deux pantalons au pressing.
   _____

7. Elle a pris l'avion ce matin. _____

8. Elle est sur le point d'aller à l'aéroport.
   _____

B. Now it is June 19 and the time is 9:00 P.M. Write three things that Amélie has already done and three things that she has not done yet.

1. _____

2. _____

3. _____

4. _____

5. _____

6. _____

8.12 Complete the following sentences with the expressions below. You will need to conjugate the verbs.

être sur le point de, toujours, déjà, venir de, encore, être en train de

1. Moi, je prends _____ mon petit-déjeuner à 7h30 et mon dîner à 19h00.

2. Nicolas, est-ce que tu as _____ fini ta glace? Tu manges trop vite!

3. Marine, dépêche-toi! Le train _____ partir! Montons vite dedans!

4. Il est difficile de discuter avec des amis quand on _____ faire ses devoirs.

5. Non merci, je n'ai pas faim, je _____ manger!

6. Il a _____ téléphoné? Cela fait quatre fois ce matin! Ça suffit!

8.13 Read the following sequence of events, then narrate the sequence according to the times indicated. Use the expressions below.

être sur le point de, être en train de, venir de

Jean-Pierre est arrivé à la gare de Nantes à 7h15. Il est monté dans le train à destination de Paris à 7h22 et le train est parti à l'heure à 7h30. De 7h40 à 8h25, Jean-Pierre a dormi. À 8h30, Jean-Pierre a pris un café et il a lu le journal. Le train est arrivé à Paris à 9h30.

MODÈLE: Il est 7h16.

Jean-Pierre vient d'arriver à la gare.

1. Il est 7h21.

Jean-Pierre _____

2. Il est 7h32.

Le train _____

3. Il est 8h00.

Jean-Pierre _____

4. Il est 8h27.

Jean-Pierre _____

5. Il est 9h29.

Le train _____

6. Il est 9h35.

Jean-Pierre _____

8.14 Henri is 50 years old and he has a cute little nephew, Thomas, who is four years old and who asks him lots of questions. Henri answers using the negation **ne . . plus**.

> **MODÈLE:** THOMAS: Tonton Henri, est-ce que tu vas encore à l'école?
>
> HENRI: Non Thomas, je ne vais plus à l'école, je suis trop vieux.

1. THOMAS: Tonton Henri, est-ce que tu manges beaucoup de bonbons?

   HENRI: _____

2. THOMAS: Tonton Henri, est-ce que tu crois au Père Noël?

   HENRI: _____

3. THOMAS: Tonton Henri, est-ce que tu as peur du noir?

   HENRI: _____

4. THOMAS: Tonton Henri, est-ce que tu joues au ballon?

   HENRI: _____

5. THOMAS: Tonton Henri, est-ce que tu as un doudou (*blanky*)?

   HENRI: _____

aller
je vais
tu vas
il/elle va
nous allons
vous allez
ils/elles vont
Futur proche: **aller + infinitif**
Je **vais manger** chez des amis ce soir.

8.15 Arthur, Hélène, Sophie, and Bertrand are roommates and they all have a very busy schedule this week. They all took notes of what they should not forget. Look at what each of them needs to do and write eight sentences explaining who is going to do what and when. Look carefully—they might do a few things together.

ARTHUR: dentiste vendredi 17h00, manger avec Chloé vendredi soir + cinéma, anniversaire de Gina samedi 21h00

HÉLÈNE: cours de danse mercredi 20h00, concert jeudi 20h30, coiffeur vendredi 16h00, anniversaire de Gina samedi 21h00

SOPHIE: cours de danse mercredi 20h00, piscine avec Sarah vendredi 14h00, anniversaire de Gina samedi 21h00

BERTRAND: docteur jeudi matin, tennis avec Myriam vendredi après-midi, travailler samedi 9h00–12h00, anniversaire de Gina samedi 21h00

MODÈLE: Arthur va aller chez le dentiste vendredi à 17h00.

1. _____
2. _____
3. _____
4. _____
5. _____
6. _____
7. _____
8. _____

8.16 A. Interview a classmate to find out whether he/she is going to do the following things this week. Make sure to formulate complete questions. How about you? Are you also going to do the following things? Indicate all answers on the chart.

Question	Classmate's answer	Your answer
1. acheter du dentifrice		
2. aller chez le coiffeur		
3. écrire une lettre		
4. aller au cinéma		
5. jouer au Scrabble		
6. travailler		
7. visiter un musée		
8. prendre l'avion		

B. Now write a short paragraph summing up what you and your classmate are and are not going to do.

_____

_____

_____

_____

_____

8.17 Put these time indicators back into order, starting from today.

En désordre	En ordre
dans trois ans	
le mois prochain	
la semaine prochaine	
mardi prochain	
dimanche	
après-demain	
demain	
en mars 2012	

8.18 Complete the following dialogue with the following expressions.

l'après-midi, hier matin, le mois prochain, demain, l'année dernière, dans la nuit, aujourd'hui, hier

ISABELLE: Salut Catherine!

CATHERINE: Salut Isa! ça va?

ISABELLE: Oui, (1) _____ ça va, mais (2) _____ ça n'allait pas du tout!

CATHERINE: Ah bon, pourquoi?

ISABELLE: Et bien, (3) _____, quand je me suis levée, je suis tombée et je me suis fait mal au bras. J'ai attendu quelques heures, mais (4) _____ j'avais toujours mal, alors je suis allée chez le docteur. Il a fait une radio et bingo: le bras était fracturé!

CATHERINE: Ça alors! C'est bête! Ça me rappelle quand je me suis cassé la jambe (5) _____ en faisant du ski. Ce n'est pas drôle les fractures!

ISABELLE: Non . . . j'ai eu très mal (6) _____ et j'ai mal dormi! Enfin, je retourne chez le docteur (7) _____ pour voir si tout va bien.

CATHERINE: Ah mais zut, tu ne vas pas pouvoir aller skier (8) _____!

ISABELLE: Non, on va devoir annuler le voyage!

8.19 Write sentences starting with the following words:

1. Hier, _____

2. Demain, _____

3. L'année dernière, _____

4. L'été prochain, _____

5. Vendredi, _____

6. Le mois dernier, _____

7. Ce matin, _____

8. Hier midi, _____

8.20 Madame Durand is a third-grade teacher who insists that her students ask questions very formally. Any time students ask a question too informally, she makes them repeat the question using the inversion.

MODÈLE: ÉLÈVE: Madame, il est quelle heure s'il vous plaît?

MADAME DURAND: Qu'est-ce que vous dites?

ÉLÈVE: Madame, quelle heure est-il s'il vous plaît?

1. ÉLÈVE: Madame, on peut sortir maintenant pour la récréation (*recess*)?

   MADAME DURAND: Qu'est-ce que vous dites?

   ÉLÈVE: _____

2. ÉLÈVE: Madame, vous voulez nos devoirs?

   MADAME DURAND: Qu'est-ce que vous dites?

   ÉLÈVE: _____

3. ÉLÈVE: Madame, Karine et moi, nous avons le droit d'aller aux toilettes?

   MADAME DURAND: Qu'est-ce que vous dites?

   ÉLÈVE: _____

4. ÉLÈVE: Madame, pourquoi Marc il pleure (*cries*)?

   MADAME DURAND: Qu'est-ce que vous dites?

   ÉLÈVE: _____

5. ÉLÈVE: Madame, la nouvelle élève arrive quand?

   MADAME DURAND: Qu'est-ce que vous dites?

   ÉLÈVE: _____

6. ÉLÈVE: Madame, comment elle s'appelle?

   MADAME DURAND: Qu'est-ce que vous dites?

   ÉLÈVE: _____

7. ÉLÈVE: Madame, pourquoi elle va venir dans notre classe?

   MADAME DURAND: Qu'est-ce que vous dites?

   ÉLÈVE: _____

8.21 Now here are some answers Madame Durand gave to some other questions that students asked. Read these answers and write the questions that were asked, focusing your questions on what is underlined in the answer.

1. **ÉLÈVE:** _____

   MADAME DURAND: Vos nouveaux livres sont <u>sur vos tables</u>.

2. **ÉLÈVE:** _____

   MADAME DURAND: Ces livres sont <u>très beaux et très intéressants</u>.

3. **ÉLÈVE:** _____

   MADAME DURAND: L'excursion est <u>vendredi matin</u>.

4. **ÉLÈVE:** _____

   MADAME DURAND: Nous allons aller <u>au zoo</u>.

5. **ÉLÈVE:** _____

   MADAME DURAND: <u>24</u> élèves vont participer à l'excursion.

6. **ÉLÈVE:** _____

   MADAME DURAND: <u>La maman de Tanya et le papa de Tony</u> vont venir avec nous.

7. **ÉLÈVE:** _____

   MADAME DURAND: Vous devez apporter <u>votre déjeuner et une boisson</u>.

8. **ÉLÈVE:** _____

   MADAME DURAND: <u>Parce que nous n'allons pas revenir à l'école avant 14h00 et vous allez avoir faim</u>.

8.22 Your friend Michel sent you a short e-mail with some information about an upcoming trip, but he is not saying enough to satisfy your curiosity. Write as many questions as you can (at least five) to find out more details.

> Je vais partir en vacances avec une amie. Nous allons loger dans un petit hôtel. J'emporte juste une petite valise et ma carte de crédit.
>
> A +!
>
> Michel

_____

_____

_____

_____

_____

_____

_____

8.23 Complete this survey with **quel**, **quelle**, **quels**, and **quelles**.

- Bonjour, est-ce que je peux vous poser quelques questions sur vos habitudes pendant les vacances? C'est pour un magazine.

- (1) _____ magazine?

- Le mensuel *Marco Polo*.

- Oui, bien sûr!

- Alors . . . (2) _____ est pour vous la formule idéale de vacances?

- Personnellement, j'aime bien partir à l'étranger.

- (3) _____ sont les pays que vous avez visités récemment?

- L'été dernier, je suis allé en Russie, et à Noël, en Turquie.

- (4) _____ type de transport utilisez-vous pour voyager?

- L'avion en général.

- (5) _____ logement préférez-vous?

- Si je ne connais personne, un hôtel. Mais je préfère aller chez des amis.

- (6) _____ sont vos prochaines destinations?

- Je ne sais pas encore. Peut-être la Chine.

- (7) _____ est votre budget?

- Je n'en ai pas vraiment. C'est variable.

- Très bien, je vous remercie. Au revoir Monsieur.

- Au revoir.

III. Phonétique

Liaisons and the sounds [ʃ] and [ʒ]

> **Liaisons**
>
> A *liaison* is made when the final consonant of a word is pronounced with the initial vowel of the following word.
>
> For instance, in **ils arrivent**, we pronounce [za], or in **quand il vient**, we pronounce [til].

 8.24 A. Listen to the following sentences and note where the liaisons are.

   MODÈLE: Le<u>s a</u>mis de Sandra sont trè<u>s a</u>musants.

1. Quand ils sont ensemble, ils rient beaucoup.

2. Marine a un petit ami qui s'appelle Francis.

3. Elles aiment danser la salsa.

4. Viennent-ils dîner?

5. Dans une semaine, nous partons en vacances.

6. Pierre, c'est un ami génial.

7. Avant-hier, ils sont arrivés à minuit.

8. Ils arrivent toujours avant dix heures.

B. What do you notice? Complete the chart with examples from the previous sentences.

The liaison must be done in the following cases.	Example
1. C'est + un/une	
2. adjective + noun	
3. les, ces, mes . . . + noun or adjective	
4. one-syllable adverb + adjective	
5. inverted verbal form + pronoun	
6. expressions such as *de temps en temps*	
7. personal subject pronoun + verb	

Note that there is never a *liaison* after **et**.

C. Now it is you turn to read the following sentences. First, underline the liaisons that must be done, then check with the recording.

1. Les États-Unis sont de plus en plus visités.

2. Alice a toujours des idées très intéressantes.

3. Ce soir, je vais dîner chez un excellent copain de Jackie.

4. Il est très apprécié par ses professeurs.

5. Prennent-ils le train ou l'avion?

6. Pierre et Odile sont entrés avec la clé de Patrice.

7. Ils ont accepté de venir samedi après-midi.

8. Arrivent-ils à cinq heures ou à six heures?

 8.25 You will hear 12 words. Listen to them and indicate whether you hear the sound [ʃ] as in **chien,** or the sound [ʒ] as in **jeune.**

	[ʃ] de chien	[ʒ] de jeune
1.		
2.		
3.		
4.		
5.		
6.		
7.		
8.		
9.		
10.		
11.		
12.		

Sound	Spelling	Example
[ʃ]	ch or sch	champagne, schéma
	sh	shampooing
[ʒ]	j	je
	ge + a / ge + o / ge + u	mangeais, Georges gageure
	g + e / g + i	genou, girafe

8.26 You will now hear six series of two words. Listen to them and indicate which word was said first and which word was said second.

1. ☐ joie   ☐ choix
2. ☐ Jacques   ☐ chaque
3. ☐ Roger   ☐ rocher
4. ☐ bouche   ☐ bouge
5. ☐ chou   ☐ joue
6. ☐ j'ai   ☐ chez

IV. Stratégies pour mieux apprendre

8.27 Imagine that you are in a travel agency. Before speaking, you need to prepare what you are going to say. Play the role of the client or of the travel agent and decide what you are going to say and how you will say it.

VOYAGES ⚡ BEAUSOLEIL

10 jours à Ajaccio

Vol + hôtel **, *** et ****

Visitez la Corse et ses plages paradisiaques

Des prix incroyables !!!

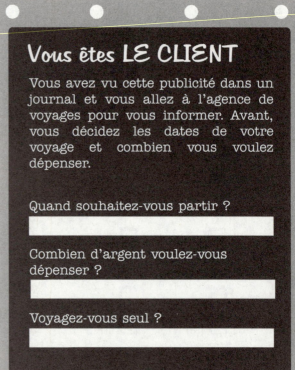

Vous êtes LE CLIENT

Vous avez vu cette publicité dans un journal et vous allez à l'agence de voyages pour vous informer. Avant, vous décidez les dates de votre voyage et combien vous voulez dépenser.

Quand souhaitez-vous partir ?

Combien d'argent voulez-vous dépenser ?

Voyagez-vous seul ?

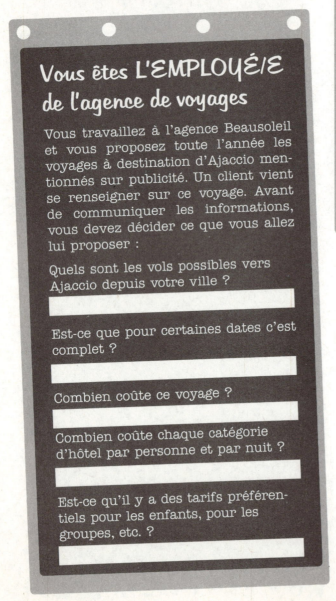

Vous êtes L'EMPLOYÉ/E de l'agence de voyages

Vous travaillez à l'agence Beausoleil et vous proposez toute l'année les voyages à destination d'Ajaccio mentionnés sur publicité. Un client vient se renseigner sur ce voyage. Avant de communiquer les informations, vous devez décider ce que vous allez lui proposer :

Quels sont les vols possibles vers Ajaccio depuis votre ville ?

Est-ce que pour certaines dates c'est complet ?

Combien coûte ce voyage ?

Combien coûte chaque catégorie d'hôtel par personne et par nuit ?

Est-ce qu'il y a des tarifs préférentiels pour les enfants, pour les groupes, etc. ?

Strategy

In this type of activity, you are the one deciding what you are going to say and how you will say it. Yet, at the same time, you need to take into account what the person you are speaking with is saying. Don't you think it is a good way to reproduce an authentic communication scenario?

V. Rédaction et récapitulation

8.28 You work in a travel agency. The agency is offering the following trips in November. Your clients explain their tastes and their preferences. What trip would you recommend to them? There are several possibilities. Write them an e-mail justifying your choice.

Destination	Voyage	Durée	Sortie	Transport	Prix	Logement
LES PHILIPPINES		14 jours	Les 12 et 19 novembre	Avion et autocar	2750 €	Hôtels ★★★★
LE NÉPAL		17 jours	Le 13 novembre	Avion et voiture	1880 €	Hôtels ★ et tentes
BARCELONE ET PORT AVENTURA		6 jours	Les 2 et 6 novembre	Avion et autocar	480 €	Hôtels ★★
LE KENYA MINISAFARI		8 jours	Tous les mercredis	Avion et 4x4	2560 €	Hôtels ★★★★
LE GUATEMALA		16 jours	Les 5, 19 et 26 novembre	Avion et 4x4	2190 €	Tentes et bungalows
LA MARTINIQUE		15 jours	Tous les jours	Avion et bateau	990 €	Hôtels ★★★ et bungalows

A. Lucas Pernoud: Ma femme et moi, nous commençons nos vacances le 4 novembre et nous avons 18 jours de congés. Cette année, nous voulons éviter l'Europe et partir plutôt en Afrique ou en Amérique latine. . . . Nous sommes très intéressés par l'histoire et la culture. Nous adorons aussi faire des randonnées et du camping, et le contact avec la nature.

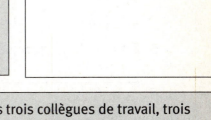

B. Laetitia Créchon: Nous sommes trois collègues de travail, trois copines. Nous aimons les vacances tranquilles: nous reposer dans un bon hôtel, faire occasionnellement un peu de sport. . . . Nous voulons du soleil et la plage. Et nous ne voulons pas dépenser plus de 1.200 euros par personne.

C. Yannick Bunco: Nous sommes deux couples avec trois enfants. Évidemment, il faut nous trouver un voyage pour tout ce petit monde: quelque chose pour les petits et quelque chose pour les grands. Nous voulons prendre une semaine, plus précisément la première semaine de novembre.

D. Marine Bertrand: Nous sommes un groupe de copains et nous voudrions partir deux semaines environ. Nos vacances commencent le 9 novembre. Nous aimerions aller dans un endroit différent, dans un lieu spécial et être dans un bon hôtel, bien confortable. Nous avons tous déjà un certain âge et nous ne voulons pas entendre parler d'aventure. Bon, vous voyez ce qu'on cherche!

8.29 Answer the following questions:

1. Est-ce que vous avez déjà mangé des escargots?

   _____

2. Qu'est-ce que vous allez faire pour vos prochaines vacances?

   _____

3. Qu'est-ce que vous venez de faire?

   _____

4. Qu'est-ce que vous êtes sur le point de faire?

   _____

5. Qu'est-ce que vous êtes en train de faire?

   _____

6. Où est-ce que vous allez dîner ce soir?

   _____

7. Habitez-vous encore chez vos parents?

   _____

8. Est-ce qu'il y a quelque chose que vous prenez toujours le matin au petit-déjeuner?

   _____

9. Avec qui avez-vous voyagé récemment?

   _____

10. Comment vous déplacez-vous en général pour aller à votre cours de français?

    _____

8.30 Write complete sentences out of the following elements, conjugating the verbs in the present unless indicated (PC = **passé composé**), adding articles and prepositions as needed, and making all necessary agreements.

1. Rémi / voyager / souvent / Europe / pour / travail

   _____

2. dans / avion / il / emporter / toujours / petit / valise / avec / passeport / téléphone portable / billet d'avion / et / carte de crédit

   _____

   _____

3. il / ne pas prendre / fer à repasser / ou / calculatrice

   _____

4. il / arriver / toujours / à l'heure / aéroport

   _____

5. il / aimer / loger / hôtels / confortable

   _____

6. année dernière / il / aller (PC) / Suisse / et / Italie.

   _____

7. mois prochain / il / aller / voyager / Allemagne / et / Pays-Bas.

   _____

VI. Préparation au DELF

DELF A1. Listening comprehension practice

 8.31 Listen to the recording twice and check the correct answers. Careful! There can be more than one correct answer per question. However, check no more than 20 answers. Any additional answer will be penalized on the day of the test.

1.	1. Sarah a connu un garçon	2. Les parents pensent que	3. Le garçon habite	4. L'animateur lui conseille
	a. grâce à une annonce	a. leur fille est trop jeune	a. à moins de 800 km	a. d'écouter ses parents
	b. sur Internet	b. ce n'est pas une bonne manière de connaître quelqu'un	b. à Lille	b. de lui écrire
	c. par correspondance	c. ce garçon est trop vieux	c. à presque 900 km	c. de lui téléphoner

2.

1. Cédric veut	2. Quelle est la réaction du père?	3. Le père pense que	4. L'animateur lui conseille
a. s'acheter une voiture	a. il est d'accord	a. son fils est trop jeune	a. d'aller à la Rochelle en autostop
b. demander la moto de son père	b. il n'est pas d'accord	b. c'est dangereux	b. de parler avec ses parents
c. s'acheter une moto	c. il se fâche	c. La Rochelle est trop loin	c. d'être prudent

3.

1. Gwenaëlle veut	2. Les parents pensent que	3. Gwenaëlle a	4. L'animateur lui conseille
a. avoir autant d'argent qu'à 12 ans	a. leur fille exagère	a. 16 ans	a. d'insister car la vie est plus chère
b. plus d'argent qu'à 12 ans	b. leur fille a raison	b. 17 ans	b. de travailler l'été
c. de l'argent pour sortir avec ses amis	c. leur fille dépense mal l'argent	c. 18 ans	c. de dépenser moins

4.

1. Benoît veut	2. Ses parents ne sont pas d'accord	3. Benoît a	4. L'animateur lui conseille
a. partir avec sa copine en camping	a. parce que le Larzac est trop loin	a. plus de 18 ans	a. de présenter sa copine à ses parents
b. partir avec ses copains en camping	b. parce que le camping est dangereux	b. presque 18 ans	b. de présenter ses copains à ses parents
c. partir dans le Larzac	c. on ne sait pas pourquoi exactement	c. moins de 17 ans	c. de partir avec des copains

DELF A1. Written test practice

8.32 You are studying French in France for a while and you are writing a letter to your best friend to tell him/her how your trip was, what you have been doing since you have arrived and when you are going home (80 words).

_____

_____

_____

_____

_____

_____

DELF A2. Oral interview practice

8.33 Here are a few topics that will enable you to practice and use what you have learned in this unit.

1. Si vous allez en France, quelle ville aimeriez-vous visiter et pourquoi?

2. Des amis français viennent dans votre ville, suggérez-leur les meilleures activités possibles et justifiez chacun de vos choix.

3. Vous travaillez dans une agence de voyage, vous organisez le voyage idéal pour un de vos clients. Expliquez-lui la formule et justifiez votre choix.

DELF A2. Written test practice

To give good arguments, you need to follow a logical reasoning:

a. Explain: **parce que, car**
   Il n' aime pas les pays chauds **parce qu'** il ne supporte pas la chaleur.
   Les paysages de ce pays sont très verts **car** il pleut souvent.

b. Give contrasting points of view: **mais, pourtant, au contraire**
   Nous voulons aller à la montagne, **mais** les enfants préfèrent aller à la plage.
   J' adore la chaleur, **pourtant**, l' été dernier, j' ai vraiment souffert des hautes températures.
   Tu es fatigué? **Au contraire**, je suis en pleine forme!

c. Indicate a preference: **plutôt**
   J' aime voyager en voiture; ma femme aime **plutôt** l' avion.

d. Insist: **surtout, avant tout**
   Il ne faut **surtout** pas oublier nos passeports pour les vacances en Tunisie.
   Pour les vacances, nous voulons **avant tout** découvrir de nouvelles cultures.

e. Don't forget to conclude: **donc, alors**
   Nous préférons **donc** les vacances dans les pays à climat tempéré.
   **Alors** nous préférons les vacances dans les pays à climat chaud.

8.34 Write a short article for a magazine to give your opinion about the best activities and the best places to visit in your country (about 100 words).

Unité 9
ON VIT BIEN ICI!

ACTIVE VOCABULARY FOR UNITÉ 9

Nouns

l'amitié (f)	friendship	la vie	life
l'école (f)	school	la vie nocturne	nightlife
l'église (f)	church	le bouchon	(literally) cork, traffic jam
l'embouteillage (m)	traffic jam		
l'enquête (f)	survey	le bruit	noise
l'ensoleillement (f)	sunshine	le centre commercial	shopping mall
l'espace vert (m)	park	le centre-ville	downtown
l'espérance de vie (f)	life expectancy	le chômage	unemployment
l'habitant (m)	inhabitant	le climat	weather, climate
l'immobilier (m)	real estate	le commissariat	police station
l'océan (m)	ocean	le fleuve	river
l'usine (f)	factory	le gratte-ciel	skyscraper
la banlieue	suburbs	le jardin	garden
la banque	bank	le lac	lake
la campagne	countryside	le lieu	place
la capitale	capital	le logement	lodging
la circulation	traffic	le lycée	high school
la crèche	day care	le pont	bridge
la Croix-Rouge	Red Cross	le siècle	century
la délinquance	crime, delinquency	le siège	headquarters (in government, official context)
la distraction	leisure, entertainment		
la drogue	drugs		
la forêt	forest	le taux	rate
la gare	train station	le terrain	field
la ligne de bus	bus line	le toxicomane	drug addict
la location	rental	le trafic	car volume
la maison de retraite	retirement home	le trottoir	sidewalk
la piste cyclable	bicycle path	les alentours (m)	surroundings
la qualité	quality	les jeunes (m)	young people
la station balnéaire	seaside resort	les Jeux Olympiques (m)	Olympic Games
la taille	size	les transports publics (m)	public transportation

195

Adjectives

accueillant(e)	*welcoming*	long/longue	*long*
anonyme	*anonymous*	mondial(e)	*worldwide*
autre	*other*	neuf/neuve	*new*
chaud(e)	*hot*	nombreux/nombreuse	*numerous*
dangereux/dangereuse	*dangerous*	oublié(e)	*forgotten*
dur(e)	*hard*	pollué(e)	*polluted*
ennuyeux/ennuyeuse	*boring*	pratique	*practical*
entretenu(e)	*kept*	public, publique	*public*
exclu(e)	*excluded*	sale	*dirty*
faux/fausse	*false*	seul(e)	*alone*
fluide	*flowing*	situé(e)	*located*
froid(e)	*cold*	utile	*useful*
grave	*serious, grave*	vrai(e)	*true*
interdit(e)	*forbidden*		

Verbs

améliorer	*to improve*	enseigner	*to teach*
attirer	*to attract*	manquer de	*to lack*
avoir raison	*to be right*	pleuvoir	*to rain*
avoir tort	*to be wrong*	publier	*to publish*
consacrer	*to devote*	se déplacer	*to get around*
construire	*to build*	se trouver	*to be located*
durer	*to last*	trouver	*to find*

Some words and expressions

à mon avis	*in my opinion*	être d'accord avec	*to agree with*
en ce qui concerne	*regarding*	longtemps	*for a long time*
en effet	*actually*	partout	*everywhere*
en particulier	*particularly*	sous terre	*underground*
en tout cas	*in any case*	spécialement	*especially*
être à l'écoute de + noun	*to be attentive to*	suffisamment	*enough*

I. Étude de vocabulaire

9.1 Find the word that does not belong in each list.

1. l'espace vert, la forêt, l'océan, le lac, le gratte-ciel

2. la crèche, l'usine, l'école, le lycée, le collège

3. l'embouteillage, la circulation, le bouchon, la campagne, le trafic

4. accueillant, dangeureux, dur, sale, pollué

5. l'église, le musée, l'hôpital, la plage, le centre commercial

9.2 Match these adjectives with their opposites.

1. ____ chaud   **a.** public

2. ____ sale   **b.** vieux

3. ____ ennuyeux   **c.** vrai

4. ____ faux   **d.** inutile

5. ____ neuf   **e.** propre

6. ____ privé   **f.** dur

7. ____ court   **g.** long

8. ____ facile   **h.** intéressant

9. ____ utile   **i.** froid

9.3 Choose the correct words to complete the following sentences:

1. Quand on n'a pas de travail, on est au **gratte-ciel** / **chômage** / **siège**.

2. Quand une maman travaille et qu'elle a un enfant très jeune, elle doit le laisser à **la crèche** / **l'église** / **l'usine**.

3. Les maisons sont généralement moins chères **en banlieue** / **dans les espaces verts** / **au centre commercial**.

4. En ville, on doit marcher sur **les trottoirs** / **les ponts** / **les pistes cyclables** pour éviter les voitures.

5. Quand on a 16 ans, on va **au collège** / **au lycée** / **à l'école primaire**.

6. Si on est victime d'un crime, il faut aller **au commissariat / à la gare / aux alentours**.

7. Pour prendre le train, on doit aller **au centre-ville / à l'église / à la gare**.

8. Certaines personnes n'aiment pas la ville, elles préfèrent habiter **à la campagne / au jardin / à l'océan**.

9.4 What's in your city? Look at the list below and write complete sentences using adverbs of quantity such as **peu de, un peu de, beaucoup de, quelques, pas de, etc.** in your descriptions.

touristes	espaces verts	vie culturelle	mosquées
personnes qui parlent français	universités	pollution	synagogues
	crèches	plages	temples
installations sportives	circulation	centres commerciaux	cinémas
délinquance	embouteillage	drogue	gratte-ciel
usines	hôpitaux	musées	chômage
problèmes sociaux	monuments	églises	

> **MODÈLE:** Dans ma ville, il y a beaucoup de centres commerciaux, mais il y a peu de monuments. Il y a quelques musées, etc. . . .

_____

_____

_____

_____

_____

9.5 Indicate the following places on the map of this imaginary town:

stade, pont, hôtel de ville, usine, fleuve, gare SNCF, parc, centre commercial, stade, cathédrale

9.6 Three friends are spending the weekend together in a little house that Richard has just purchased. They are arguing about the advantages and disadvantages of life in the city versus in the coutryside. Read their dialogue and say whether the following statements are true (**vrai**) or false (**faux**).

RICHARD: Moi, je préfère vraiment la campagne, c'est pour cela que j'ai acheté une maison dans ce petit village. C'est génial ici!

PHILIPPE: Oh là là, moi je ne pourrais pas vivre longtemps dans ce trou pommé . . . il n'y a rien à faire, on s'ennuie comme des rats morts ici!

BERNARD: Moi je trouve que Richard a raison, on est beaucoup mieux ici qu'en ville. Ce n'est pas pollué, il n'y a pas de circulation, c'est tout calme. . . .

PHILIPPE: Oui, ben, il y a juste les vaches et les moustiques! Moi je préfère le dynamisme de la ville. Il n'y a pas de vie culturelle ici! Et tu ne peux même pas faire de sport, il n'y a pas d'installations sportives.

RICHARD: Ben si, tu peux te promener, faire du vélo, faire du jogging. . . . Et puis quand je veux aller au cinéma ou visiter un musée, je prends ma voiture et je vais en ville. Et quand je veux être tranquille, je reste ici chez moi à la campagne! Et franchement je préfère la compagnie des vaches plutôt que celle de certaines personnes en ville!

BERNARD: Ben ouais, la délinquance est incroyable en ville. Tiens, la semaine dernière, quelqu'un a essayé de voler ma voiture pendant la nuit! Heureusement, le voisin l'a vu et lui a fait peur! Moi, j'en ai marre de la ville! Je vais commencer à visiter des maisons dans les alentours! Peut-être que j'aurai de la chance, comme Richard.

PHILIPPE: D'accord, mais tous ces déplacements en voiture, c'est franchement trop long. En ce qui me concerne, la vie ici, ce n'est pas pour moi.

1. La maison que Richard a achetée est dans le centre-ville. _____

2. Philippe préfère la ville parce qu'il n'y a pas de vaches. _____

3. Quelqu'un a volé la voiture de Bernard récemment. _____

4. Richard préfère la campagne parce qu'il aime le calme. _____

5. Philippe ne veut pas vivre à la campagne parce qu'il s'y ennuie. _____

6. Bernard veut s'installer dans la maison de Richard pour être à la campagne. _____

9.7 Imagine you have discovered some new land and along with a few other people you decide to establish a city. Think of eight things that you would consider absolutely necessary to build or have in your new, ideal city. Justify your choices. Are there some things that you absolutely would not want to have?

Dans ma ville, je veux _____

_____

_____

_____

9.8 You are going to be asked eight questions about the place where you live. Write down the questions and try to answer them.

1. Question: _____

   Réponse: _____

2. Question: _____

   Réponse: _____

3. Question: _____

   Réponse: _____

4. Question: _____

   Réponse: _____

5. Question: _____

   Réponse: _____

6. Question: _____

   Réponse: _____

7. Question: _____

   Réponse: _____

8. Question: _____

   Réponse: _____

II. Structure

9.9 Céline and Virginie have always been best friends. They are both 18 years old and they go to the same school. However, they are quite different in many ways. Make comparisons based on the suggested elements, taking into account the following facts:

- Céline mesure un mètre soixante-quinze. Virginie mesure un mètre soixante.

- Céline a de très bonnes notes au lycée mais Virginie n'aime pas beaucoup étudier et ses notes sont médiocres.

- Virginie adore le sport, elle joue au football, au tennis et elle fait de la natation. Le seul sport que Céline aime est le badminton.

- Céline a trois frères et deux sœurs mais Virginie a juste un frère.

- Virginie aime chanter. Elle chante tout le temps. Céline n'aime pas chanter, elle n'est pas musicienne.

- Virginie a deux chats et un chien mais Céline a juste un poisson rouge.

- Céline apprend l'anglais au lycée et elle le parle très bien. Virginie n'aime pas les langues étrangères et elle ne parle pas bien anglais.

- Céline et Virginie ont toutes les deux une Honda Civic rouge.

1. (être sportif)

   _____

2. (avoir de bonnes notes)

   _____

3. (être grand)

   _____

4. (avoir des animaux domestiques)

   _____

5. (avoir des frères)

   _____

6. (parler bien anglais)

   _____

7. (chanter souvent)

   _____

8. (la voiture et l'âge)

   _____

9.10 Think about life in the 18th century. Do we live longer now? Do we eat better? Do we have more or fewer children? Do we work more or less? Think of various aspects of life and write eight comparisons following the model below and using **plus, moins, autant, aussi, mieux, meilleur,** and **pire**.

> **MODÈLE:** Actuellement, les gens vivent plus vieux.

1. Actuellement, _____

2. Actuellement, _____

3. Actuellement, _____

4. Actuellement, _____

5. Actuellement, _____

6. Actuellement, _____

7. Actuellement, _____

9.11 Complete the following sentences with **mieux** or **meilleur(s)/meilleure(s)**.

1. RICHARD: À mon avis, on vit bien à la campagne.

   PHILIPPE: Oui, mais pour moi, on vit encore _____ en ville.

2. SOPHIE: Le climat est-il bon dans le Nord de la France?

   HERVÉ: Pas trop, il est vraiment _____ au bord de la Méditerranée.

3. La qualité de la vie est _____ dans une petite ville que dans une grande métropole.

4. On mange souvent _____ dans les restaurants des petits villages que dans les bars en ville.

5. Les transports publics sont _____ dans les grandes villes que dans les petits villages.

6. BRUNO: Personnellement, je me sens très bien quand je suis au bord de la mer.

   GAËLLE: Et bien moi, je me sens _____ quand je suis à la montagne!

7. La qualité de l'air est _____ dans les Alpes qu'à Paris!

8. L'espérance de vie est _____ à Okinawa que partout ailleurs dans le monde.

9.12 A. Here is a list of countries: **le Canada, l'Italie, le Maroc, la Suisse, la Chine, la Tunisie, la Belgique, les États-Unis, l'Inde, l'Allemagne, le Niger, la Pologne.** In your opinion, which countries are the most populated? Write a list.

1. _____   7. _____
2. _____   8. _____
3. _____   9. _____
4. _____   10. _____
5. _____   11. _____
6. _____   12. _____

B. Now listen to the recording and check whether your answers are correct. Take note of the number of people who live in each country.

C. Answer the following questions writing complete sentences.

1. Est-ce que le Niger est plus peuplé que l'Inde?

_____

2. Est-ce que la Tunisie est moins peuplée que la Suisse?

_____

3. Quel est le pays le plus peuplé?

_____

4. Est-ce que les États-Unis sont aussi peuplés que l'Inde?

_____

5. Et le Canada, est-il aussi peuplé que les États-Unis?

_____

9.13 In your opinion, what is the most . . . Complete the following statements:

1. La personne la plus importante dans ma vie, c'est _____
2. Le problème le plus grave aujourd'hui, c'est _____
3. Le problème le plus grave dans ma ville, c'est _____
4. Le plus important dans l'amitié, c'est _____
5. La pire chose dans mes études, c'est _____

6. Le meilleur aspect de ma personnalité, c'est _____

7. La chose la plus curieuse à voir dans ma ville, c'est _____

8. Le meilleur film que j'ai jamais vu, c'est _____

9.14 React to the following statements following the model below, using the expressions **je pense que . . .**, **pour moi, . . .**, and **à mon avis, . . .** Start your sentence saying whether you agree (**je suis d'accord**) or disagree (**je ne suis pas d'accord**).

> **MODÈLE:** Paris est une ville polluée.
>
> Je suis d'accord, je pense que Paris est une ville polluée.

1. Le Canada est très peuplé.

   _____

2. La délinquance est un problème important dans les grandes villes.

   _____

3. Il est essentiel d'être sincère avec ses amis.

   _____

4. Il n'y a pas beaucoup d'embouteillages à Paris.

   _____

5. Les transports publics sont excellents en France.

   _____

6. Les espaces verts sont très importants dans les grandes villes.

   _____

Nom: _____ Date: _____

9.15 You are planning a trip to Guadeloupe with some friends and you want to visit Pointe-à-Pitre. Look at this information site for tourists and find six facts that will help you convince your friends to spend a few days there.

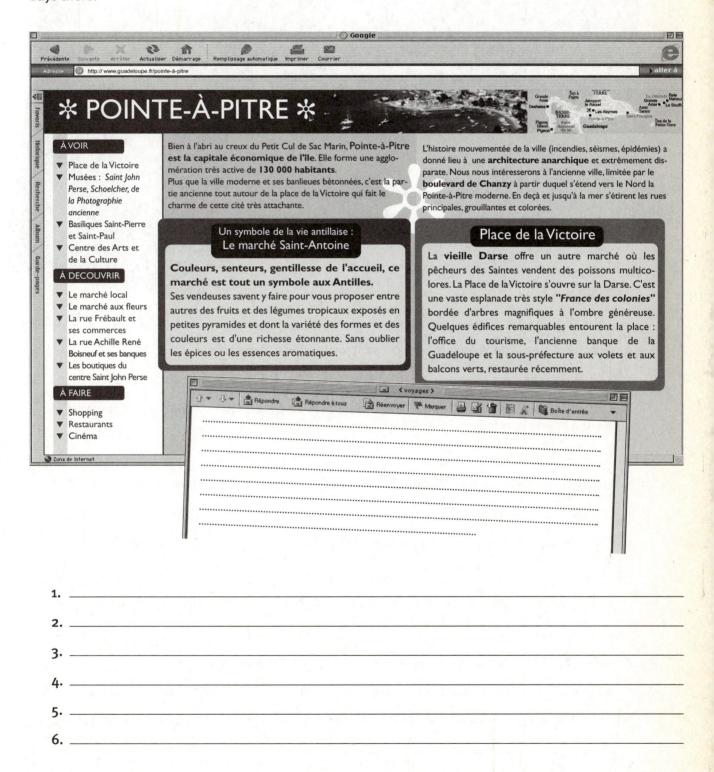

POINTE-À-PITRE

À VOIR

▼ Place de la Victoire
▼ Musées : *Saint John Perse, Schoelcher, de la Photographie ancienne*
▼ Basiliques Saint-Pierre et Saint-Paul
▼ Centre des Arts et de la Culture

À DECOUVRIR

▼ Le marché local
▼ Le marché aux fleurs
▼ La rue Frébault et ses commerces
▼ La rue Achille René Boisneuf et ses banques
▼ Les boutiques du centre Saint John Perse

À FAIRE

▼ Shopping
▼ Restaurants
▼ Cinéma

Bien à l'abri au creux du Petit Cul de Sac Marin, Pointe-à-Pitre **est la capitale économique de l'île**. Elle forme une agglomération très active de **130 000 habitants**.
Plus que la ville moderne et ses banlieues bétonnées, c'est la partie ancienne tout autour de la place de la Victoire qui fait le charme de cette cité très attachante.

L'histoire mouvementée de la ville (incendies, séismes, épidémies) a donné lieu à une **architecture anarchique** et extrêmement disparate. Nous nous intéresserons à l'ancienne ville, limitée par le **boulevard de Chanzy** à partir duquel s'étend vers le Nord la Pointe-à-Pitre moderne. En deçà et jusqu'à la mer s'étirent les rues principales, grouillantes et colorées.

Un symbole de la vie antillaise :
Le marché Saint-Antoine

Couleurs, senteurs, gentillesse de l'accueil, ce marché est tout un symbole aux Antilles.
Ses vendeuses savent y faire pour vous proposer entre autres des fruits et des légumes tropicaux exposés en petites pyramides et dont la variété des formes et des couleurs est d'une richesse étonnante. Sans oublier les épices ou les essences aromatiques.

Place de la Victoire

La **vieille Darse** offre un autre marché où les pêcheurs des Saintes vendent des poissons multicolores. La Place de la Victoire s'ouvre sur la Darse. C'est une vaste esplanade très style *"France des colonies"* bordée d'arbres magnifiques à l'ombre généreuse. Quelques édifices remarquables entourent la place : l'office du tourisme, l'ancienne banque de la Guadeloupe et la sous-préfecture aux volets et aux balcons verts, restaurée récemment.

1. _____

2. _____

3. _____

4. _____

5. _____

6. _____

9.16 Link the following sentences using the pronoun **où**.

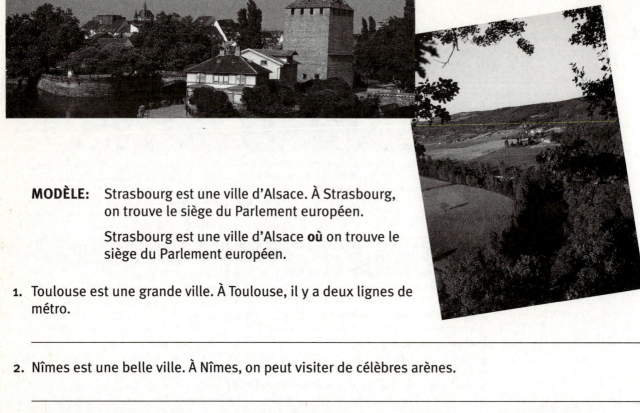

MODÈLE: Strasbourg est une ville d'Alsace. À Strasbourg, on trouve le siège du Parlement européen.

Strasbourg est une ville d'Alsace **où** on trouve le siège du Parlement européen.

1. Toulouse est une grande ville. À Toulouse, il y a deux lignes de métro.

_____

2. Nîmes est une belle ville. À Nîmes, on peut visiter de célèbres arènes.

_____

3. Carnac est une petite ville très riche en monuments mégalithiques. À Carnac, on peut voir les menhirs de Kermario.

_____

4. La Normandie est une belle région. En Normandie, on trouve un cidre excellent.

_____

5. Lille est une ville importante du Nord. À Lille, on organise une très grande braderie.

_____

6. La Tunisie est un pays du Maghreb. En Tunisie, la population parle très bien français.

_____

7. La Suisse est un petit pays. En Suisse, on parle plusieurs langues.

_____

8. La Bretagne est une région splendide et sauvage. En Bretagne, on mange de bonnes crêpes.

_____

9.17 You work in a travel agency and you are preparing some advertisements. What would you say about the following places? You may want to consult your textbook **(Unité 9).** Use the pronoun **où** as in the model.

> **MODÈLE:**   Bruxelles est une ville où il pleut 217 jours par an.

1. Pointe-à-Pitre _____

2. Montréal _____

3. Cannes _____

4. Genève _____

5. Bordeaux _____

6. Besançon _____

7. Paris _____

Pronom Y

Je vais aller **au Canada**.	Je vais **y** aller.
Nous mangeons souvent **au restaurant**.	Nous **y** mangeons souvent.

9.18 Answer the following questions using the pronoun **y**.

1. Êtes-vous déjà allé au Maroc?

   _____

2. Aimez-vous aller au cinéma?

   _____

3. Allez-vous bientôt voyager en France?

   _____

4. Vos parents habitent-ils à New York?

   _____

5. Voulez-vous vivre à la campagne?

   _____

9.19 Amélie and Aurélie are great fans of Johnny Depp. Complete their dialogue using the correct pronouns (**le, la, les, l', lui, leur, y,** and **en**).

AMÉLIE: Tu as vu Johnny Depp hier soir à la télé?

AURÉLIE: Oui, je (1) _____ ai vu. Il était super!

AMÉLIE: Tu as vu tous ses films?

AURÉLIE: Oui, je (2) _____ ai tous vus! Et toi?

AMÉLIE: Moi aussi. Et tu connais sa compagne?

AURÉLIE: Oui, je (3) _____ connais, c'est Vanessa Paradis.

AMÉLIE: Tu sais qu'ils habitent en France?

AURÉLIE: Oui, oui, ils (4) _____ habitent depuis longtemps.

AMÉLIE: Et ils ont des enfants, n'est-ce pas?

AURÉLIE: Oui, je crois qu'ils (5) _____ ont deux.

AMÉLIE: On pourrait peut-être (6) _____ écrire?

AURÉLIE: À Johnny!? Qu'est-ce qu'on va (7) _____ dire?

AMÉLIE: Je ne sais pas moi, juste qu'on (8) _____ trouve génial!

AURÉLIE: Tu sais, les stars comme lui, il y a beaucoup de gens qui (9) _____ écrivent, mais ils ne répondent pas. . . .

III. Phonétique

The sound [r]

 9.20 Listen and indicate whether you hear the sound [r] as in **rat**, or the sound [g] as in **gaz**.

	[r]	[g]
1.		
2.		
3.		
4.		
5.		
6.		

9.21 Listen to the following sentences and repeat them.

1. La rue est barrée après le croisement.

2. Il travaille trop.

3. Ce riz est très bon.

4. Ce camion est mal garé.

5. Je crois que Ronan est à Rennes.

6. Sophie vient de Namur.

7. Ils se sont vus au bar.

8. Elle est caissière.

9. Elle adore dormir.

10. C'est une bonne performance artistique.

9.22 You are going to hear some words. Indicate whether you hear the sound [r] or not.

	Oui	Non
1.		
2.		
3.		
4.		
5.		
6.		
7.		
8.		
9.		
10.		

> Careful! The **-r** in **-er** verbs (chant**er**, voyag**er**, mang**er**, etc.) and the **-r** in professions ending in **-er** (pâtiss**ier**, menuis**ier**, polic**ier**, etc.) is never pronounced.

IV. Stratégies pour mieux apprendre

9.23 A. Read the following text. Do you agree with Laetitia Lamour?

L'AVIS DES STARS

Vous préférez
vivre en ville ou à la campagne?

Même si pour certains, la vie à la campagne est plus saine, je pense que vivre en ville présente beaucoup plus d'avantages: on peut aller aux spectacles, profiter de la vie culturelle, des boutiques et des services en tout genre. Les inconvénients de la campagne sont évidents: les insectes, le manque d'intimité qui caractérise en général les petits villages, etc. Toutefois, l'idéal peut être une solution intermédiaire: il s'agit d'alterner la vie à la campagne et la vie en ville. Mais tout le monde ne peut pas se le permettre; ou pour des raisons économiques (cela coûte beaucoup plus cher) ou professionnelles (on peut être obligé de rester en ville ou, au contraire, à la campagne).

Laetitia Lamour
Actrice. Paris.

Votre opinion:

_____

_____

_____

_____

 B. Now listen to Laetitia and some of her friends. She expresses some opinions on the same topic, but the way she expresses herself is different from what you saw in her text. What differences do you notice?

Conversation is the most basic form of communication between human beings. As you noticed, there are characteristics that are specific to oral communication and that differ from written forms of communication.

To give their opinion, interlocutors cooperate by:

- Finishing each other's sentences

- Repeating words that the other person said

- Making sure the others understand what they mean

Intonation is also of crucial importance.

Here are some features specific to oral communication:

- Sentences are shorter.

- They are often <u>incomplete</u>.

- They are full of hesitations, repetitions.

> **Strategy**
>
> Cooperation is of the utmost importance in a conversation. It can be verbal or nonverbal. Sometimes, it consists of a simple word or even a certain gesture. To communicate efficiently, you cannot rely only on accuracy.

V. Révisions des Unités 7, 8, 9 et auto-évaluation

9.24 Complete the following dialogue with interrogative words.

ENQUÊTEUR: Bonjour, est-ce que vous accepteriez de répondre à quelques questions sur les modes de déplacement des Bordelais?

JULIEN DURAND: Bien sûr.

ENQUÊTEUR: (1) _____ est-ce que vous vous appelez?

JULIEN DURAND: Durand.

ENQUÊTEUR: (2) _____ ça s'écrit avec T ou D?

JULIEN DURAND: Avec D.

ENQUÊTEUR: Merci, et (3) _____ est votre prénom?

JULIEN DURAND: Julien.

ENQUÊTEUR: (4) _____ est-ce que vous habitez?

JULIEN DURAND: À Bergerac, mais je travaille ici, à Bordeaux.

ENQUÊTEUR: (5) _____ vous faites dans la vie?

JULIEN DURAND: Je suis prof de maths dans un collège du centre-ville.

ENQUÊTEUR: (6) _____ est-ce que vous venez à votre travail?

JULIEN DURAND: En voiture.

ENQUÊTEUR: (7) _____ est-ce que vous ne vous installez pas à Bordeaux?

JULIEN DURAND: Parce que Bergerac est beaucoup plus tranquille.

ENQUÊTEUR: (8) _____ de temps vous mettez pour arriver au travail?

JULIEN DURAND: Ça dépend. Il y a souvent beaucoup d'embouteillages.

ENQUÊTEUR: Merci beaucoup.

JULIEN DURAND: Je vous en prie.

9.25 A. In the following recipe, you will notice that the quantities and the ingredients got mixed up and they do not make sense. Can you correct this?

crème glacée à la noix de coco et aux pépites de chocolat

Quantités	Ingrédients	Ingrédients
1 litre	de sucre	
125 grammes	d'œufs	
1/2 douzaine	de lait	
300 grammes	de lait de coco	
1/2 litre	de noix de coco râpée	
un sachet	de pépites de chocolat	

B. Here are the directions to make this recipe. Rewrite the various stages of the preparation using the imperative and adding connecting words (**après, d'abord, enfin, ensuite, puis**).

> **MODÈLE:** Mélanger les jaunes d'œufs avec le sucre.
>
> D'abord, mélangez les jaunes d'œufs avec le sucre.

1. Faire boullir le lait, incorporer le mélange œuf-sucre, baisser un peu le feu et faire épaissir en remuant.

   _____

2. Hors du feu, incorporer le lait de coco, la noix de coco râpée et les pépites de chocolat.

   _____

3. Battre les blancs d'œufs en neige (+ une pincée de sel) et incorporer au mélange.

   _____

4. Mixer la préparation avant de la verser dans un récipient et la mettre au congélateur.

   _____

Nom:_____ Date:_____

9.26 Using the elements of the two groups below, write 10 sentences. You cannot use the same element twice.

plus, moins, aussi, autant, le même, la même, les mêmes, le plus, le moins, les plus/moins

bon, bien, mauvais, calme, nombreux, grand, les transports publics, l'avion, coûter, polluer

1. La vie à la campagne est plus calme que la vie en ville.
2. _____
3. _____
4. _____
5. _____
6. _____
7. _____
8. _____
9. _____
10. _____

9.27 Reformulate the sentences below using the expressions **venir de, être en train de, être sur le point de, aller + infinitif**.

MODÈLE: Ne fais pas de bruit, le bébé dort.

Il est en train de dormir.

1. Pierre est parti il n'y a pas longtemps.

_____

2. Demain, je travaille toute la journée.

_____

3. L'avion décolle dans quelques secondes.

_____

4. Le directeur parle avec un client.

_____

5. Il a terminé son projet hier.

_____

6. Julie arrive ce soir, au train de 23h00.

_____

7. Cécile et Soizic sont sorties il y a 2 minutes.

_____

8. Je ne peux pas venir, j'attends Séb.

_____

9.28 Answer the following questions using **déjà**, **encore**, or **ne . . . plus**.

1. Cathy, tu fumes encore?

   Non, _____

2. Tu dînes avec nous?

   Non merci, _____

3. Tu veux plus de spaghettis?

   Oui, _____

4. Tu continues à aller au cours de danse de Mme Leblanc?

   Oui, _____

5. Tu travailles toujours chez Jackie le jeudi?

   Non, _____

9.29 Write the following time in both the official form and the common form (in that case, make sure to indicate the moment of the day)

   MODÈLE: 13h40

   Il est treize heures quarante / deux heures moins vingt de l'après-midi.

1. 12h20

   _____

2. 9h15

   _____

3. 17h35

   _____

4. 00h30

   _____

5. 07h00

   _____

6. 22h55

   _____

7. 03h40

   _____

9.30 Specify the part of the day in which the following activities take place.

    MODÈLE: Nous partons demain à 8h00.

                    Nous partons demain matin.

1. J'ai rendez-vous chez le dentiste à 16h30.

   _____

2. Le spectacle est à 20h00.

   _____

3. Je mange avec Jacques à 12h00.

   _____

4. N'oublie pas d'aller au pressing avant 10h00.

   _____

5. J'ai une réunion très importante à 15h45.

   _____

9.31 Complete the following chart with the correct expressions of time.

Passé	Présent	Futur
	aujourd'hui	
l'automne dernier		
	ce matin	
		la semaine prochaine
	ce mois-ci	
lundi dernier		
		demain après-midi
hier soir		

9.32 Auto-évaluation. Evaluate how well you can use the following notions. Then review anything that has caused you some trouble.

Je sais utiliser	Peu	Assez bien	Bien	Très bien
la question				
les mots interrogatifs				
les pronoms				
le lexique des poids et mesures				
les connecteurs				
être en train de				
être sur le point de				
aller + infinitif				
venir de				
ne . . . plus, toujours, encore, déjà				
l'heure				
les mots pour me situer dans le temps				
la comparaison				
le lexique de la ville				
le lexique des aliments				

VI. Préparation au DELF

DELF A2. Oral interview practice

9.33 Here are a few topics that will enable you to practice what you have learned in this unit.

1. Si vous achetiez une maison, est-ce que vous choisiriez la ville ou la campagne? Expliquez votre choix.

2. Expliquez quels sont les problèmes principaux des grandes villes aujourd'hui. Proposez quelques solutions.

DELF A1. Written test practice

9.34 Pick one of the following topics and write about 100 words.

1. Write an e-mail to a friend to tell him/her what he/she can do in your city and what he/she can eat there.

2. You moved far away recently. Write your family and friends a letter explaining why you have left the city to live in the countryside.

Unité 10
CHERCHE COLOCATAIRE

ACTIVE VOCABULARY FOR UNITÉ 10

Nouns

l'annonce (f)	*ad*	le centre-ville	*downtown*
l'enfant (m, f)	*child*	le conflit	*conflict*
l'immobilier (m)	*real estate*	le danseur, la danseuse	*dancer*
l'ordre (m)	*order*	le désordre	*mess, disorder*
la chambre	*bedroom*	le garçon	*boy*
la colocation	*co-renting*	le loyer	*rent*
la cuisine	*kitchen*	le ménage	*housecleaning*
la fille	*girl*	le rire	*laughter*
la fumée	*smoke*	le salaire	*salary*
la mer	*sea*	le salon	*living room*
la pièce	*room*	le témoignage	*testimony*
la propreté	*cleanliness*	le/la colocataire	*roommate*
la saleté	*filth*	le/la partenaire	*partner*
la salle à manger	*dining room*	les économies (f)	*savings*
la salle de bains	*bathroom (with shower)*	les jeunes (m)	*young people*
la vaisselle	*dishes*	les WC (m), les toilettes (f)	*bathroom (just toilet)*
la vedette	*movie or music star*		

Adjectives

amoureux, amoureuse	*in love*	célèbre	*famous*
amusant(e)	*funny*	coincé(e)	*stuck, uptight*
antipathique	*not friendly*	compréhensif, compréhensive	*understanding*
bruyant(e)	*noisy*		

désordonné(e)	*messy*	pressé(e)	*in a hurry*
ensoleillé(e)	*sunny*	propre	*clean*
fumeur/fumeuse	*smoker*	quotidien, quotidienne	*daily*
intelligent(e)	*intelligent, smart*	sale	*dirty*
intéressant(e)	*interesting*	séduisant(e)	*attractive*
libre	*available*	sombre	*dark*
matinal(e)	*early-rising*	timide	*shy*
ordonné(e)	*orderly*	tolérant(e)	*tolerant*
ouvert(e)	*open*		

Verbs

agacer	*to annoy*	s'émanciper	*to become independent*
avoir l'air	*to seem*	s'entendre	*to get along*
chercher	*to look for*	s'installer	*to settle in*
convenir	*to suit*	s'intéresser à	*to be interested in*
déranger	*to bother*	se soutenir	*to support each other*
énerver	*to get on someone's nerves*	sembler	*to seem*
gêner	*to bother*	soutenir	*to support*
irriter	*to annoy*	supporter	*to put up with, to bear*
partager	*to share*	trouver	*to find*
plaire	*to please*		

Some words and expressions

à côté de	*next to*	facile à vivre	*easygoing*
à droite	*on the right*	faire la fête	*to party*
à gauche	*on the left*	immédiatement	*immediately*
au coin de	*in the corner of*	plutôt	*rather*
au fond de	*at the bottom of*	remis à neuf	*renovated*
avoir l'intention de	*to plan on*	seulement	*only*
derrière	*behind*	totalement	*totally*
devant	*in front of*	volontiers	*gladly*
en face de	*facing*		

I. Étude de vocabulaire

10.1 Take a look at this ad and answer the following questions.

APPARTEMENT
HAUT STANDING
150 m² + BALCON 25 m², CALME, ENSOLEILLÉ. 3 CHAMBRES (F3),
GRANDE SALLE À MANGER, SALON, CUISINE, SALLE DE BAINS ET WC
TOTALEMENT REFAITS À NEUF. CENTRE-VILLE. LIBRE TOUT DE SUITE.

04 66 88 34 10
AGENCE
IMMOBILIÈRE
AUGUSTE
« www.immobiliereauguste.com »

1. Est-ce que cet appartement est sombre?

   _____

2. Combien de chambres y a-t-il?

   _____

3. Est-ce qu'il faut attendre pour louer cet appartement?

   _____

4. Est-il en banlieue?

   _____

5. Est-ce qu'il est plutôt vieux ou plutôt moderne?

   _____

6. Est-ce que cet appartement vous plaît? Expliquez pourquoi en deux ou trois phrases.

   _____

10.2 Imagine what the worst roommate you could possibly have would be like. Describe him/her using the correct adjectives from the list below. You can add other adjectives too.

fumeur/fumeuse, aimable, propre, sale, bruyant(e), antipathique, sympathique, amusant(e), ennuyeux/ennuyeuse, ordonné(e), désordonné(e), intelligent(e), stupide, calme

Le/La pire colocataire serait _____

_____

_____

_____

10.3 Following the models given in your textbook on page 93, complete your own ad to put on the Internet.

10.4 Now listen to these people talk about sharing their place with a roommate and answer the following questions:

1. **Première personne:**

    1. Combien de personnes vivent dans cet appartement? _____

    2. Combien de chambres y a-t-il? _____

    3. Comment est la salle à manger? _____

2. **Deuxième personne:**

    1. Combien de colocataires a-t-il? _____

    2. Est-ce qu'ils partagent une chambre? _____

    3. Quel est le problème principal dans cet appartement? _____

3. **Troisième personne:**

    1. Est-ce qu'elle aime partager son appartement? _____

    2. Est-ce qu'elle a une cuisine? _____

    3. Comment décririez-vous sa personnalité? _____

4. **Quatrième personne:**

    1. Combien de chambres y a-t-il dans cet appartement? _____

    2. Comment est la salle de bains? _____

    3. Pourquoi est-ce qu'il aime partager son appartement? _____

10.5 Listen to this dialogue between two friends. On the map, trace the way that Robert needs to go to find Catherine's place.

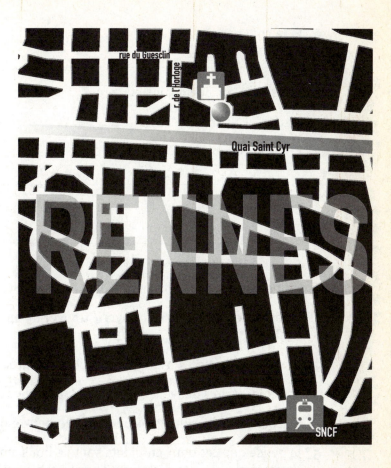

10.6 Can you explain where the following things are on the pictures? You can use any of the following words:

devant, derrière, au fond (de), en face (de), au coin (de), à droite (de), à gauche (de), à côté (de)

APPARTEMENT HAUT STANDING
150 m² + BALCON 25 m², CALME, ENSOLEILLÉ. 3 CHAMBRES (F3), GRANDE SALLE À MANGER, SALON, CUISINE, SALLE DE BAINS ET WC TOTALEMENT REFAITS À NEUF. CENTRE-VILLE. LIBRE TOUT DE SUITE.

MODÈLE: Quand vous entrez dans la salle de bains, où sont les fleurs?
Elles sont au coin du lavabo, à côté de la fenêtre.

1. Quand vous entrez dans la chambre, où est le lit?

_____

2. Et la plante?

_____

3. Et la commode?

_____

4. Dans le salon, où sont les étagères?

_____

5. Et la petite table?

_____

6. Et la lampe?

_____

10.7 Choose the correct verbs in the following sentences.

1. Il peut être difficile de **se trouver / trouver** un appartement qui correspond exactement à ce qu'on désire.

2. L'année prochaine, Vickie va **s'installer / s'entendre** dans un petit appartement avec son copain.

3. Les colocataires peuvent être durs à **supporter / soutenir** s'ils sont désordonnés ou désagréables.

4. En colocation, il vaut mieux ne pas **chercher / énerver** les autres en faisant trop de bruit.

5. Je pense que ces deux étudiants sont de bons amis et qu'ils vont bien **s'entendre / entendre** quand ils partageront un appartement l'année prochaine.

6. Allons visiter cet appartement, je suis sûre qu'il va te **gêner / plaire**! Il est très beau.

7. Est-ce que vous aimeriez **déranger / partager** votre appartement avec quelqu'un?

II. Structure

10.8 Géraldine is not having a good day. She is looking for a new apartment and feels very stressed. Conjugate the following verbs in the present tense, making sure to identify the subject of each verb by first underlining it.

> **MODÈLE:** Les appartements qui m' (intéresser) _____ sont trop chers!
>
> <u>Les appartements</u> qui m'intéressent sont trop chers.

1. Le premier appartement que j'ai vu ne me (plaire) _____ pas, il est trop petit!

2. Comme le bruit me (gêner) _____ pour dormir, je ne peux pas prendre le deuxième appartement. Il est en plein centre-ville.

3. Le propriétaire ne va pas me louer le troisième appartement parce que je vois bien que je ne lui (plaire) _____ pas.

4. Les fêtes que font mes voisins me (déranger) _____ beaucoup et je suis fatiguée.

5. Les fuites d'eau et la mauvaise isolation sont les problèmes qui m' (énerver) _____ le plus dans ce logement.

6. Ces histoires d'appart, ça m'(irriter) _____ à un point inimaginable!

7. J'ai visité deux appartements qui me (plaire) _____ vraiment beaucoup mais ils sont chers.

8. Les choses qui me (plaire) _____ dans ces apparts, c'est leur luminosité et le silence.

9. Moi, les gens qui mettent la musique trop fort, ça m' (agacer) _____.

10. Bon, et toi Vincent, tu m' (énerver) _____ vraiment avec ton bazar dans le salon!

10.9 Two friends are talking about their roommates. Complete their dialogue with the verbs below, making sure to use each verb only once. Conjugate them in the present tense.

préférer, énerver, supporter, avoir l'air, aimer, gêner, adorer, déranger, trouver, agacer, plaire

MONA: Tu vois, ce qui m'(1) _____ chez Sylvain, c'est son désordre. Je ne (2) _____ pas ça.

TANYA: Tu exagères peut-être, non? Il n'(3)_____ pas beaucoup le rangement, mais ça ne te (4) _____ pas trop, je pense, parce que ça se limite à sa chambre. Moi, je suis encore plus désordonnée. Dans l'appart, avec Mathieu, on s'entend plutôt bien, même si je (5) _____ Thomas, mais . . .

MONA: Mathieu? Ah, je le (6) _____ super sympa, moi. J'(7) _____ son humour. En plus il (8) _____ très intéressant. Il me (9) _____ beaucoup ce type!

TANYA: Ouais, mais sa fumée me (10) _____.

MONA: Dis-lui de fumer dehors ou dans sa chambre.

TANYA: Tu sais, l'odeur du tabac est là quand même. Même la vue de ses paquets de cigarettes m'(11) _____!

10.10 How many phonetic stems do the following verbs have? Complete the chart below.

se plaindre, courir, boire, découvrir, grossir, peindre, servir, pouvoir, habiter, devoir, lire, venir, écrire, vouloir, travailler, dormir, se lever, mettre, recevoir, prendre

Verbes à une base	Verbes à deux bases	Verbes à trois bases

10.11 Now conjugate those verbs in the following sentences (in the present tense).

1. Mes amis (boire) _____ beaucoup de boissons gazeuses. Moi, je (boire) _____ plutôt des jus de fruits.

2. Nous (courir) _____ toute la journée.

3. Vous (découvrir) _____ la ville en allant à l'université à pied.

4. On (servir) _____ un bon couscous dans ce restaurant.

5. Vous (devoir) _____ faire des efforts pour être plus ordonnés, et moi je (devoir) _____ faire des efforts pour être plus tolérant.

6. Nos amis américains nous (écrire) _____ souvent des courriels.

7. Cette ville (grossir) _____ énormément et cela cause des problèmes de circulation.

8. Est-ce que vous (habiter) _____ près de la place centrale?

9. Nous (lire) _____ la presse tous les jours.

10. Je (peindre) _____ ma chambre en blanc, et mes colocs (peindre) _____ leurs chambres en vert et en bleu.

11. Pour aller à la fac, tu (pouvoir) _____ prendre le bus, ou bien nous (pouvoir) _____ y aller ensemble en métro.

12. Qu'est-ce que vous (prendre) _____ le matin? Moi, je (prendre) _____ du café.

13. Je (recevoir) _____ une lettre de temps en temps, mais eux, ils en (recevoir) _____ tous les jours!

14. À quelle heure est-ce que vous (se lever) _____ pour aller à la fac? Moi, je (se lever) _____ à 7h00.

15. Les voisins (se plaindre) _____ systématiquement du bruit que nous faisons, sauf le monsieur du troisième qui ne (se plaindre) _____ jamais.

16. Vous (travailler) _____ dans le centre?

17. Combien de temps est-ce que tu (mettre) _____ pour aller au travail? Thomas et moi, nous (mettre) _____ 30 minutes.

18. Maryse (venir) _____ en bus tous les jours, mais Ronan et Bertrand (venir) _____ en voiture.

19. Ce soir, nous ne sommes pas tous d'accord. Vous, vous (vouloir) _____ aller au ciné et elles, elles (vouloir) _____ aller en boîte. Moi je (vouloir) _____ bien l'un ou l'autre.

20. Je connais certaines personnes qui (dormir) _____ en cours, mais franchement, moi, je ne (dormir) _____ pas! Je m'amuse trop pour dormir!

10.12 Amélie just moved in an apartment she is going to share with two other students for six months, and she writes her friend Xavier.

Conjugate the verbs in the present tense.

Salut Xavier,

Me voilà à Barcelone! C'est trop cool. Pour le moment, tout (1) (se passer) _____ plutôt bien. Les gens (2) (être) _____ sympas et c'est la fête toute la nuit! Je (3) (connaître) _____ déjà plein de monde des quatre coins de la planète. Je (4) (croire) _____ que je (5) (se débrouiller) _____ assez bien en espagnol, sinon on (6) (parler) _____ anglais. Je (7) (commencer) _____ même à dire quelques mots en catalan avec une de mes colocs, Laura. Elle (8) (être) _____ de Barcelone, mais elle (9) (préférer) _____ partager un appart que de supporter ses parents. Elle (10) (faire) _____ du droit. En plus, elle (11) (adorer) _____ la musique, et avec son copain, ils (12) (vouloir) _____ me montrer les quartiers un peu alternatifs de la ville. L'autre nana, c'est Susi. Elle (13) (avoir) _____ l'air cool aussi, mais elle (14) (ne pas rire) _____ beaucoup, et pour le moment, on (15) (ne pas causer) _____ trop. Elle (16) (rester) _____ dans sa chambre et elle (17) (mettre) _____ la musique très fort. Je (18) (ne pas savoir) _____ si c'est parce qu'ils (19) (venir) _____ du sud ou quoi, mais je (20) (ne rien comprendre) _____ quand elle et son copain me (21) (dire) _____ quelque chose. J'(22) (attendre) _____ un peu, et on (23) (aller) _____ voir. . . .

Bon, je te (24) (laisser) _____. J'(25) (espérer) _____ que tu es en forme. Viens me voir! Il y a des vols pas chers maintenant. . . .

Bises,
Amélie

10.13 You don't really agree with what your friend Yannick is saying. Look at the model and answer him using **plutôt** and presenting your point of view.

> **MODÈLE:** YANNICK: Il est jeune, ce prof.
>
> VOUS: Moi, je le trouve plutôt âgé.

1. YANNICK: Le cours de maths est très facile, non?

   VOUS: Moi, je le trouve _____

2. YANNICK: Le restaurant universitaire est super bon!

   VOUS: Bof, je le trouve _____

3. YANNICK: J'aime vraiment manger des légumes le matin.

   VOUS: Ah bon? Moi, j'aime _____

4. YANNICK: Le documentaire qu'on a vu hier soir était vraiment intéressant.

   VOUS: Hum, moi, je l'ai trouvé _____

5. YANNICK: Elle est sympa ta nouvelle coloc.

   VOUS: Tu trouves? Moi, je pense qu'elle est _____

6. YANNICK: J'adore ta chambre, elle est bien ensoleillée.

   VOUS: Hum, moi je la trouve _____

7. YANNICK: Oh, tu as de belles chaussures, elles sont confortables?

   VOUS: Non, elles sont _____

8. YANNICK: Bon, moi j'ai très chaud, je vais mettre un short.

   VOUS: Et bien moi, j'ai _____

10.14 Put more intensity in the following sentences using **si** or **tellement**.

> **MODÈLE:** Il est très difficile cet exercice.
>
> Il est si difficile que je n'arrive pas à le faire.

1. Ma sœur est très contente.

   Elle est _____ contente qu'elle pleure de joie.

2. Il fait très froid.

   Il fait _____ froid que nous avons mis un pull.

3. Gilles joue bien au tennis.

   Il joue _____ bien qu'il a été sélectionné pour le championnat.

4. Laure est bonne en maths.

   Elle est _____ bonne qu'elle n'a pas besoin d'étudier.

5. Je suis très fatiguée.

   Je suis _____ fatiguée que je pourrais m'endormir pendant le cours.

6. Sa chambre est vraiment en désordre.

   Elle est _____ en désordre qu'on ne peut plus rentrer.

7. Le prof est très triste.

   Mais non, il n'est pas _____ triste que ça.

Now, try to finish the entire sentence.

8. Ce gâteau est très bon!

   Il est _____

9. La musique est trop forte!

   Elle est _____

10. Cet homme est très riche.

    Il est _____

10.15 Michael is going on vacation and he is preparing a list of things that his roommates should or may want to do during his absence. Help him finish the list using the imperative.

(1) (ne pas avoir) _____ peur les gars, c'est juste une petite liste de deux ou trois choses à faire pendant que je suis à LA. (2) (se servir) _____ dans le frigo et (3) (manger) _____ mes trucs avant qu'ils soient périmés. (4) (arroser) _____ ma plante verte. (5) (ne pas la laisser) _____ mourir. Merci! Pour la facture de gaz, (6) (prendre) _____ l'argent qui est sur la table de nuit. (7) (être) _____ cools: (8) (ne pas entrer) _____ avec votre cigarette dans ma chambre.

LOÏC: Si tu peux, (9) (aller) _____ au vidéo-club et (10) (rapporter) _____ le DVD qui est à côté de la télé, j'ai complètement oublié de le rendre. (11) (ne pas oublier) _____ de venir me chercher à l'aéroport le 24!

PATRICK: (12) (dire) _____ à ta copine Julie que c'est bon pour la soirée du 25. (13) (s'amuser) _____ bien pendant tes vacances aussi! (14) (ne pas de disputer) _____ trop avec tes parents!

Salut à tous, et à très bientôt!

Michael

10.16 A friend of yours is coming to visit you and is thinking about moving to your city. She has a few questions. Complete the questions with the correct interrogative adjectives.

> **MODÈLE:** <u>Quel</u> temps fait-il dans ta ville?

1. _____ est le meilleur moyen de transport?

2. _____ sont les prix des loyers?

3. _____ conditions faut-il remplir pour louer un appartement?

4. _____ sortie de métro est-ce que je dois prendre pour aller chez toi?

5. _____ est le prix du billet de métro?

6. À _____ numéro je peux te joindre à mon arrivée?

7. _____ vêtements me conseilles-tu d'apporter dans ma valise?

8. Vers _____ heure on peut se donner rendez-vous?

9. _____ est ton adresse exacte?

10.17 Read the text «Les Franciliens restent à la maison» in your textbook pages 100–101. Taking into account what is said in the text as well as the answers given below, complete the following questions with relevant interrogative words.

A. Introduction

1. _____ les jeunes restent de plus en plus chez leurs parents?

   Oui.

2. _____ ce phénomène se produit-il le plus?

   En région parisienne.

3. _____ les jeunes d'Île-de-France restent-ils de plus en plus chez leurs parents?

   Parce que les universités ne sont pas loin.

4. Selon le texte, _____ préfère quitter la maison le plus vite possible?

   Les filles.

5. _____ les jeunes de 25–29 ans qui vivent chez leurs parents sont chômeurs?

   Non, ils ont souvent un métier.

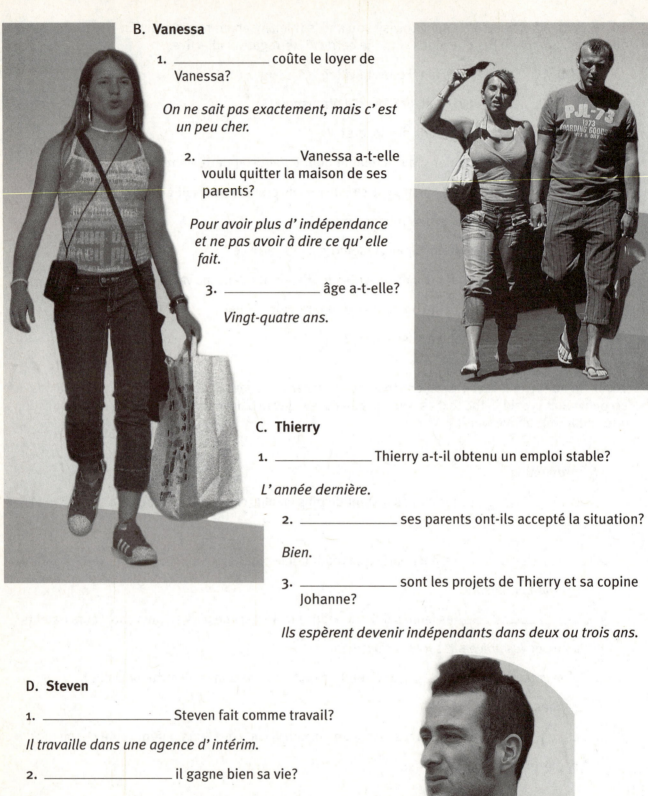

B. Vanessa

1. _____ coûte le loyer de Vanessa?

On ne sait pas exactement, mais c' est un peu cher.

2. _____ Vanessa a-t-elle voulu quitter la maison de ses parents?

Pour avoir plus d' indépendance et ne pas avoir à dire ce qu' elle fait.

3. _____ âge a-t-elle?

Vingt-quatre ans.

C. Thierry

1. _____ Thierry a-t-il obtenu un emploi stable?

L' année dernière.

2. _____ ses parents ont-ils accepté la situation?

Bien.

3. _____ sont les projets de Thierry et sa copine Johanne?

Ils espèrent devenir indépendants dans deux ou trois ans.

D. Steven

1. _____ Steven fait comme travail?

Il travaille dans une agence d' intérim.

2. _____ il gagne bien sa vie?

Non.

3. _____ il se retrouve le week-end?

Avec ses amis d' enfance.

10.18 Steven is not quite happy about his life as it is and he would prefer things to be different. Complete his statements using the conditional.

   MODÈLE: Je <u>voudrais</u> avoir un appartement un peu plus grand.

1. Je crois que j' (aimer) _____ avoir un meilleur travail. L'intérim ce n'est pas drôle.

2. Je (préférer) _____ un emploi stable mais je (vouloir) _____ rester dans le même quartier avec mes copains.

3. Ma copine et moi, nous (souhaiter) _____ louer une petite maison. On (avoir) _____ plus de place, et elle (pouvoir) _____ faire son jardin puisqu'elle aime jardiner.

4. Et puis, pour moi, ce (être) _____ formidable d'avoir un garage parce que je (pouvoir) _____ y mettre ma moto et ma voiture.

5. Bon, et puis nous (pouvoir) _____ recevoir nos amis plus facilement. On (faire) _____ des fêtes fantastiques.

6. On (inviter) _____ nos parents à manger le dimanche. Et puis on (aller) _____ les voir aussi bien sûr.

10.19 Answer the following questions in two or three sentences.

1. Aimeriez-vous habiter dans un autre pays? Expliquez où et pourquoi.

   _____

2. Si vous aviez $2,000, où voyageriez-vous? Pourquoi?

   _____

3. Voudriez-vous habiter longtemps chez vos parents, comme Thierry? Pourquoi ou pourquoi pas?

   _____

4. Si vous pouviez rencontrer une personne célèbre, qui choisiriez-vous? Pourquoi?

   _____

III. Écoute

 10.20 Listen and indicate whether the verb forms you hear are in the singular, in the plural, or if it is not possible to tell.

	Singulier	**Pluriel**	**On ne sait pas**
1.			
2.			
3.			
4.			
5.			
6.			
7.			
8.			
9.			
10.			

10.21 Can you recognize the intonation of a question versus that of a statement? Listen and repeat.

A. When someone makes a statement, the intonation falls at the end of the sentence.

Sandra arrive de Rome demain matin.

Les voisins de Christian sont sympathiques.

B. On the other hand, the intonation of a question is rising. Listen and repeat: the word order is the same for both sentences, but they have been changed into questions.

Sandra arrive de Rome demain matin?

Les voisins de Christian sont sympathiques?

C. The same rising intonation will be found in other forms of questions. Listen to the following questions and repeat.

Est-ce que Sandra arrive de Rome demain matin?

Sandra arrive-t-elle de Rome demain matin?

Est-ce que les voisins de Christian sont sympas?

Les voisins de Christian sont-ils sympas?

Careful! If the question is indirect, the intonation is the same as for a statement.

Il demande si Sandra arrive de Rome demain matin.

If you want to practice using the correct intonation, you can do so by replacing all words with *la la la la* and focusing solely on the intonation.

 10.22 Now listen to the following sentences. Write a period if it is a statement or a question mark if it is a question.

1. Il a payé son loyer

2. C'est difficile de trouver un logement bon marché

3. Patrick a un colocataire super sympa

4. Tu connais les nouveaux voisins

5. Elle partage son appart avec une amie d'enfance

6. Pierre et Fatiha ont refait la peinture de l'appart

7. Tu habites ici

8. Les étudiants peuvent demander une allocation

9. Elle déménage dimanche prochain

10. Les voisins de Judith sont anglais

IV. Stratégies pour mieux apprendre

10.23 What do you associate with these words?

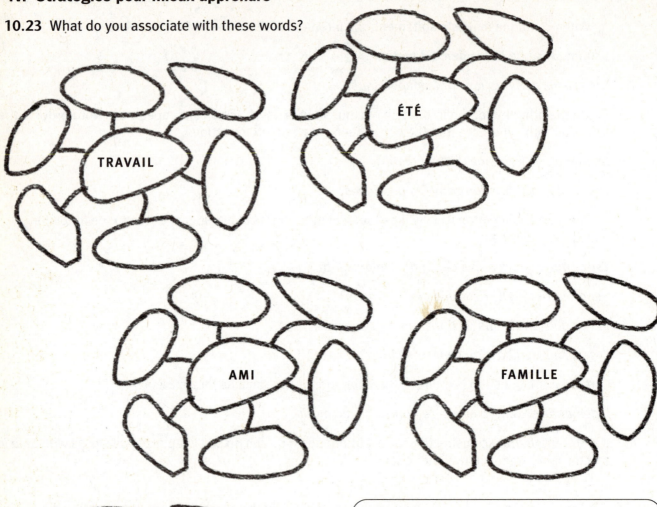

Strategy

When a French person says **pain,** the meaning attached to this word is not necessarily the exact same one as when a German person says **Brot** or someone who speaks Arabic says **khobs.** Each society attributes various values to things, and these things are not always used in the same situations from one culture to another. Even the representation we have of things is not the same. That is why the words we use are loaded with cultural connotations. Translations of words in a vocabulary list or a dictionary are very useful for those who study a foreign language, but they are often deprived of their cultural value. Therefore, we can only say that we have truly **learned** a word when we understand how and when to use it, and if we can recognize the cultural references that it encompasses.

V. Rédaction et révision

10.24 Describe your home: How many bedrooms do you have? How is your kitchen? Do you have a living room? Do you have roommates? Give as many details as you can and write a paragraph.

_____

_____

_____

_____

_____

_____

_____

_____

_____

_____

10.25 Now that you have described your current housing conditions, explain what your ideal conditions would be like. Where would you live? With whom? What would your place be like? Don't forget to use the conditional! Write a paragraph.

_____

_____

_____

_____

_____

_____

_____

_____

_____

_____

_____

10.26 Make complete sentences out of the following elements. Make all necessary agreements, conjugate the verbs, add prepositions where needed, and make all necessary changes. Verbs are conjugated in the present unless indicated otherwise.

1. Marie-Claire / partager / appartement / avec / trois / colocataire / mais / elle / ne pas les aimer beaucoup

   _____

2. elle / ne pas supporter / bruit / et / la musique / une des colocataires / la / agacer

   _____

3. un autre colocataire / fumer / et / fumée de cigarettes / la / déranger

   _____

4. troisième colocataire / ne pas être / très propre / et / Marie-Claire / ne pas supporter / saleté

   _____

5. donc, elle / vouloir (COND) / louer / autre / appartement / mais / elle / ne pas avoir / assez / argent

   _____

6. elle / aimer (COND) / trouver / colocataire / sympa / propre / calme / et / qui / ne pas fumer

   _____

10.27 Read the following letter, which Simon wrote to Benjamin. Based on the answers that are provided in this letter, write the four questions that Benjamin had asked.

> Cher Benjamin,
>
> Merci beaucoup pour ta lettre. Pour répondre à ta question, oui, nous nous plaisons beaucoup dans notre nouvelle maison. Nous nous y sommes installés il y a déjà deux mois et elle est très agréable. Tu me demandes combien de chambres nous avons: il y en a quatre, une pour nous, une pour Brigitte et une pour Aurélie. Donc oui, nous avons une chambre pour toi quand tu viendras nous voir pendant les vacances! En ce qui concerne le meilleur moment pour ta visite, tu peux venir quand tu veux cet été, nous n'allons pas partir, donc tu choisis!
>
> Alors écris-nous pour nous dire quand tu veux venir et au plaisir de te revoir bientôt.
>
> Bien à toi,
>
> Simon

_____

_____

_____

_____

VI. Préparation au DELF

DELF A3. Written practice 1 / DELF SCOLAIRE 2. Written practice 1A / DELF

B1. Reading comprehension

This test consists of analyzing the content of a text, which is typically taken from the media. It is not a long text but the vocabulary can be challenging, especially when the text is taken from a youth magazine (*Phosphore,* for example). You may also have a text taken from *Le nouvel observateur, Libération, le Point,* or *l' Express.* Therefore, you need to practice reading various types of texts.

After reading the text, you will find two or three comprehension exercises (true/false type) in which you will be asked to justify your answers by quoting passages from the text. You will also be asked some more open-ended questions. In this last part, you need to be coherent, and focus on accuracy too.

10.28 Read the following text and answer the questions below.

LOCATIONS, CINQ FORMULES BÉTON

Vous avez décroché une école ou un lycée prestigieux à l'autre bout de la France? Bref, il est temps de vous mettre en quête d'un nouveau chez vous.

Appart en solo

Pour le pire et le meilleur!
Là, c'est la jungle! Il va falloir traquer les annonces dans les journaux gratuits locaux ou passer par des agences immobilières [. . .]. Quelques endroits sont connus dans des lieux d'affichage incontournables [. . .].
À visiter: le site Internet www.mapiaule.fr. On y trouve notamment des petites annonces, des conseils juridiques et des aides au logement.

Appart en colocation

Plus on est de fous, moins on paye!
100 m² à se partager, de l'espace, un appartement qui a du cachet et un loyer qui se divise par le nombre d'occupants [. . .]. L'expérience peut être formidable à condition de bien sélectionner ses colocataires [. . .]. *Pour dénicher les colocs de rêve qui vont avec un appart de rêve, allez sur www.colocation.fr (75.000 annonces par semaine). Il est également possible d'organiser des rencontres entre futurs colocataires sur le site www.appartager.com (20.000 annonces à consulter gratuitement en ligne).*

Résidence privée

Tous mes voisins sont étudiants!
Elle se situe entre l'appart classique et le foyer. Les studios sont souvent meublés, et la résidence équipée de petits services [. . .]. Le tout dans un environnement totalement étudiant [. . .]. Il faut savoir que les tarifs varient selon les villes. Comptez 430€ à Paris, et de 250€ à 300€ en province. *Coordonnées, prix, visite virtuelle et contacts pour la réservation en résidence privée sur www.adele.org.*

Cité universitaire

Des murs aussi minces que le loyer!
Évidemment, pour le confort, c'est pas tout à fait comme à la maison: 9 m² en tout! [. . .] Le problème, c'est qu'il n'y en a pas pour tout le monde: seulement 15.000 logements en cité U pour tout l'Hexagone. L'admission se fait sur critères sociaux.
Renseignements sur www.cnous.fr.

À la ferme

[. . .]

L'association Campus Vert met en relation des agriculteurs et des étudiants à la recherche d'un logement. [. . .] Les étudiants sont logés dans des studios indépendants et les propriétaires s'engagent sur la convivialité: produits de la ferme, prêt de vélos . . . [. . .] Pour l'instant, l'association répertorie 270 logements de 18 à 50 m^2, avec des loyers allant de 198 à 312€, et uniquement dans la région Nord-Pas-de-Calais [. . .].

Renseignements au 03-20-29-43-68 ou sur www.campusvert.com.

D'après Béatrice Girard, *Phosphore*, Septembre 2004

A. Find the sentences in the text that have a similar meaning to the ones below.

1. vous avez obtenu une place dans un établissement de renom

_____

2. le moment est venu de chercher une nouvelle adresse

_____

3. on va devoir partir à la chasse aux offres

_____

4. un logement qui ne manque pas d'originalité

_____

5. pour trouver les personnes idéales avec qui cohabiter

_____

6. les propriétaires garantissent une bonne relation entre les différents locataires

_____

B. Indicate whether the following statements are true or false and quote the passage of the text that supports your choice.

1. Si on est seul, c'est vraiment facile de trouver un appartement.

   _____

2. La colocation est forcément une mauvaise idée.

   _____

3. Il n'y a que des étudiants dans les résidences privées.

   _____

4. En France, les chambres en cité U sont confortables et nombreuses.

   _____

5. Le loyer des cités U est cher.

   _____

6. Les propriétaires mettent en valeur les avantages de la vie à la campagne.

   _____

C. Answer the following questions (you may use sentences from the text if you wish).

1. Pourquoi la journaliste n'a pas l'air favorable à la formule «Appart en solo»?

   _____

2. Pourquoi faut-il bien sélectionner ses colocataires, selon vous?

   _____

3. Quels sont les avantages de la résidence privée par rapport à la cité U?

   _____

4. Qu'est-ce qui fait que les étudiants apprécient le studio à la ferme?

   _____

Unité 11
SI ON ALLAIT AU THÉÂTRE?

ACTIVE VOCABULARY FOR UNITÉ 11

Nouns

l'activité (f)	activity	le cinéphile	moviegoer
l'adolescent(e)	teenager	le cirque	circus
l'amitié (f)	friendship	le copain, la copine	friend
l'après-midi (m, *also* f)	afternoon	le correspondant	pen pal
l'argent de poche (m)	allowance, pocket money	le cours	class
l'atelier (m)	workshop	le documentaire	documentary
l'émission (f)	TV show	le film	movie
l'endroit (m)	place	le goût	taste
l'est (m)	east	le hammam	Turkish bath
l'exposition (f)	exhibit	le jeu concours	competitive game
l'internaute (m, f)	Internet user	le jeu de société	board game
l'ouest (m)	west	le journal télévisé	TV news
la B.D. (bande dessinée)	comic book, comic strip	le lieu	place
la boîte	disco, club	le loisir	pastime
la chaîne	TV channel	le match	game (football, basketball, etc.)
la foire	fair		
la nuit blanche	sleepless night	le matin	morning
la partie de cartes	card game	le monde	world
la partie de jeu de rôle	game of role-play	le nord	north
la patinoire	ice-skating rink	le patin à glace	ice-skating
la photo numérique	digital photography	le point commun	common point
la réponse	answer	le programme de télé	TV program
la retransmission sportive	sports show	le repas	meal
		le salon	show (as in air show, auto show)
la série télévisée	TV series		
la soirée	party	le scarabée	beetle
la télé réalité	reality TV	le SMS	text messaging
le bain	bath	le soir	evening
		le sud	south
le ciné(ma)	movie theater	le titre	title

Adjectives

chouette	*great*	génial(e)	*great*
désolé(e)	*sorry*	joli(e)	*pretty*
drôle	*funny*	libre	*free, available*
dur(e)	*hard*	mauvais(e)	*bad*
ennuyeux, ennuyeuse	*boring*	nul, nulle	*lousy*
épouvantable	*horrible*	trépidant(e)	*hectic*

Verbs

attendre	*to wait*	répondre	*to answer*
avoir envie de	*to feel like*	rêver	*to dream*
chater	*to chat online*	s'amuser	*to have fun*
découvrir	*to discover*	s'en aller	*to go away*
descendre	*to go down*	s'inscrire à	*to register*
patiner	*to ice-skate*	se charger de quelque chose	*to take care of something*
penser	*to think*		
prendre rendez-vous	*to make an appointment*	se retrouver	*to meet somewhere*
prendre un verre	*to have a drink*	sortir	*to go out*
prévenir	*to warn*	suivre un cours	*to take a class*
recommander	*to recommend*	vieillir	*to grow old*
refuser	*to refuse*	voir	*to see*

Some words and expressions

ailleurs	*somewhere else*	entendu	*OK*
aller en boîte	*to go out dancing*	Il paraît que . . .	*I heard that . . .*
au coin de	*at the corner of*	loin de	*far*
C'est pas mon truc. (*slang*)	*It's not my cup of tea.*	ouais	*yeah*
C'est pas terrible. (*slang*)	*It's not too good.*	plein de	*lots of*
		près de	*close to*
C'est pas vrai!	*I can't believe it!*	rester chez soi	*to stay home*
Ça me dit!	*I would like to!*	Salut les gars!	*Hi, guys!*
Ça te/vous dit de . . .	*Would you like to . . .*	tout près de	*very close to*
carrément	*bluntly*	vachement (*slang*)	*extremely*
d'accord	*OK*	volontiers	*gladly*
drôlement	*awfully*	vraiment	*really*

I. Étude de vocabulaire

11.1 Which activities would you suggest for the following people (take their tastes into account!)?

Choose from the following list:

faire du shopping, visiter une exposition, faire du patin à glace, aller au cirque, aller en boîte, voir un match de football, faire une soirée jeu de rôle, suivre un cours de photo numérique, prendre un verre avec des amis, faire une soirée DVD

> **MODÈLE:** NATASHA: Moi, ce que j'aime faire, c'est me promener, mais pas à la campagne. Je préfère plus d'animation.
>
> VOTRE SUGGESTION: Tu pourrais faire du shopping dans le centre-ville.

1. **PATRICK:** Personnellement, j'aime apprendre de nouvelles choses et j'aime beaucoup toutes les nouvelles technologies.

   VOTRE SUGGESTION: _____

2. **BERNARD:** Mon truc préféré, c'est assister à des événements sportifs.

   VOTRE SUGGESTION: _____

3. **SYLVIE:** Moi, ce que j'aime, c'est l'art, surtout la peinture.

   VOTRE SUGGESTION: _____

4. **MARIE-FRANCE:** J'aimerais beaucoup voir un spectacle avec des trapézistes, des clowns, des animaux . . .

   VOTRE SUGGESTION: _____

5. **VALÉRIE:** Moi, j'aime tous les sports, surtout ceux où il fait froid, où il y a de la neige ou de la glace.

   VOTRE SUGGESTION: _____

6. **KARINE:** Pour moi, le plus amusant, c'est de sortir le soir. J'adore danser!

   VOTRE SUGGESTION: _____

7. **SANDRINE:** Moi aussi, j'aime sortir avec des amis, mais je préfère quelque chose de plus calme.

   VOTRE SUGGESTION: _____

8. **LAETITIA:** Et bien moi, j'aime rester chez moi, mais j'aime être avec des amis. Et puis, j'aime jouer à des jeux où il faut avoir de l'imagination.

   VOTRE SUGGESTION: _____

9. **OPHÉLIE:** Moi aussi, j'aime être à la maison avec des amis, mais je préfère voir des films.

   VOTRE SUGGESTION: _____

11.2 A. Among the following activities, which are your favorites? When do you do them and how often? Complete the following chart.

Here are some expressions you can use to indicate when and how often you do these activities:

tous les jours, tous les matins, tous les soirs, tous les après-midi, le mardi, le samedi, le dimanche matin, quelquefois, jamais, pratiquement jamais, très souvent, etc.

Activité	Quand	Fréquence
aller à la piscine		
faire du tai-chi		
faire du vélo		
suivre un cours de quelque chose		
aller voir un spectacle		
sortir avec des amis		
faire un jeu de société		
se promener dans la forêt		
aller au restaurant		
surfer sur Internet		
chater		
lire un livre ou une B.D.		
aller en boîte		
aller à la patinoire		
aller voir une expo		
regarder un match		
aller au hammam		
aller à un concert		

B. Pick five of these activities and write complete sentences explaining what you do, when, and where, and giving some more details.

1. _____

2. _____

3. _____

4. _____

5. _____

11.3 Look at these words and indicate what field they belong to on the chart below.

Liste de mots:

un match	un tableau	boire un coup	la musique
danser	un record	un acteur	un réalisateur
le rythme	un rôle	marquer un but	un stade
une peinture	courir	visiter	un champion
le DJ	une équipe	un terrain	
un film	l'ambiance	une sculpture	

Le cinéma	Les musées	Le sport	Les discothèques

11.4 Jackie is a very busy student. Listen to all the things she has planned for this week. Check the activities you hear on the chart below. Finally, listen again and identify the moment of the week she will do each one and write them down on her agenda.

Activité	Oui	Non
randonnée		
cours d'art contemporain		
patinoire		
cours de Chi-kung		
soirée DVD		
soirée avec son petit copain		
soirée discothèque		
répétition avec le groupe de rock		
cours d'anglais		
réunion à l'association Clowns sans Frontières		
piscine		
visite d'une expo d'art contemporain		
prendre un verre		
répétition avec troupe de théâtre		

8 LUNDI	**9** MARDI	**10** MERCREDI	**11** JEUDI	**12** VENDREDI	**13** SAMEDI
8	8	8	8	8	
9	9	9	9	9	
10	10	10	10	10	
11	11	11	11	11	
12	12	12	12	12	
13	13	13	13	13	
14	14	14	14	14	**14** DIMANCHE
15	15	15	15	15	
16	16	16	16	16	
17 *Cours de*	17	17	17	17	
18 *Chi-kung*	18	18	18	18	
19	19	19	19	19	
20	20	20	20	20	
21	21	21	21	21	

11.5 Complete the following sentences with the correct words.

Liste de mots: argent de poche, chouette, adolescent, ailleurs, trépidante, chaînes, SMS, correspondant, nuit blanche, internaute

1. Quand on ne dort pas du tout, on passe une _____ .

2. Une personne qui surfe l'Internet est un _____ .

3. Quand on a plus de 12 ans mais moins de 20 ans, on est _____ .

4. Une personne d'un autre pays à qui on écrit régulièrement est un _____ .

5. Un message qu'on envoie à partir de son téléphone portable est un _____ .

6. L'amitié, c'est la chose la plus _____ !

7. La vie dans les grandes villes est plutôt _____ .

8. Je n'aime pas cet endroit; je préférerais aller _____ .

9. Beaucoup de parents donnent de l' _____ à leurs enfants.

10. Quelles _____ aimez-vous regarder à la télé?

11.6 Choose the correct verbs in the following sentences.

1. Je voudrais vous **prévenir / recommander** que ce spectacle est plutôt long et ennuyeux.

2. J'ai mal aux dents, je vais **prendre un verre / prendre rendez-vous** chez le dentiste.

3. Je ne pense pas pouvoir venir à la soirée de Jacques. Je vais devoir **rêver / refuser**.

4. Parfois, on va au cinéma, mais le film est mauvais et on décide de **s'en aller / s'en charger** avant la fin.

5. Ça te dirait d'aller **patiner/participer** le week-end prochain?

6. Moi, je **n'ai pas besoin de / n'ai pas envie de** faire du tai-chi, c'est trop lent pour moi.

7. Faire du sport est un excellent moyen pour ne pas **vieillir / venir** avant l'âge.

8. Mes amis et moi, on a décidé de **se regarder / se retrouver** tous ensemble à la piscine samedi après-midi.

II. Structure

11.7 A. You are full of enthusiasm and ideas: invite your friends to do various activities. Follow the model!

> **MODÈLE:** VOTRE AMI: Je m'ennuie aujourd'hui.
>
> VOUS: (aller à la piscine) Ça te dirait d'aller à la piscine?

1. VOTRE AMI SOPHIE: J'ai envie de voir un film.

   VOUS: (aller au cinéma) _____

2. VOS AMIS LUCIEN ET GABI: Nous voulons manger!

   VOUS: (aller au restaurant) _____

3. VOTRE AMI NOËLLE: Il fait beau et mes enfants veulent sortir.

   VOUS: (faire une promenade) _____

4. VOS AMIS LILIANE ET ANDRÉ: Nous avons envie de voir quelque chose d'intéressant.

   VOUS: (aller à la foire des antiquaires) _____

   _____

5. VOTRE AMI FLORENCE: J'aimerais jouer à quelque chose.

   VOUS: (faire une partie de cartes) _____

B. Continue to propose various activities, but this time, use the expression **si on**.

> **MODÈLE:** VOTRE AMI: J'ai soif!
>
> VOUS: (prendre un verre) Et si on allait prendre un verre au café?

6. VOTRE AMI JOSÉ: J'ai faim!

   VOUS: (manger une crêpe) _____

7. VOTRE AMIE MARIANNE: J'ai envie de nager!

   VOUS: (aller à la piscine) _____

8. VOS AMIS JOËL ET FRANÇOISE: Nous aimerions nous relaxer.

   VOUS: (aller au hammam) _____

9. VOTRE AMI RAPHAËL: J'ai envie de danser.

   VOUS: (aller en boîte) _____

10. VOTRE AMI EVA: Je voudrais voir un film mais je n'ai pas envie de sortir.

    VOUS: (regarder un DVD) _____

11.8 All your friends are now going to respond to the suggestions you gave in the previous exercise. Look at the indications below and come up with their answers, taking into account the information given.

1. Sophie aime beaucoup aller au cinéma.

_____

2. Lucien et Gabi ne peuvent pas aller au restaurant (ils n'ont pas d'argent).

_____

3. Les enfants de Noëlle préféreraient jouer au tennis.

_____

4. Liliane et André ont le temps et ils ont envie d'y aller.

_____

5. Florence n'aime pas les jeux de cartes.

_____

6. José est allergique aux œufs.

_____

7. Marianne adore nager.

_____

8. Françoise n'aime pas les bains publics.

_____

9. Raphaël aime beaucoup aller en boîte.

_____

10. Eva n'a pas de lecteur de DVD.

_____

11.9 Now, answer the following questions.

1. Est-ce que vous voudriez aller à la patinoire cet après-midi?

   _____

2. Ça vous dirait d'aller danser samedi soir?

   _____

3. Vous avez envie de voir un film ce soir?

   _____

4. Vous êtes libre ce week-end?

   _____

5. Ça vous dirait d'aller à un match de basket-ball vendredi soir?

   _____

6. Est-ce que vous aimeriez aller au cirque?

   _____

7. Vous avez envie de voir vos amis ce soir?

   _____

8. Ça vous dirait de faire une partie de cartes maintenant?

   _____

11.10 Listen to these people talk about what they did. What did they do, and did they like it or not?

Complete the following chart.

Liste d'activités: une soirée DVD, le cirque, la soirée salsa, la patinoire, le restaurant, le cinéma, les spectacles du Festival d'Avignon

Activité	Jugement positif	Jugement négatif
1.		
2.		
3.		
4.		
5.		
6.		
7.		

11.11 How were the following things? Use **c'était** and expressions such as **vachement chouette,
absolument génial, très bien, super, très beau, carrément nul, ennuyeux, amusant, drôlement bien,
incroyable, atroce,** etc.

> **MODÈLE:**   Comment était le dernier livre que vous avez lu?
>
> C'était intéressant mais un peu long.

1. Comment était le dernier film que vous avez vu?

   _____

2. Comment était votre dernier repas au restaurant?

   _____

3. Comment était votre dernier examen?

   _____

4. Comment était votre dernière soirée avec des amis?

   _____

5. Comment était le dernier cours de français?

   _____

6. Comment était votre voyage le plus récent?

   _____

7. Comment étaient vos dernières vacances?

   _____

8. Comment était le week-end passé?

   _____

11.12 A. Listen to these people. Who is talking about what? Number the following activities as they are mentioned in the recording.

une répétition de théâtre: _____

un jeu de rôle: _____

un atelier de tai-chi: _____

un spectacle de danse: _____

une discothèque: _____

B. Listen again and indicate whether the following people enjoyed what they did or not. Try to take note of some of their comments.

Dialogue	Opinion
1.	
2.	
3.	
4.	
5.	

11.13 Read the following letter that Judith wrote to her friend Lucie. What are the three main expressions that she uses to express her desires?

1. _____

2. _____

3. _____

Salut Lucie,   *Paris, le 10.2.2006*

Comment ça va? Moi, je suis fatiguée de travailler comme une folle. J'en ai marre de ma vie à Paris! J'ai envie de voyager autour du monde, et je vais peut-être prendre une année sabbatique. J'aimerais tellement découvrir d'autres horizons. Et puis je voudrais aussi prendre des cours de batterie et me remettre à étudier l'histoire de l'art. J'ai envie de profiter de la vie parce que pour l'instant je ne vois pas les journées passer. Je refuse de continuer à vivre dans ce stress continuel. Ma vie se résume en deux mots: le travail! Alors j'ai envie de partir loin, peut-être au Mexique . . . je vais chercher un job pour vivre. Je pourrais peut-être donner des cours de français. Enfin voilà, tu vois que je suis en pleine crise! Et toi, ça va? . . . qu'est-ce que tu deviens? Je t'embrasse,

Judith

11.14 Do you share similar feelings as Judith? Do you feel like changing your daily routine? What would you like to change in your life? Write a paragraph about it.

_____

_____

_____

_____

_____

_____

_____

_____

11.15 Complete the following sentences with the words from the list below.

à, au, dans le, au fond de, dans un, à côté de, pas loin, en face de, tout près de

1. Ça te dit d'aller _____ Paris cet été?

2. Mes grands-parents habitent juste _____ chez mes parents: il y a un petit immeuble entre leurs deux maisons, c'est tout!

3. Mes clés sont _____ mon sac, j'ai du mal à les attraper.

4. _____ chez moi, il y a un joli petit parc, on peut y aller à pied en deux minutes.

5. La bibliothèque? Elle n'est _____. Prenez cette rue et tournez à gauche. Vous la verrez là, juste _____ vous!

6. Ma mère habite _____ centre-ville. Elle adore être près de tous les commerces.

7. Le frère de Nadia habite _____ très beau quartier de Bordeaux. J'aimerais y habiter aussi mais les loyers sont trop chers!

8. Il habite _____ 15, rue du Général Leclerc.

11.16 Hélène and Frédéric are going to meet to go to the movies. Put their phone conversation back into order. Note that Hélène's part is in the right order already.

(1) Salut Frédo ! Ça va ?

(2) Ça va bien merci. Dis... ça te dirait d'aller au ciné demain soir ?

(3) Ben, j'sais pas, si on allait voir une comédie, quelque chose d'amusant, parce que je n'ai pas envie de réfléchir.

(4) Ah oui ? Je n'en ai pas entendu parler, mais si ça te dit... pourquoi pas ? C'est amusant ?

(5) Ben... tant mieux si c'est léger ! C'est exactement ce qu'il me faut.

(6) Oh, à la séance de 8 heures, non ?

(7) Parfait, au Trisoir, c'est à côté de chez moi, c'est bien au coin de la rue du Range ?

(8) Dis, on pourrait se donner rendez-vous au bar un peu avant, comme ça on prend quelque chose ensemble, non ?

(9) O.K., rendez-vous à 19 h 30 au Ricou.

(10) À demain !

○ Ben ouais, ça me dirait bien. Pourquoi ? Tu voudrais voir quoi ?

○ D'accord, on se donne rendez-vous à 7 heures et demie au Ricou ?

○ Ça va. Et toi ?

○ Oui, je crois, en tout cas, là tu n'as pas besoin de penser, c'est léger.

○ Oui, c'est ça, près du bar Ricou.

○ O.K., attends, je regarde... oui, ils la passent au Trisoir à 20 h 15, ça te va ?

○ D'accord, à quelle heure tu veux y aller ?

○ D'accord, à demain, salut !

○ Ben d'accord... On pourrait peut-être voir, je sais pas moi, « Le Retour des extraterrestres au pays du soleil ».

11.17 Now imagine your friend Charlie calls you to ask you to go out tomorrow night. Write your part in this phone conversation!

1. **CHARLIE:** Salut, ça va?

   VOUS: _____

2. **CHARLIE:** Super, moi aussi ça va bien. Dis-moi, tu as envie d'aller au cinéma avec moi demain soir?

   VOUS: _____

3. **CHARLIE:** Ben, je ne sais pas, peut-être le dernier film de Woody Allen. Qu'est-ce que tu en penses?

   VOUS: _____

4. **CHARLIE:** Oui, bien sûr, pas de problème, si tu préfères ce film, moi je veux bien le voir aussi.

   VOUS: _____

5. **CHARLIE:** Je pensais qu'on pourrait y aller vers 19h00, ça te va?

   VOUS: _____

6. **CHARLIE:** Pas de problème, on peut y aller après ton travail, disons à 21h00?

   VOUS: _____

7. **CHARLIE:** Parfait! On se retrouve où?

   VOUS: _____

8. **CHARLIE:** D'accord, c'est plus simple comme ça. Donc devant le cinéma à 20h45! À demain!

   VOUS: _____

III. Écoute

11.18 Listen to these sentences. They are all invitations to do something. Can you identify whether the intonation is rising or falling? Listen again and repeat them respecting the intonation.

1. Si on allait au café?

2. Dis Didier, si on allait au cinéma?

3. Et Corinne, si on partait en vacances?

4. Dis donc, si on se faisait un couscous ce soir?

5. Tu aimerais partir en vacances avec moi?

6. Ça te dit de prendre un mois de vacances?

7. Ça te dirait d'aller au théâtre?

11.19 Listen to these sentences. They are all negative responses. Can you identify whether the intonation is rising or falling? Listen again and repeat them respecting the intonation.

1. Non, désolée, je ne peux pas.

2. Désolé, ce soir j'ai du travail.

3. Non, je ne peux pas, je dois aller chez ma grand-mère.

4. Non, c'est dommage, j'ai un rendez-vous chez le dentiste.

5. C'est impossible, je n'ai pas le temps.

6. Je regrette, demain je ne suis pas libre.

7. Désolé, je dois aller faire des courses.

 11.20 Now listen to these sentences and try to identify whether they are invitations or negative responses. Listen a second time and try to jot down the activity that is mentioned.

Activité	Proposition	Refus
1.		
2.		
3.		
4.		
5.		
6.		
7.		
8.		

IV. Stratégies pour mieux apprendre

11.21 We are going to play a game related to leisure activities. Read the rules and start playing!

Règles du jeu

- Mettez-vous en groupes de 4 ou 5.

- Vous avez besoin d'un dé.

- Chaque joueur doit parler 30 secondes sur le thème qui figure sur la case.

- Quand quelqu'un tombe sur le garçon qui court, il court avec lui jusqu'à la case suivante et il relance le dé.

- Les cases prison: vous passez un tour.

- Si le joueur qui doit parler ne dit rien pendant 5 secondes, il recule de 5 cases. On peut se servir de mots qui permettent de maintenir l'attention du public, comme: **ben oui, alors, bon** . . .

- Pendant que le joueur parle sur sa case, les autres doivent réagir, même très brièvement, en disant, par exemple: **oui, peut-être, bien sûr, c'est vrai, non, je ne suis pas d'accord** . . .

VOTRE MEILLEUR(E) AMI(E)

36

QUE PENSEZ-VOUS D'INTERNET ?

LA CUISINE FRANÇAISE / CELLE DE VOTRE PAYS

37

UNE ÉMISSION DE TÉLÉ QUE VOUS N'AIMEZ PAS DU TOUT

38

VOTRE ARTISTE PRÉFÉRÉ(E)

RECOMMANDEZ UN ENDROIT OÙ ALLER MANGER

39

40

UN SPORT

41

30

UN TYPE DE MUSIQUE QUE VOUS DÉTESTEZ

42

VOTRE VOITURE PRÉFÉRÉE

44

43

Strategy

When we speak a foreign language, it is important to know the rules to build correct sentences. But most important of all, you need to speak in a flowing manner in order to communicate efficiently. You should not freeze in the middle of a sentence. Language is a way to establish a relationship with others and to do things with these persons. In fact, spoken language is a sort of game that can work only if the persons involved cooperate and interact. During these interactions, everything happens very quickly. You don't really have time to think about the grammatical rules of the language. The important thing is to speak. Making mistakes is part of learning. The only way to learn how to speak is by speaking!

V. Révisions

11.22 Read the following advertisements for various activities. What would you pick for this weekend and why? What would you not pick and why? Write a paragraph about your choices.

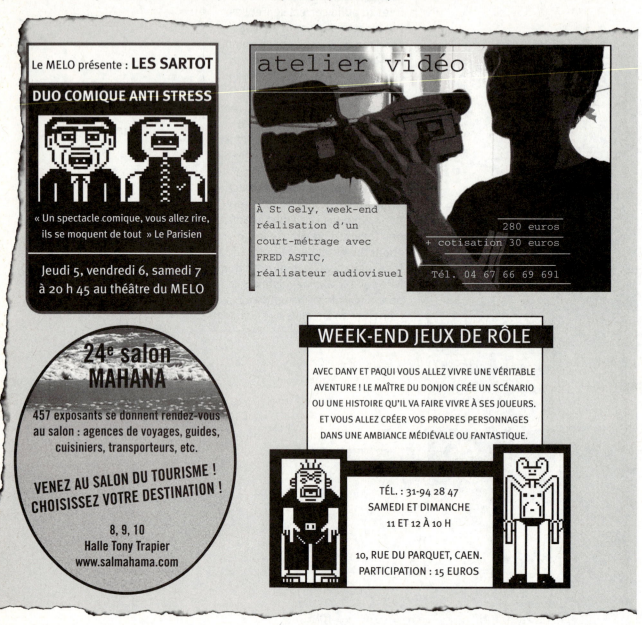

Le MELO présente : **LES SARTOT**

DUO COMIQUE ANTI STRESS

« Un spectacle comique, vous allez rire, ils se moquent de tout » Le Parisien

Jeudi 5, vendredi 6, samedi 7 à 20 h 45 au théâtre du MELO

atelier vidéo

À St Gely, week-end réalisation d'un court-métrage avec FRED ASTIC, réalisateur audiovisuel

280 euros
+ cotisation 30 euros

Tél. 04 67 66 69 691

24e salon MAHANA

457 exposants se donnent rendez-vous au salon : agences de voyages, guides, cuisiniers, transporteurs, etc.

VENEZ AU SALON DU TOURISME ! CHOISISSEZ VOTRE DESTINATION !

8, 9, 10 Halle Tony Trapier www.salmahama.com

WEEK-END JEUX DE RÔLE

AVEC DANY ET PAQUI VOUS ALLEZ VIVRE UNE VÉRITABLE AVENTURE ! LE MAÎTRE DU DONJON CRÉE UN SCÉNARIO OU UNE HISTOIRE QU'IL VA FAIRE VIVRE À SES JOUEURS. ET VOUS ALLEZ CRÉER VOS PROPRES PERSONNAGES DANS UNE AMBIANCE MÉDIÉVALE OU FANTASTIQUE.

TÉL. : 31-94 28 47 SAMEDI ET DIMANCHE 11 ET 12 À 10 H

10, RUE DU PARQUET, CAEN. PARTICIPATION : 15 EUROS

MODÈLE: Ce week-end, ça me dirait d'aller suivre un atelier vidéo, parce que je voudrais apprendre à faire des courts-métrages. Et puis la vidéo, ça m'intéresse . . .

_____

_____

_____

_____

11.23 Some people are chatting online. Can you imagine what the missing sentences could be?

Adresse 🄴 http://www.chatjeune.com

> Ça te dirait d'aller au restaurant demain à 20 heures ?
> C'est un peu tôt, je finis l'entraînement à 8 heures.

a. ....
Ben, désolé, je ne peux pas parce que je suis invité à un anniversaire.

b. ....
Oh, ben ouais, ça me dit, l'idée est super !

c. ....
Allons plutôt au théâtre, ça changerait !

d. ....
Volontiers, j'ai envie de me défouler !

e. ....
D'accord, on se donne rendez-vous à quelle heure ?

f. ....
Desolé, je suis hyper occupé en ce moment, je ne peux pas.

a. _____
_____

b. _____
_____

c. _____
_____

d. _____
_____

e. _____
_____

f. _____
_____

11.24 What was the most fun thing you did this past year? What did you do and how was it? Write one paragraph about it using vocabulary from this unit.

_____

_____

VI. Préparation au DELF

DELF A3. Épreuve écrite 2 / DELF SCOLAIRE 2. Épreuve écrite 2A / DELF B1. Production écrite

This test consists of writing a formal letter in a common situation in your daily life (request for information, letter of complaint, statement of purpose, etc.).

The difference between the DELF A3 and the DELF Scolaire 2A lies in the length of the letter (120–150 words for the former versus 60–80 words for the latter). Other than that, the assignment is the same.

In the case of the DELF B1, the formal letter can be replaced by an informal, friendly letter.

La lettre formelle

Formal letters follow strict rules of presentation and formulation, regardless of their content. It is necessary to memorize a few formulas. Take a good look at the model provided below and keep it as a reference. You can reproduce it for any formal letter you might need to write in French, as well as for the DELF A3 test.

This is what a formal letter should look like:

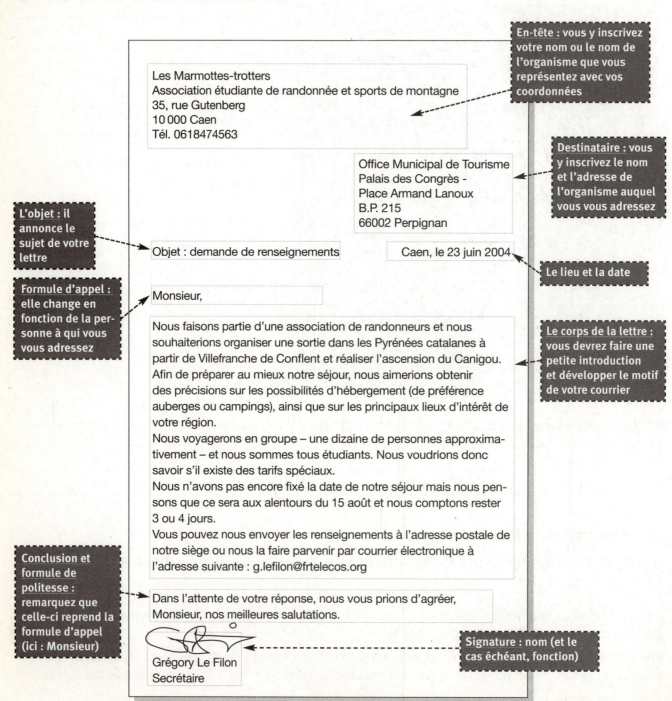

En-tête : vous y inscrivez votre nom ou le nom de l'organisme que vous représentez avec vos coordonnées

Les Marmottes-trotters
Association étudiante de randonnée et sports de montagne
35, rue Gutenberg
10 000 Caen
Tél. 0618474563

Destinataire : vous y inscrivez le nom et l'adresse de l'organisme auquel vous vous adressez

Office Municipal de Tourisme
Palais des Congrès -
Place Armand Lanoux
B.P. 215
66002 Perpignan

L'objet : il annonce le sujet de votre lettre

Objet : demande de renseignements

Caen, le 23 juin 2004

Le lieu et la date

Formule d'appel : elle change en fonction de la personne à qui vous vous adressez

Monsieur,

Le corps de la lettre : vous devrez faire une petite introduction et développer le motif de votre courrier

Nous faisons partie d'une association de randonneurs et nous souhaiterions organiser une sortie dans les Pyrénées catalanes à partir de Villefranche de Conflent et réaliser l'ascension du Canigou. Afin de préparer au mieux notre séjour, nous aimerions obtenir des précisions sur les possibilités d'hébergement (de préférence auberges ou campings), ainsi que sur les principaux lieux d'intérêt de votre région.
Nous voyagerons en groupe – une dizaine de personnes approximativement – et nous sommes tous étudiants. Nous voudrions donc savoir s'il existe des tarifs spéciaux.
Nous n'avons pas encore fixé la date de notre séjour mais nous pensons que ce sera aux alentours du 15 août et nous comptons rester 3 ou 4 jours.
Vous pouvez nous envoyer les renseignements à l'adresse postale de notre siège ou nous la faire parvenir par courrier électronique à l'adresse suivante : g.lefilon@frtelecos.org

Conclusion et formule de politesse : remarquez que celle-ci reprend la formule d'appel (ici : Monsieur)

Dans l'attente de votre réponse, nous vous prions d'agréer, Monsieur, nos meilleures salutations.

Grégory Le Filon
Secrétaire

Signature : nom (et le cas échéant, fonction)

A few important points regarding formal letters

- Do not forget the place and date.

- State the objective of the letter very briefly and very clearly. For instance:

  Objet: Demande de renseignements

  Objet: Demande de brochure

  Objet: Réservation de chambre

- The way you address the person(s) should be:

  Monsieur,

  Madame,

  Messieurs,

  Mesdames,

  Madame, Monsieur,

  You should never add the name of the person. However, you could add his/her title, such as:

  Monsieur le Directeur, / Madame la Directrice,

  Do not forget to add a comma!

- You should start your letter explaining who you are and why you are writing. The body of the letter should sustain a good level of language, with precise questions/comments related to what you are writing about.

- To conclude your letter in a suitable way, use one of the following formulas:

  Dans l' attente de votre réponse, je vous prie d' agréer, Madame (or *Monsieur* or whomever you addressed initially), *mes meilleures salutations.*

  You could also start by saying:

  En vous remerciant d' avance, je vous prie d' agréer, etc.

- Don't forget to sign your letter!

11.25 Let's review. Complete the chart below:

	Oui	Non
1. Je dois mettre un en-tête avec mon nom et mon adresse.		
2. Je dois écrire aussi les coordonnées du destinataire.		
3. Je peux écrire des formules comme **Salut** ou **Cher Pierre**.		
4. Je dois absolument tutoyer la personne.		
5. Je dois toujours écrire **Cher Monsieur**.		
6. Je peux écrire **Je vous embrasse** à la fin de la lettre.		
7. Je dois utiliser l'impératif.		
8. Je dois écrire des formules comme **je vous prie d'agréer** . . .		
9. Je dois signer uniquement avec mon prénom.		
10. Je peux écrire **à très bientôt!**		
11. Je dois indiquer l'objet de ma lettre.		
12. Je dois répéter **Madame** ou **Monsieur** dans la formule finale de politesse.		

11.26 Monsieur Yann Kéris, treasurer of the Association des Amis de la Nature (ADAN), is writing a letter to the president of the Société de Protection des Animaux de la Camargue (SOPACA). He is trying to organize a trip to Camargue for the members of his association, but he is not respecting some important rules about writing formal letters. Can you indicate what changes need to be made?

ADAN
24, rue du Port
56000 Vannes

SOPACA
134, avenue Mozart
13009 Marseille

Bonjour,

_____
_____
_____
_____
_____
_____
_____
_____
_____
_____
_____
_____

Merci et à bientôt,

Yann

1. _____
2. _____
3. _____
4. _____
5. _____
6. _____

ACTIVE VOCABULARY FOR UNITÉ 12

Nouns

l'année (f)	year	le cambriolage	break-in
l'enquête (f)	investigation	le cambrioleur	burglar
l'événement (m)	event	le changement	change
la barbe	beard	le chapeau	hat
la brebis	ewe	le clonage	cloning
la casquette	cap	le/la complice	accomplice
la chemise	shirt	le costume	suit
la chute	fall	le guichet	box office
la Coupe du Monde	World Cup	le jouet	toy
la cravate	tie	le mur	wall
la fumée	smoke	le pantalon	pants
la lune	moon	le revolver	gun
la moustache	moustache	le roman policier	detective novel
la poche	pocket	le témoin	witness
la porte d'entrée	front door	le vol	theft
la robe	dress	les chaussures (f)	shoes
la vedette	star (as in, movie star)	les cheveux (m)	hair
le bateau	boat	les lunettes (f)	glasses
le blouson	jacket		

Adjectives

antérieur(e)	previous	chauve	bald
blond(e)	blond	coupable	guilty
brun(e)	dark-haired	court(e)	short
châtain	brown-haired	féroce	ferocious

frisé(e)	*curly*	malade	*sick*
gros, grosse	*fat*	mince	*slim*
habillé(e)	*dressed*	nerveux, nerveuse	*nervous*
incroyable	*incredible*	raide	*straight*
long(ue)	*long*	roux, rousse	*red-haired*

Verbs

allumer	*to light*	s'enfuir	*to run away*
craindre	*to fear*	se cacher	*to hide*
crier	*to shout*	se garer	*to park*
demander	*to ask*	se marier	*to get married*
deviner	*to guess*	se passer	*to happen*
faire la queue	*to wait in line*	se rappeler	*to remember*
gagner	*to win*	se raser	*to shave*
identifier	*to identify*	se rendre à	*to go to*
inaugurer	*to inaugurate*	se séparer	*to separate*
mener	*to lead*	se souvenir	*to remember*
retirer	*to withdraw*	soupçonner	*to be suspicious*
s'arrêter	*to stop*	tricher	*to cheat*

Some words and expressions

à ce moment-là	*at that moment*	ensuite	*then*
après	*after*	environ	*about*
aussitôt	*as soon as*	Et alors?	*And then?*
avant	*before*	il s'agit de	*it's about*
avoir bonne mine	*to look healthy*	prendre des notes	*to take notes*
comme d'habitude	*as usual*	puis	*then*
contre	*against*	Qu'est-ce qui s'est passé?	*What happened?*
d'abord	*first*	quelque chose	*something*
de taille moyenne	*average size*	soudain	*suddenly*
en courant	*running*	sous	*under*
enfin	*finally*		

I. Étude de vocabulaire

12.1 Inspector Graimet has three suspects in mind. He wrote down their descriptions but instead of certain words, he drew some pictures. Can you find the words in the list below that correspond to his drawings? Write them on his notebook, pointing an arrow to the corresponding drawing.

Il est plutôt: grand, de taille moyenne, petit, gros, mince, maigre

Il a les cheveux: courts, raides, bruns, roux, longs, frisés, blonds, châtains

Il est chauve.

Il a les yeux: verts, bleus, noirs, marron, gris

Il porte: une veste, un blouson, une écharpe, un costume, un pull-over, une robe, une chemise, une cravate, une jupe, un pantalon, un jean, des chaussures, un chapeau, une casquette, des lunettes, une moustache, la barbe

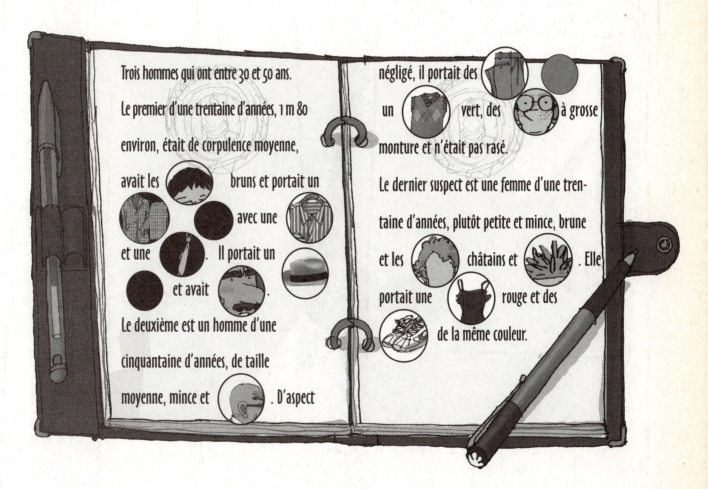

12.2 Here are three written descriptions of other suspects. Draw a picture of each suspect that matches what you have read.

1. Le premier homme recherché par la police est petit et un peu gros. Il a les cheveux bruns, raides et longs et il porte des lunettes rondes. Il porte toujours une casquette et des tennis.

2. La police recherche aussi une femme très grande et très mince. Elle est blonde et a les cheveux longs et frisés. Elle est toujours très élégante et porte des robes longues et de belles écharpes.

3. Notre troisième suspect est un homme chauve, plutôt grand et mince. Il a les cheveux courts, roux et frisés. Il porte une grosse moustache et une petite barbe. Il porte toujours un costume et une cravate.

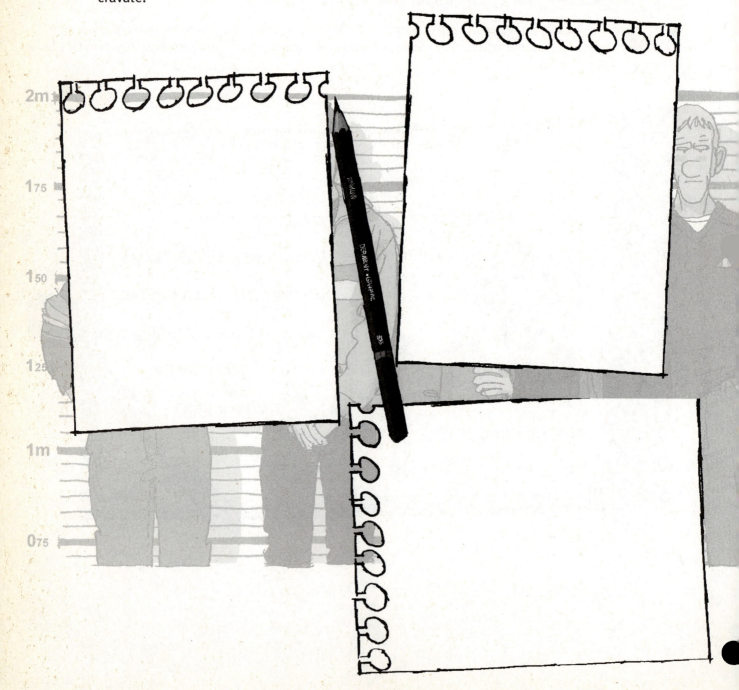

Nom: _____   Date: _____

12.3 Complete the following sentences explaining what you as well as some friends and relatives look like.

1. J'ai les cheveux _____ et _____ .

2. J'ai les yeux _____ et je suis _____ .

3. Pour aller au cours de français, je porte souvent _____ et _____ .

4. Hier, je portais _____ quand je suis allé(e) _____ .

5. Ma mère est plutôt _____ et elle a les cheveux _____ .

6. Mon père est _____ et il a les yeux _____ .

7. Mon ami(e) s'appelle _____ . Il/Elle est _____ et il/elle a les cheveux _____ et _____ .

8. Il/Elle porte souvent _____ .

9. Quand je sors le soir, j'aime porter _____ .

12.4 Corinne and Sabrina are talking and looking at the photos in the textbook page 112, but some words are missing in their dialogue. Can you complete the sentences with the correct words from the list below? Don't forget to conjugate the verbs.

Liste de mots:

le mur, le clonage, la lune, se marier, la Coupe du Monde, craindre, brebis, vedette, gagner, inaugurer

CORINNE: Regarde cette photo, c'est un mariage. Tu sais qui c'est?

SABRINA: Et bien oui, c'est Beckham et Victoria. Ils (1) _____ en 1999.

CORINNE: Ah bon, je ne savais pas que Beckham était marié. Et pourquoi celui-là il a un drapeau sur la tête?

SABRINA: Et bien, il était très content parce que son équipe venait de remporter (2) _____ !

CORINNE: Ah bon, moi, tu sais, le foot ce n'est pas mon truc. Par contre, je connais évidemment ce sportif en bas à droite.

SABRINA: Zut, j'ai oublié son nom!

CORINNE: C'est Lance Armstrong! Il (3) _____ le Tour de France sept fois de suite!

SABRINA: Incroyable, quand même, on se demande comment il a fait, surtout qu'il a eu un cancer avancé ce type!

CORINNE: Ouais. Et c'est qui cette (4) _____ à la remise des Oscars? Je ne connais pas cet acteur.

SABRINA: Mais ce n'est pas un acteur, c'est le réalisateur du *Seigneur des Anneaux*. Tu les as vus les trois films?

CORINNE: Oui, bien sûr, ils sont chouettes. Elle est drôle cette photo, on dirait presque la côte, au bord de la mer. . . .

SABRINA: Oui mais si tu regardes bien, il y a un astronaute, ce qui n'est généralement pas le cas sur la côte! C'est une photo qui date de 1969 quand ils ont marché sur (5) _____.

CORINNE: Et là, qu'est-ce qu'il fait Mitterrand avec la Reine Elizabeth?

SABRINA: Et bien ils (6) _____ le tunnel sous la Manche. Tu l'as déjà pris l'Eurostar pour aller en Angleterre?

CORINNE: Non, jamais, je (7) _____ plutôt ce genre de choses donc je ne le prendrai probablement jamais!

SABRINA: Et là, qu'est-ce qui s'est passé avec ces (8) _____?

CORINNE: Ben, l'une d'elle s'appelle Dolly et c'est le premier (9) _____ très connu dans le monde.

SABRINA: Ah oui, elle est née en 1996, mais elle est morte maintenant.

CORINNE: Et là, c'est quoi ce monument?

SABRINA: C'est le (10) _____ qui divisait Berlin et l'Allemagne de l'Est et de l'Ouest.

12.5 What words do these definitions correspond to?

1. ___ Une personne qui entre dans des maisons pour voler des choses.

2. ___ C'est une personne qui a vu un accident ou un crime.

3. ___ Quand on tombe on en fait une!

4. ___ Quelque chose qu'on a quand on est en plein forme et qu'on se sent bien.

5. ___ Quelque chose qu'on utilise pour aller sur l'eau.

6. ___ Quelque chose qu'on doit faire quand il y a du monde dans un magasin ou à un guichet.

7. ___ Le commissaire doit en mener une quand il y a eu un crime.

8. ___ C'est ce qu'on est quand on est ni petit ni grand.

9. ___ Certaines personnes aiment beaucoup lire ce genre de livres.

10. ___ Certaines personnes doivent en porter pour mieux voir.

a. faire la queue	f. avoir bonne mine
b. des lunettes	g. un cambrioleur
c. un bateau	h. un roman policier
d. de taille moyenne	i. une chute
e. une enquête	j. un témoin

II. Structure

12.6 Se rappeler is a verb that has two stems (**rappell-** and **rappel-**) whereas **se souvenir** has three stems (**souvien-, souven-, souvienn-**). Listen to the conjugation of the verbs and complete the chart below with the correct stems. When you are done writing, listen to the recording again and repeat the verbs.

Se rappeler	Se souvenir
je me _____ -e	je me _____ -s
tu te _____ -es	tu te _____ -s
il/elle/on se _____ -e	il/elle/on se _____ -t
nous nous _____ -ons	nous nous _____ -ons
vous vous _____ -ez	vous vous _____ -ez
ils/elles se _____ -ent	ils/elles se _____ -ent

12.7 Do you remember what you were doing and where you were at the following times? Use the **imparfait**!

MODÈLE: en août dernier

En août dernier, j'étais à Londres. Je suivais un cours d'anglais et j'habitais avec une famille anglaise.

1. il y a un an

_____

2. l'hiver 1998

_____

3. à votre dernier anniversaire

_____

4. il y a cinq ans

_____

5. le 31 décembre 2006

_____

12.8 Inspector Graimet is interrogating seven suspects. Write where each person was yesterday at 10:00 P.M. and what they were doing.

a. À la discothèque   **b.** À un spectacle   **c.** Chez lui/elle   **d.** Au bureau   **e.** Chez quelqu'un
f. En voiture   **g.** Autre part

	Lieu	Ce qu'il/elle faisait
1.		
2.		
3.		
4.		
5.		
6.		
7.		

12.9 Vanessa, a pop singer, is talking about her school memories. Read what she is saying, write down all the verbs from the text that are in the **imparfait,** and give their infinitive. You do not need to repeat the verbs if the conjugation is exactly the same.

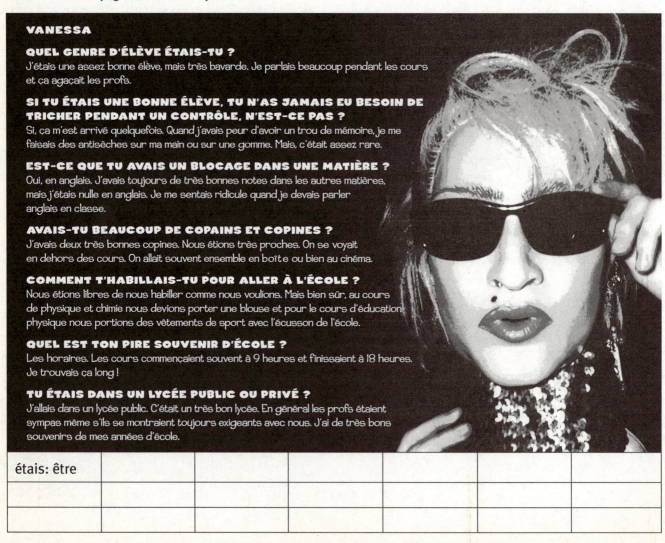

VANESSA

QUEL GENRE D'ÉLÈVE ÉTAIS-TU ?
J'étais une assez bonne élève, mais très bavarde. Je parlais beaucoup pendant les cours et ça agaçait les profs.

SI TU ÉTAIS UNE BONNE ÉLÈVE, TU N'AS JAMAIS EU BESOIN DE TRICHER PENDANT UN CONTRÔLE, N'EST-CE PAS ?
Si, ça m'est arrivé quelquefois. Quand j'avais peur d'avoir un trou de mémoire, je me faisais des antisèches sur ma main ou sur une gomme. Mais, c'était assez rare.

EST-CE QUE TU AVAIS UN BLOCAGE DANS UNE MATIÈRE ?
Oui, en anglais. J'avais toujours de très bonnes notes dans les autres matières, mais j'étais nulle en anglais. Je me sentais ridicule quand je devais parler anglais en classe.

AVAIS-TU BEAUCOUP DE COPAINS ET COPINES ?
J'avais deux très bonnes copines. Nous étions très proches. On se voyait en dehors des cours. On allait souvent ensemble en boîte ou bien au cinéma.

COMMENT T'HABILLAIS-TU POUR ALLER À L'ÉCOLE ?
Nous étions libres de nous habiller comme nous voulions. Mais bien sûr, au cours de physique et chimie nous devions porter une blouse et pour le cours d'éducation physique nous portions des vêtements de sport avec l'écusson de l'école.

QUEL EST TON PIRE SOUVENIR D'ÉCOLE ?
Les horaires. Les cours commençaient souvent à 9 heures et finissaient à 18 heures. Je trouvais ça long !

TU ÉTAIS DANS UN LYCÉE PUBLIC OU PRIVÉ ?
J'allais dans un lycée public. C'était un très bon lycée. En général les profs étaient sympas même s'ils se montraient toujours exigeants avec nous. J'ai de très bons souvenirs de mes années d'école.

étais: être						

12.10 What were all these students doing this morning while the teacher was writing on the board? Use the following expressions and conjugate the verbs in the **imparfait**.

écouter de la musique, se maquiller, jeter un papier, téléphoner, lire un magazine, dessiner, ne pas écouter le professeur

Pendant que le prof écrivait au tableau, _____

_____

_____

_____

_____

_____

_____

_____

_____

Rachid   Jasmine   Ivan   Nathan   Isabelle   Estelle

12.11 A. What were you like when you were 10 years old? Complete the following chart.

	Non	Oui
Habitiez-vous au même endroit qu'aujourd'hui?		
Étiez-vous un(e) bon(ne) élève?		
Aimiez-vous l'école?		
Regardiez-vous beaucoup la télévision?		
Quelle était votre émission préférée?		
Aimiez-vous lire?		
Faisiez-vous du sport? Lequel?		
Aviez-vous beaucoup d'amis?		
Comment s'appelait votre meilleur(e) ami(e)?		
Aviez-vous un chat ou un chien?		
Mangiez-vous beaucoup de bonbons?		
Aviez-vous un jeu préféré? Lequel?		

B. Now, write a paragraph narrating what you indicated on the chart above.

12.12 Compare your life now with what life was like for your grandparents when they were young.

MODÈLE: Aujourd'hui, nous buvons du Coca.

Mais il y a 50 ans, mes grands-parents buvaient de l'eau.

1. Aujourd'hui _____

Mais quand mes grands-parents étaient jeunes, _____

_____

2. Aujourd'hui, _____

Mais en 1950, _____

_____

3. À notre époque, _____

Mais à l'époque de mes grands-parents, _____

_____

4. Aujourd'hui, _____

Mais quand mes grands-parents avaient mon âge, _____

_____

12.13 Annie and Sophie are talking about what they did recently. Conjugate the verbs in parentheses in the **passé composé**.

ANNIE: Tu (1) (passer) _____ un bon week-end?

SOPHIE: Oui, je (2) (aller) _____ au cinéma avec Nico. Et toi?

ANNIE: Thomas et moi (3) (finir) _____ un exposé pour notre cours d'histoire.

SOPHIE: En fait, je (4) (sortir) _____ tous les soirs la semaine dernière et j'
           (5) (mener) _____ une vie de patachon!

ANNIE: Ben pas moi, j' (6) (beaucoup étudier) _____ et je
           (7) (ne pas s'amuser) _____.

SOPHIE: Tu (8) (voir) _____ Liliane et José? Ils (9) (venir) _____ passer
           trois jours à Paris, et tu sais qu'ils ne viennent pas souvent depuis qu'ils habitent à Montréal.

ANNIE: Et bien non, je (10) (ne pas avoir) _____ le temps de les voir malheureusement.

SOPHIE: Ah, c'est dommage, tu sais qu'ils (11) (se marier) _____ l'été dernier?

ANNIE: Oui bien sûr, j'étais à leur mariage.

12.14 Conjugate the following verbs in the **passé composé**. If a verb is conjugated with the auxiliary **avoir,** cross out the letter that precedes the sentence. If you do the exercise correctly, you will discover a secret message!

( )(R)   1. Qu'est-ce que tu (faire) _____ hier soir?

( )(E)   2. Le week-end dernier, nous (aller) _____ à la plage.

( )(J)   3. Nous (voir) _____ un film formidable hier soir à la télé.

( )(X)   4. Ils (se rencontrer) _____ l'année dernière dans une discothèque.

( )(Z)   5. Nous (manger) _____ des spécialités régionales absolument délicieuses.

( )(C)   6. Ce matin, je (ne pas se réveiller) _____ à l'heure.

( )(E)   7. Elle est parisienne, mais elle (ne jamais monter) _____ à la Tour Eiffel.

( )(D)   8. Je/J' (oublier) _____ mon sac avec tous mes papiers dans le train.

( )(L)   9. À quelle heure est-ce que vous (rentrer) _____ hier soir?

( )(U)   10. Tu (ne pas voir) _____ ma chemise verte? Elle n'est pas dans l'armoire.

( )(S)   11. Ils (marcher) _____ pendant cinq heures sans s'arrêter et ils sont très fatigués.

( )(L)   12. Dimanche dernier, il faisait froid alors je/j' (rester) _____ chez moi.

( )(V)   13. Vous (finir) _____ de travailler à quelle heure hier?

E 14. Paul et Virginie (se marier) _____ en 1998.

B 15. Nous (ne pas pouvoir) _____ nous téléphoner.

N 16. Isabelle (naître) _____ à 23h00 le 31 décembre.

T 17. Ce concert est un échec, le public (ne pas venir) _____ très nombreux.

D 18. Je/J' (ne pas bien dormir) _____ cette nuit, il faisait tellement chaud!

Message secret: _____

12.15 Béatrice and Vincent are chatting. Conjugate the following verbs from their dialogue in the **passé composé,** paying attention to potential past participle agreements.

BÉATRICE: Tu (1) (voir) _____ ces livres sur l'étagère?

VINCENT: Oui, pourquoi?

BÉATRICE: Tu les (2) (lire) _____ ?

VINCENT: Non, pas encore.

BÉATRICE: Au fait, les fraises que tu (3) (acheter) _____ au marché étaient très bonnes!

VINCENT: Ah oui? Je ne les (4) (pas encore goûter) _____ .
As-tu téléphoné à Nicole?

BÉATRICE: Oui, je lui (5) (téléphoner) _____ ce matin. Elle m' (6) (parler)
_____ des cours qu'elle prend.

VINCENT: Elle (7) (passer) _____ ses examens?

BÉATRICE: Oui, elle les (8) (passer) _____ mais elle n'a pas encore les résultats.

VINCENT: Est-ce qu'elle a reçu la carte postale qu'on lui (9) (envoyer) _____ pendant nos vacances au Maroc?

BÉATRICE: Oui, elle l' (10) (recevoir) _____ .

12.16 Find the events that changed the following people's habits, tastes, or personalities. Match the sentences and complete the chart.

a.
un jour, j'en ai trop mangé et j'ai fait une grosse indigestion.

b.
l'année dernière j'ai commencé à travailler.

c.
un été, je suis tombée amoureuse d'un Anglais et nous sommes sortis ensemble pendant deux ans.

d.
l'été dernier, je me suis cassé le pied.

e.
il y a deux ans, mon père a changé d'emploi et nous sommes allés vivre à Paris.

1. Avant, je jouais au football trois fois par semaine. Mais _____ et maintenant je ne peux plus jouer.

2. Avant, j'avais les cheveux longs. Mais _____ alors j'ai coupé mes cheveux.

3. Quand j'étais petite, j'adorais les bananes flambées. Mais _____ Depuis ce jour, je ne mange plus de bananes.

4. Il y a quelques années, nous habitions à Chamonix dans les Alpes et en hiver, nous allions souvent skier. Mais _____ Aujourd'hui, nous allons skier seulement une fois ou deux dans l'année.

5. Je n'aimais pas du tout l'anglais quand j'étais au collège et j'avais toujours de mauvaises notes. Mais _____ Aujourd'hui, je parle très bien l'anglais.

Imparfait	Passé composé	Présent
Avant, je jouais au football trois fois par semaine.	L'été dernier, je me suis cassé le pied.	Maintenant, je ne peux plus jouer.

12.17 Complete the stories conjugating the verbs in the **imparfait** or **passé composé**.

A. L'année dernière, Jacqueline (1) (habiter) _____ dans un petit studio. Elle (2) (ne pas payer) _____ cher, mais elle (3) (se sentir) _____ souvent très seule et (4) (ne pas se plaire) _____ dans son studio. Un jour, son amie Christine lui (5) (annoncer) _____ qu'il y (6) (avoir) _____ une chambre de libre dans sa maison. Comme Christine (7) (avoir) _____ deux colocataires et quatre chambres, il (8) (falloir) _____ qu'elle trouve une nouvelle personne. Quand Jacqueline (9) (voir) _____ la chambre à louer, elle (10) (décider) _____ de s'installer chez Christine. La chambre (11) (être) _____ grande et ensoleillée. Elle (12) (déménager) _____ la semaine suivante.

B. Un soir, j' (1) (être) _____ seule à la maison. Tout (2) (être) _____ très calme. Je (3) (lire) _____ mon livre tranquillement tout en buvant un café. Il (4) (pleuvoir) _____ et j' (5) (entendre) _____ le bruit de la pluie contre les fenêtres. Tout à coup, le téléphone (6) (sonner) _____ et j' (7) (sursauter) _____. Ma tasse de café (8) (tomber) _____ et m' (9) (brûler) _____ la jambe. J' (10) (devoir) _____ aller à l'hôpital parce que j' (11) (avoir) _____ très mal. Le docteur (12) (dire) _____ que ma blessure (13) (être) _____ sérieuse et que je ne devrais pas boire de café si chaud.

12.18 Here are some elements to write very short stories. Look at the elements for each situation and put them in order. Using the expressions **d'abord, après, ensuite, puis,** and **enfin,** write out the stories using the **passé composé**.

1. manger mon sandwich / sortir le jambon et le fromage du frigo / acheter du pain / couper une tomate et laver de la salade

   _____

   _____

2. aller en cours de français / rentrer à la maison à midi / passer un examen / prendre le bus à 8h00 / faire la sieste

   _____

   _____

3. prendre une douche / se réveiller à 7h00 / partir au travail / manger des céréales / s'habiller vite

   _____

   _____

12.19 Complete the following story using the past tenses.

Samedi matin, à 8h00, je _____

Ensuite, je _____

Après, vers 11h30, je _____

L'après-midi, entre 14h00 et 16h00, je _____

Et puis, je _____

À 18h00, je _____

Enfin, le soir, je _____

C'était vraiment une bonne journée!

III. Écoute

12.20 A judge is asking Hugo some questions. Listen to the recording and choose the correct answers.

1. Où était Hugo vendredi 27 août à partir de 17h00?

   a. Hugo était chez lui entre 17h00 et 18h30.

   b. Hugo est sorti faire des courses à 17h00.

   c. Un ami est venu chez Hugo à 17h00.

2. Où est-il allé vers 19h00?

   a. Vers 19h00, Hugo est allé voir un copain.

   b. Vers 19h00, Hugo est allé au gymnase pour faire un peu de musculation.

   c. Entre 19h00 et 20h00, Hugo a «chaté» avec des copains sur Internet.

3. Où a dîné Hugo?

   a. Hugo a dîné chez Freddy.

   b. Hugo a dîné dans un bar.

   c. Hugo a dîné chez lui.

4. Qu'est-ce que Hugo a fait ce soir-là?

   a. Hugo est allé au cinéma pour voir le film *Désirs et murmures*.

   b. Hugo n'est pas allé au cinéma ce soir-là.

   c. Hugo est resté chez son copain Freddy jusqu'à minuit.

12.21 Inspector Graimet is leading an investigation about a theft in a jewelry store. He interrogates the store employee. Complete the following sentences using the **imparfait** and the **passé composé**. When you are done, listen to the recording and make sure your choices were correct.

GRAIMET: Alors, dites-moi ce que vous (1) (voir) _____.

L'EMPLOYÉE: Eh bien, je/j'(2) (être) _____ en train de servir un client.

GRAIMET: Il y (3) (avoir) _____ beaucoup de monde dans le magasin?

L'EMPLOYÉE: Euh non, deux clients seulement.

GRAIMET: Continuez!

L'EMPLOYÉE: Alors, deux hommes (4) (entrer) _____.

GRAIMET: Ils (5) (être) _____ comment?

L'EMPLOYÉE: Eh bien, l'un (6) (être) _____ très grand, il (7) (faire) _____ bien deux mètres.

GRAIMET: Vous (8) (voir) _____ son visage?

L'EMPLOYÉE: Non, pas très bien, car il (9) (avoir) _____ une fausse barbe et une perruque rasta.

GRAIMET: Et l'autre homme?

L'EMPLOYÉE: L'autre homme (10) (être) _____ de taille moyenne et très très maigre.

GRAIMET: Il (11) (porter) _____ aussi une fausse barbe?

L'EMPLOYÉE: Non, il (12) (porter) _____ une casquette et une fausse moustache.

GRAIMET: Et qu'est-ce qui (13) (se passer) _____?

L'EMPLOYÉE: Eh bien, ils (14) (sortir) _____ deux armes à feu d'un grand sac de sport et ils (15) (dire) _____ «Haut les mains, c'est un hold-up!»

GRAIMET: Et alors?

L'EMPLOYÉE: Alors nous (16) (lever) _____ les bras.

GRAIMET: Et ensuite?

L'EMPLOYÉE: Eh bien ensuite, pendant que le plus grand nous (17) (surveiller) _____, le plus petit (18) (mettre) _____ les bijoux dans son sac à dos.

GRAIMET: Vous n'avez rien remarqué de particulier?

L'EMPLOYÉE: Ah si, une chose: le plus petit (19) (être) _____ gaucher.

12.22 It is possible to mix up the **imparfait** and the **passé composé** at the first person singular. You will hear a series of 10 verbs. Listen and indicate which one is the first verb you heard and which one is the second.

	Passé composé	Imparfait
a.	j'ai passé	je passais
b.	j'ai parlé	je parlais
c.	j'ai travaillé	je travaillais
d.	j'ai dansé	je dansais
e.	j'ai étudié	j'étudiais
f.	j'ai mangé	je mangeais
g.	j'ai écouté	j'écoutais
h.	j'ai voyagé	je voyageais
i.	j'ai participé	je participais
j.	j'ai acheté	j'achetais

12.23 Indicate whether you hear the **present tense,** the **passé composé,** or the **imparfait.** Check the correct tense and try to write the verb form.

	Présent	Passé composé	Imparfait	Forme verbale
1.				
2.				
3.				
4.				
5.				
6.				
7.				
8.				
9.				
10.				
11.				
12.				
13.				
14.				
15.				

IV. Stratégies pour mieux apprendre

12.24 In exercise 12.11B you wrote a text. How did you proceed to write it? How do you generally proceed to write? Answer the following questions and try to think about the best ways to fully take advantage of writing activities.

1. What do you think of writing activities in a language class?

    a. They are very useful and they help me a lot.

    b. They help me memorize some vocabulary or grammar points.

    c. I think they are useless. I prefer to talk. Writing is boring.

2. Where do you turn for help to write?

    a. I look for similar texts that I will use as models.

    b. I ask people who have more experience than me.

    c. I just write. I don't need a model. It is important to be original.

3. What tools do you use?

   a. a dictionary

   b. a grammar reference and a dictionary

   c. a pen and some inspiration

4. How do you plan your work?

   a. I write the final text directly.

   b. I make a list of themes I will write about, I draw an outline, and I do a couple of first drafts.

   c. I do a first draft and then a final version.

5. When you revise a first draft, do you make lots of changes?

   a. I change lots of things, including the organization of the text, because I think of new topics and new ways to express things.

   b. I hardly change anything, just a few details.

   c. I correct certain details to improve spelling and grammar.

> **Strategy**
>
> It is not easy to face a blank piece of paper when you have to produce a text, even when you write in your native language. It is even more difficult if you must write in a language that you are learning. Therefore, it is important to reflect on how you can improve your strategies and your writing as well as how you can make full use of writing activities to improve your language skills. As you do so, you will be able to develop your writing skills in French.

V. Révisions des Unités 10, 11 et 12 et auto-évaluation

12.25 Conjugate the following verbs in the correct tense: **présent, conditionnel,** or **impératif.**

1. Excusez-moi, Madame, est-ce que vous (pouvoir) _____ me donner l'heure s'il vous plaît?

2. Bob, (ne pas rentrer) _____ tard ce soir, d'accord?

3. À ta place, je leur (téléphoner) _____ pour les prévenir de notre retard.

4. Les touristes (devoir) _____ trouver cette plage superbe quand ils viennent en vacances ici.

5. Ça te (dire) _____ d'aller au cinéma ce soir?

6. Vous trouverez à manger dans le frigo. (se servir) _____.

7. Les personnes qui téléphonent avec leur portable devant moi m' (agacer) _____.

8. Vous (ne pas avoir) _____ l'heure par hasard?

9. (ne te plaindre) _____ pas! Tu as beaucoup de chance d'avoir des copains aussi sympas!

10. Si on allait en France, on (aller) _____ d'abord à Paris, hein?

12.26 Describe your room, using at least eight prepositions to locate objects.

_____

_____

_____

_____

12.27 Complete this e-mail with the following words.

chouettes, piscine, génial, désolée, ça te dit, longtemps, hier soir, rendez-vous, vacances, photos, samedi, après-midi, se retrouver

	< logement >	

⇧▾ ⇩▾   📤 Répondre   📤 Répondre à tous   📨 Renvoyer   🏴 Marquer   🖨 📝 🗑   ▦ Aͭ   📖 Boîte d'entrée   ▼

Salut Nicole!

Oui, merci, les (1) _____ se sont très bien passées. On est rentré (2)

_____ et je suis un peu fatiguée. On a fait plein de trucs, du genre descente

des cascades en canoë et randonnées. Bref, c'était vraiment (3) _____!

Je te montrerai les (4) _____ que j'ai prises avec mon nouvel appareil, elles

sont (5) _____!

Bon, alors pour (6) _____, on pourrait (7) _____ à 4h00 de l'

(8) _____ pour aller nager à la (9) _____, et puis après, si

(10) _____, on pourrait aller voir un film.

Je suis vraiment (11) _____ pour l'autre jour, j'ai complètement oublié notre

(12) _____! J'espère que tu n'as pas attendu trop (13) _____.

Enfin cette fois, c'est moi qui t'invite pour me faire pardonner.

Bises,

Martine.

12.28 The following text is the biography of a famous person. Conjugate the verbs in the **imparfait** or the **passé composé**.

Il (1) (s'appeler) _____ Alphonse mais on le (2) (surnommer) _____

«le balafré» parce qu'il (3) (avoir) _____ une cicatrice sur le visage.

Il (4) (naître) _____ à New York en 1889. À neuf ans, il (5) (quitter) _____

l'école et il (6) (entrer) _____ dans un gang. En 1920, il (7) (aller) _____

vivre à Chicago où il (8) (construire) _____ une organisation qui (9) (contrôler)

_____ le commerce clandestin de l'alcool.

Il (10) (passer) _____ les dernières années de sa vie à Miami où il (11) (mourir)

_____ en 1947.

L'acteur Robert de Niro l'interprète dans le film *Les Incorruptibles*.

Vous savez qui c'est?

 12.29 Auto-évaluation. How comfortable are you with the following points? Review what you are least comfortable with as needed.

Je sais utiliser:	Peu	Assez bien	Bien	Très bien
si on + imparfait				
avoir envie de + infinitif				
le futur proche (aller + infinitif)				
les jours de la semaine				
les moments de la journée et l'heure				

Je sais:	Peu	Assez bien	Bien	Très bien
parler de mes goûts				
décrire l'endroit où j'habite				
m'orienter dans l'espace				
exprimer mes intentions, mes sentiments				
raconter mes expériences				
proposer ou suggérer quelque chose				
accepter ou refuser une proposition				
prendre rendez-vous				
comprendre un récit au passé				
raconter des événements passés				

VI. Préparation au DELF

DELF B1. Compréhension des écrits / DELF SCOLAIRE 2. Épreuve écrite 1B

This test consists of reading and identifying key information in advertisements, instructions, a description of a product, and so forth.

12.30 You want to offer a book to a friend who is learning French. He is not very advanced yet. You know that he likes mysteries, but you are aware that he hates those in which teenagers are the main characters. You have found a Web site of a publisher that specializes in books for students of French as a second language. Look at these four book descriptions and answer the questions below.

L' ange gardien Niveau 1

À Perpignan, un justicier masqué protège les citoyens en danger. Il apparaît toujours au bon moment pour défendre les victimes contre leurs agresseurs. Comment fait-il pour être si bien informé et qu'est-ce qui le motive ? Alex Leroc, qui se trouve à Perpignan pour le mariage de sa sœur, a très peu de temps pour découvrir l'identité de ce Zorro du vingt et unième siècle.

Arthur en danger Niveau 1

Julien, un jeune garçon de 13 ans, se casse la jambe en faisant du roller. On l'emmène à l'hôpital. Arthur, son perroquet, inquiet de la disparition de Julien, part à sa recherche. Mais l'appel de l'aventure est trop fort : au lieu d'aller à l'hôpital, Arthur survole les rues de Paris quand soudain, dans un parc, un homme s'empare de lui : Arthur est en danger !

Un cas Hard Rock Niveau 2

Le groupe de rock « Cirage » a beaucoup de succès. Quand des menaces de mort destinées aux musiciens sont envoyées au magazine l'Avis, Alex, qui les connaît personnellement, sent que le danger est réel. Il veut absolument identifier l'auteur de ces messages. Mais, par où commencer ? Ce sont les titres du dernier CD de Cirage qui vont mettre Alex et Nina sur la piste.

Quartier libre Niveau 3

Aux Deux Tours, une cité de la banlieue parisienne, un professeur de mathématiques propose de préparer un projet multimédia à des élèves issus de milieux familiaux différents, afin de les rapprocher. Va-t-il y arriver ?

1. Est-ce un livre de mystère?

a. *Arthur en danger:* OUI / NON Justification: _____

b. *Quartier libre:* OUI / NON Justification: _____

c. *L' ange gardien:* OUI / NON Justification: _____

d. *Un cas hard rock:* OUI / NON Justification: _____

2. Est-ce que le personnage (humain) principal est un adolescent?

a. *Arthur en danger:* | OUI / NON | Justification: _____
_____

b. *Quartier libre:* | OUI / NON | Justification: _____
_____

c. *L' ange gardien:* | OUI / NON | Justification: _____
_____

d. *Un cas hard rock:* | OUI / NON | Justification: _____

3. Est-ce que le niveau de lecture est adéquat pour ce cadeau?

a. *Arthur en danger:* | OUI / NON | Justification: _____
_____

b. *Quartier libre:* | OUI / NON | Justification: _____
_____

c. *L' ange gardien:* | OUI / NON | Justification: _____
_____

d. *Un cas hard rock:* | OUI / NON | Justification: _____

4. En fin de compte, quel livre avez-vous choisi et pourquoi?

_____

DELF B1. Production écrite (courrier) / DELF SCOLAIRE 2. Épreuve écrite 2B

This written test consists of writing a message (60–80 words). You are given a situation and you need to write a text that will give information and express feelings or personal reactions. The topic is generally related to the DELF 1B (see exercise above).

In this test, you must absolutely not reproduce the model of the formal letter. You need to write a message (an e-mail, for instance) to a friend. The style will thus be informal. Observe the example given below and compare it with the formal letter given in **Unité 11**.

Modèle de courriel:

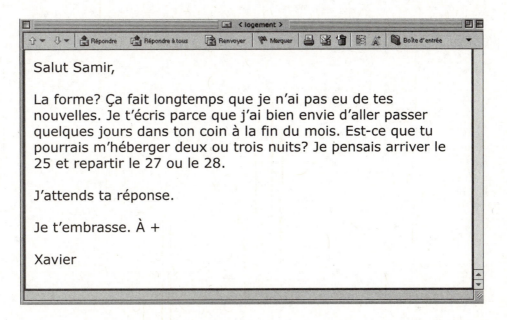

Salut Samir,

La forme? Ça fait longtemps que je n'ai pas eu de tes nouvelles. Je t'écris parce que j'ai bien envie d'aller passer quelques jours dans ton coin à la fin du mois. Est-ce que tu pourrais m'héberger deux ou trois nuits? Je pensais arriver le 25 et repartir le 27 ou le 28.

J'attends ta réponse.

Je t'embrasse. À +

Xavier

12.31 You have finally selected the right book for your friend (refer to exercise 12.30) and you are writing him a short letter that you will send along with the package (60–80 words).

_____

_____

_____

_____

_____

_____

_____

Unité 13
ÇA SERT À TOUT!

ACTIVE VOCABULARY FOR UNITÉ 13

Nouns

l'antivirus d'ordinateur (m)	computer antivirus	le cuir	leather
l'avion (m)	airplane	le fauteuil	armchair
l'écolier, l'écolière	school-aged child	le fer	iron
l'encre (f)	ink	le goût	taste
l'environnement (m)	environment	le grille-pain	toaster
l'invention (f)	invention	le linge	laundry
l'ordinateur (m)	computer	le matelas	mattress
l'ouvre-boîtes (m)	can opener	le mouchoir	handkerchief
la boîte de conserve	canned food	le papier	paper
la boue	mud	le parapluie	umbrella
la brosse	brush	le plastique	plastic
la cafetière	coffeemaker	le portefeuille	wallet
la carte à puce	debit card	le produit	product
la fermeture éclair	zipper	le rasoir	razor (to shave)
la joie	joy	le robinet	faucet
la laine	wool	le sac à dos	backpack
la machine à calculer	calculator	le scotch	tape
la machine à écrire	typewriter	le sèche-cheveux	hair dryer
la machine à laver	washing machine	le siècle	century
la plume	feather	le sol	ground
la tache	stain	le stylo bic	ballpoint pen
la télécommande	remote control	le terrain	lot, field
le bois	wood	le tissu	fabric
le canapé	couch	le trombone	paper clip
le cartable	school bag	le vélo	bike
le carton	cardboard	le verre	glass
le casque de vélo	bike helmet	les ciseaux (m)	scissors
le catalogue de vente	sales catalog	les lunettes de soleil (f)	sunglasses
		les peluches (f)	lint

Adjectives

carré(e)	*square*	léger, légère	*light*
compliqué(e)	*complicated*	lourd(e)	*heavy*
confortable	*comfortable*	maniable	*easy to handle*
congelé(e)	*frozen (referring to food)*	neuf, neuve	*new*
déchiré(e)	*torn*	plat(e)	*flat*
durable	*lasting*	pratique	*convenient*
efficace	*efficient*	propre	*clean*
facile	*easy*	puissant(e)	*powerful*
imperméable	*waterproof*	rond(e)	*round*
incassable	*unbreakable*	surgelé(e)	*frozen (referring to food)*
jetable	*disposable*	utile	*useful*
lavable	*washable*		

Verbs

améliorer	*to improve*	nettoyer	*to clean*
amener	*to bring*	ouvrir	*to open*
calculer	*to calculate*	permettre	*to allow*
chercher	*to look for*	protéger	*to protect*
couper	*to cut*	ranger	*to clean up*
couvrir	*to cover*	salir	*to soil*
cuisiner	*to cook*	se sentir	*to feel*
enlever	*to take out*	se servir de	*to use*
envahir	*to invade*	sécher	*to dry*
exiger	*to demand*	servir	*to serve; to be used for something*
fermer	*to close*		
fuir	*to leak*	tenir	*to hold*
garder	*to keep*	voler	*to fly*
griller	*to grill*		

Some words and expressions

À quoi ça sert?	*What is it used for?*	grâce à	*thanks to*
bon marché (invariable)	*cheap*	pratiquement	*practically*
ça marche	*it works*	quelque chose	*something*
ça se lave	*it can be washed*	sans cesse	*unceasingly*
entièrement	*entirely*	terriblement	*terribly*
extrêmement	*extremely*		

I. Étude de vocabulaire

13.1 A. Match the correct word to each of the following definitions.

l'encre, la cafetière, la machine à laver, la fermeture éclair, le cartable, la télécommande, le fauteuil, le portefeuille, le matelas, le trombone

1. Définition: Cet objet permet de porter des livres, des cahiers et des stylos. Il peut se porter sur le dos ou à la main.

   Objet: _____

2. Définition: Cet objet est très utile pour mettre son argent et ses cartes de crédit. Il est souvent en cuir, mais peut aussi être en tissu.

   Objet: _____

3. Définition: Ce liquide est indispensable pour écrire ou pour imprimer. Il est généralement noir ou bleu, mais peut aussi avoir d'autres couleurs.

   Objet: _____

4. Définition: C'est un objet qui sert à fermer deux parties d'un vêtement. Il se trouve sur des pantalons, des anoraks, etc.

   Objet: _____

5. Définition: C'est un objet généralement confortable, sur lequel on s'assied pour regarder la télé ou lire le journal. Il peut être en tissu ou en cuir.

   Objet: _____

6. Définition: Cet objet se trouve dans une cuisine. Il sert à faire du café et marche souvent à l'électricité.

   Objet: _____

7. Définition: C'est un petit objet en métal ou en plastique qui est utile pour rassembler des papiers et les maintenir ensemble. On le trouve souvent sur des bureaux.

   Objet: _____

8. Définition: C'est un gros objet qui coûte assez cher et qui permet de laver le linge rapidement.

   Objet: _____

9. Définition: C'est quelque chose de confortable sur lequel on s'allonge pour dormir. On le couvre avec des draps et des couvertures.

   Objet: _____

10. Définition: Cet objet est très utile pour les gens paresseux qui n'aiment pas se lever pour changer de chaînes quand ils regardent la télé. Il est souvent petit et noir et marche avec des piles.

    Objet: _____

B. Now it is your turn to write a short definition for the following objects:

1. un mouchoir: _____

2. du scotch: _____

3. une machine à calculer: _____

13.2 What are the following things made of?

   MODÈLE: vos chaussettes: Mes chaussettes sont en coton.

1. votre jean: _____

2. vos chaussures: _____

3. votre canette de Coca-Cola: _____

4. votre montre: _____

5. votre sac à dos: _____

6. votre maison: _____

7. votre sac quand vous faites les courses: _____

8. votre voiture: _____

13.3 What are the following things used for?

   MODÈLE: des lunettes: Ça sert à mieux voir.

1. des ciseaux: _____

2. un frigo: _____

3. un stylo: _____

4. un verre: _____

5. un livre: _____

6. une chaise: _____

7. une assiette: _____

8. un avion: _____

9. un ouvre-boîtes: _____

10. un parapluie: _____

13.4 Describe the following objects, giving as many details as possible. What are they used for? What are they made of? Where could you find them? etc.

1. un casque de vélo: _____

_____

2. un grille-pain: _____

_____

3. un sèche-cheveux: _____

_____

4. une carte à puce: _____

_____

13.5 How would you characterize the following objects? Use the adjectives from the list below, but also feel free to add other adjectives. Make sure to watch for agreements!

Liste d'adjectifs:

plat, rond, carré, long, petit, grand, court, lourd, léger, pratique, incassable, jetable, efficace, imperméable, lavable, utile, confortable, durable, maniable, neuf, vieux, puissant

MODÈLE: Une carte à puce: elle est plate, rectangulaire, légère et pratique.

1. Un rasoir: _____

2. Un parapluie: _____

3. Une voiture: _____

4. Un ballon de football: _____

5. Une bouteille d'eau: _____

6. Une carte de Paris: _____

13.6 Here are some objects you might not use very often. Try to find their names on the chart and explain what they are made of and what they are used for.

Photo num.	Nom de l'objet	Description
	un dé à coudre	
	un anorak	
	un camping gaz	
	du cirage	
1	des allumettes	Elles sont en bois et servent à allumer un feu.
	un arrosoir	
	une ampoule	
	des bretelles	
	un mètre	
	une multiprise	

Nom: _____   Date: _____

13.7 Take a look at the following objects and pick two. Write a short for-sale ad for each one, following the model given for the **ouvre-boîtes**.

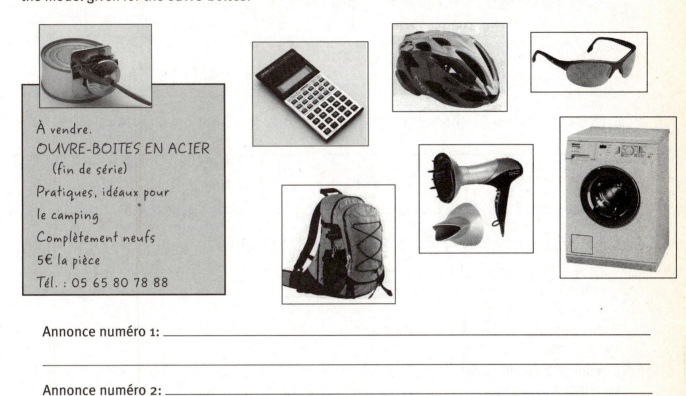

À vendre.
OUVRE-BOÎTES EN ACIER
   (fin de série)
Pratiques, idéaux pour
le camping
Complètement neufs
5€ la pièce
Tél. : 05 65 80 78 88

Annonce numéro 1: _____

_____

Annonce numéro 2: _____

_____

 13.8 A. Charles lost something at school this morning. Listen to his conversation with the custodian and try to identify what object he is referring to. Note that he does not mention the name of the object.

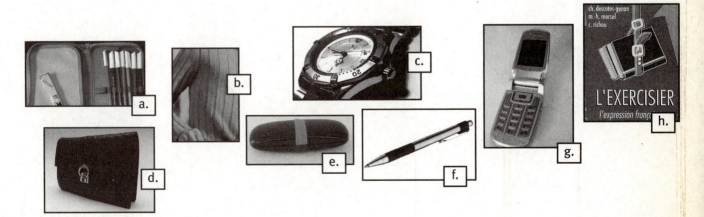

Objets possibles:

une trousse (a), un pull (b), une montre (c), un cartable (d), un étui à lunettes (e), un stylo (f), un téléphone portable (g), un livre (h)

Objet que Charles a perdu:

B. Listen to the recording again and answer the following questions.

1. Est-ce que cet objet est en cuir ou en plastique?

   _____

2. De quelle couleur est la bande au milieu?

   _____

3. Est-ce que Charles l'a laissé dans sa classe de maths ou dans sa classe de français?

   _____

4. Est-ce que c'était le matin ou l'après-midi?

   _____

5. Est-ce que Charles a un problème sans cet objet? Si oui, pourquoi?

   _____

C. Write an ad that Charles could post on a board at school to signal what he has lost.

II. Structure

13.9 Alain's young nephew, Olivier, is spending the day with his uncle and is going around the house, asking questions about various objects. Read Alain's answers and write the question that Olivier could have asked for each answer, using expressions that describe what things are made of, how they work, what they are used for, what they are like, and so on. You may refer to page 239 in your **Mémento grammatical (Livre de l'élève).**

> **MODÈLE:** OLIVIER: Tonton Alain, elle est en quoi, ta montre?
>
> ALAIN: Elle est en argent massif.

1. OLIVIER: _____
   ALAIN: Ça marche avec des piles.

2. OLIVIER: _____
   ALAIN: Ma télécommande est noire, longue et rectangulaire.

3. OLIVIER: _____
   ALAIN: 100% en coton.

4. OLIVIER: _____
   ALAIN: Mon grille-pain est en métal.

5. OLIVIER: _____
   ALAIN: Ça permet de sécher le linge.

6. OLIVIER: _____
   ALAIN: Ça sert à écouter de la musique quand je ne suis pas chez moi.

7. OLIVIER: _____
   ALAIN: Elles sont en cuir.

8. OLIVIER: _____
   ALAIN: Ça marche à l'essence.

13.10 Rewrite the following sentences using a passive pronominal form, as in the model.

> **MODÈLE:** On peut manger ces biscuits avec les doigts.
>
> Ces biscuits se mangent avec les doigts.

1. On peut boire ça à l'apéritif.

   _____

2. On peut porter ce chapeau quand on sort dans un endroit chic.

   _____

3. On peut laver ce pull en machine.

   _____

4. On peut dire ces mots quand on est en colère.

   _____

5. On peut trouver ça en pharmacie.

   _____

13.11 Rephrase the following sentences using the expression **pour + infinitive**.

> **MODÈLE:** Si vous ne voulez pas vous fatiguer, prenez l'ascenseur.
>
> Pour ne pas vous fatiguer, prenez l'ascenseur.

1. Si vous voulez passer des vacances reposantes, allez au bord de la mer.

   _____

2. Si vous ne voulez pas être stressé, prenez une femme de ménage.

   _____

3. Si vous voulez être en bonne santé, faites du sport.

   _____

4. Si vous ne voulez pas trop grossir, ne mangez pas de sucreries.

   _____

5. Si vous ne voulez plus aller en ville pour faire du shopping, utilisez l'Internet.

   _____

13.12 Can you identify the positive causes that make the following things possible? Use the expression **grâce à** and choose from the following list.

mon casque, la calculatrice, le mèl, mes parents, le frigo, mes jambes, mon ouvre-boîtes, l'avion

MODÈLE: Je peux taper mon texte rapidement, grâce à mon ordinateur.

1. Nous pouvons voyager partout dans le monde _____

2. Je peux ouvrir cette boîte de conserve _____

3. Je peux étudier à l'université _____

4. Je peux communiquer avec mes amis en France _____

5. Les aliments restent froids _____

6. _____, ma tête est protégée quand je fais du vélo.

7. Je peux marcher _____

8. _____, je peux faire des additions et des soustractions rapidement.

13.13 Annie likes to give advice to her friends and they often consult with her about various problems. Imagine you are Annie and you are telling them what to do. Use the expression **suffire de**.

MODÈLE: ANDRÉA: Je me sens fatiguée en ce moment.

ANNIE: Il suffit de te coucher tôt le soir et de bien dormir.

1. SOPHIE: Mes chaussures me font mal aux pieds.

ANNIE: _____

2. BERNARD: Je voudrais avoir plus d'argent.

ANNIE: _____

3. CHRISTINE: J'aimerais beaucoup parler espagnol.

ANNIE: _____

4. DAVID: J'ai de mauvaises notes à mes examens.

ANNIE: _____

5. HÉLÈNE: J'aimerais avoir plus d'énergie.

ANNIE: _____

13.14 A. Marc and Valentin have just bought a lottery ticket and they are now dreaming about what they will do with the money if they win. Read their dialogue and conjugate all the verbs in the future tense.

VALENTIN: Ce (être) _____ la belle vie. D'abord, on

(partager) _____ l'argent, et moi, je (placer) _____

ma part dans une banque en Suisse. Puis avec mes meilleurs amis, nous

(faire) _____ le tour du monde. Nous (aller) _____

dans des hôtels quatre étoiles.

Je (s'arrêter) _____ de travailler et je (donner) _____

une partie de l'argent à mes parents. Ils (faire) _____

ce qu'ils (vouloir) _____ avec.

MARC: Moi, je (continuer) _____ de travailler, mais je

(prendre) _____ beaucoup de vacances et j' (acheter)

_____ une grande maison à la plage où il y (avoir) _____ de grandes fêtes tous les

week-ends. Je ne (devoir) _____ plus m'inquiéter pour mes finances. Marie et moi nous (pouvoir)

_____ voyager et nous (voir) _____ plein de choses intéressantes.

B. Now, study the forms of the future tense and complete the chart below.

avoir	vouloir	faire	être
j' _____	je _____	je ferai	je _____
tu auras	tu voudras	tu _____	tu seras
il/elle/on _____	il/elle/on voudra	il/elle/on fera	il/elle/on _____
nous aurons	nous _____	nous ferons	nous _____
vous _____	vous voudrez	vous _____	vous serez
ils/elles auront	ils/elles _____	ils/elles _____	ils/elles seront

devoir	aller	voir	pouvoir	partager
je _____	j' _____	je verrai	je _____	je partagerai
tu devras	tu _____	tu _____	tu pourras	tu _____
il/elle/on _____	il/elle/on ira	il/elle/on _____	il/elle/on _____	il/elle/on _____
nous devrons	nous _____	nous verrons	nous _____	nous _____
vous _____	vous irez	vous _____	vous pourrez	vous _____
ils/elles devront	ils/elles iront	ils/elles _____	ils/elles _____	ils/elles partageront

13.15 A. You are with a fortune-teller who is reading her crystal ball and telling you what will happen to you. Take a look at what she is predicting for you and complete the paragraph with the missing verbs. Note that the verbs on the list are not in order.

Verbes: gagner, se marier, avoir (*twice*), être, faire (*twice*), rencontrer

Votre santé (1) _____ excellente et vous

(2) _____ beaucoup de sport comme d'habitude.

Dans quelques mois, vous (3) _____ une très grande

surprise parce que la même semaine, vous (4) _____

une personne très intéressante et vous (5) _____

à la loterie. Avec cet argent vous (6) _____

un grand voyage dans un pays lointain. À votre retour, vous

(7) _____ avec cette nouvelle personne et vous

(8) _____ six enfants.

B. Do you agree with the fortune-teller? What do you think your life will be like in the next five to ten years? Write a short text below:

Votre travail/vos études: _____

_____

Votre domicile: _____

_____

Votre famille: _____

_____

Autres: _____

_____

13.16 Here are a few topics about which you can make absurd predictions for the future.

    MODÈLE: la vie politique de votre pays

                L'année prochaine, on supprimera les impôts pour toutes les personnes qui pèseront moins de 70 kilos.

    1. le temps qu'il fera

_____

    2. la vie de gens célèbres

_____

    3. la vie dans votre école ou à votre travail

_____

13.17 A. Take a look at the following verbs and check the ones that are in the future tense.

_____ prends	_____ savais	_____ fermera	_____ inviteras
_____ venaient	_____ raconteront	_____ pouvez	_____ travaillerez
_____ pourrez	_____ viviez	_____ arriverons	_____ mettriez
_____ apprendrai	_____ donnerais	_____ allait	_____ partirions

B. Now take the first letter of each verb in the future (make sure to respect the order) and find out what the mystery word is.

_____   _____   _____   _____   _____   _____

13.18 Read the following traffic safety advertisement and place the verbs that appear in boldface on the chart below, organizing them by tenses.

> Si les hommes **étaient** immortels, ils **devraient** vivre chaque jour comme si c'**était** le dernier parce qu'on ne **peut** pas être heureux en sachant que la vie ne **terminera** jamais. Mais comme personne n'**est** immortel et ne le **sera** sans doute jamais, il vaut mieux ne pas prendre de risque. Au volant, **respectez** les limitations de vitesse, vous **ferez** un grand cadeau: la vie.

Conditionnel présent	Présent	Futur	Imparfait	Impératif

13.19 Answer the following questionnaire.

    MODÈLE: une fleur que vous aimez: les roses

  1. un restaurant que vous recommandez: _____

  2. un livre que vous avez lu plusieurs fois: _____

  3. un film qui a beaucoup de succès dans votre pays: _____

  4. un lieu qui est pour vous plein de bons souvenirs: _____

  5. un pays que vous voudriez bien visiter: _____

  6. une chose qui vous passionne: _____

  7. un groupe que vous adorez: _____

  8. une personne que vous admirez: _____

  9. une personne qui vous aime: _____

  10. un objet qui est très important pour vous: _____

13.20 Now it is your turn to write a questionnaire that you can have your instructor or a classmate complete. First complete the sentences, then use the relative pronouns **qui** and **que** as in the examples in exercise 13.19.

  1. une personne _____

  2. un lieu _____

  3. un objet _____

  4. une ville _____

  5. un animal _____

  6. une chose _____

13.21 Complete the following sentences using **qui, que,** or **où**.

  1. Prends la pizza _____ est dans le congélateur!

  2. Voici le robinet _____ le plombier devra réparer.

  3. Veux-tu manger dans le restaurant _____ nous sommes allés la semaine dernière?

  4. La cafetière _____ je viens d'acheter ne marche pas bien.

  5. C'est le prof de maths _____ a dit qu'on pouvait utiliser une calculatrice.

  6. C'est l'ouvre-boîtes _____ je cherche, pas le sèche-cheveux.

  7. Nous irons dans l'hôtel _____ vous vous êtes arrêtés l'année dernière.

  8. Les lunettes de soleil _____ sont sur la table sont celles de Nicole.

13.22 Here is a list of objects. Try to find a commonality between some of them and explain how you grouped them. Follow the example. Write five sentences.

> **MODÈLE:** Ce sont des objets que je porte toujours sur moi: un stylo, des mouchoirs en papier, un téléphone portable.

Liste d'objets:

un ordinateur, une cafetière, un micro-ondes, un bracelet, du scotch, un cadre de photo, un robinet, un jeu de cartes, une lampe, un livre, un réveil-matin, une voiture, une montre, une photo, une fourchette, un couteau, un journal, une armoire, une radio, une lettre, une pièce de monnaie, un verre, un ouvre-boîtes, un cahier, une carte à puce, un casque de vélo, un parapluie, un portefeuille, un trombone, un stylo, des lunettes de soleil

1. _____

2. _____

3. _____

4. _____

5. _____

III. Écoute

 13.23 Listen to the short conversations and number the objects as you identify them.

    a. un fauteuil pliable: _____

    b. un album photo: _____

    c. un tire-bouchon: _____

    d. une montre: _____

    e. une lampe: ___1___

    f. une sorbetière: _____

In French, an **enchaînement** happens when we link two words that follow each other, merging the last consonant of a word, or the last pronounced vowel, with the vowel starting the following word. There are two types of **enchaînement:**
- A consonant-based **enchaînement:** a word ends with a consonant and the next word starts with a vowel
- A vowel-based **enchaînement:** a word ends with a vowel that is pronounced and the next word starts with a vowel

The **enchaînement** modifies the syllabic structure of both words since they are pronounced as one word; that is, there is no pause between the two words. It eases pronunciation and influences the rhythm of the sentence.

13.24 Listen to the consonant-based **enchaînement** with the consonant **r**. Indicate it by underlining the two words that are concerned and repeat the sentences.

1. Leur ami est très grand.

2. Leur avion est arrivé à 4h00.

3. Il est parti sur un bateau.

4. Il s'est assis sur une chaise.

13.25 Listen to the vowel-based **enchaînement**. Indicate it by underlining the two words that are concerned and repeat the sentences.

1. Il travaillera à Paris.

2. Elle vivra à Toulouse.

3. Il habitera à Monaco.

4. Tu partiras à Londres cet été.

13.26 Listen to the following sentences and repeat them. Then change them into the future tense.

1. Tu viens demain?

   _____

2. À quelle heure elle arrive?

   _____

3. Je pars dans deux heures.

   _____

4. Nous regardons la télévision.

   _____

5. Ils ont beaucoup de travail.

   _____

6. On mange vers 8h00.

   _____

13.27 Listen to the following poem and read it out loud.

Et la mer et l'amour ont l'amer pour partage,
Et la mer est amère, et l'amour est amer,
L'on s'abyme en l'amour aussi bien qu'en la mer,
Car la mer et l'amour ne sont point sans orage.

Pierre de Marbeuf (1596–1645)

IV. Stratégies pour mieux apprendre

13.28 Le jeu du Tabou

Trace a line linking some objects on the maze below and guide a classmate so he/she can trace it in his/her workbook. You *cannot* name the objects in your directions. You must use other strategies to explain what the objects are.

Taboo words:

téléphone portable, clefs, cafetière, montre, lampe, réveil, stylo, ski, anorak, réfrigérateur, ouvre-boîtes, cadre, fourchette, lunettes, raquette, ciseaux, bouchon, statue, brosse à dents, mappemonde, pinceau, étui à lunettes, bague

Strategy

Sometimes, we cannot name an object because we don't know its name and we must resort to other strategies to make up for this lack of vocabulary, which is the case in this game.
To talk about something without naming it, we can:

- Talk about its shape and what it is made of
- Say what it is used for
- Say who uses it or who owns it
- Mention something that is similar
- Say where one can find it, and so forth

V. Révision et rédactions

13.29 Name at least three objects that are made out of the following materials.

1. objets en bois: _____

2. objets en cuir: _____

3. objets en plastique: _____

4. objets en verre: _____

5. objets en métal: _____

6. objets en papier: _____

13.30 Read the texts that appear on page 128 in your textbook. Do you also have a small problem that you would like to solve? Write a short text about it (about 30 words).

_____

_____

_____

_____

_____

_____

13.31 Write a short text (about 70 words) about an object that is or was very important to you. How did you get the object? How long have you had it? Why is it important? What is it like?

_____

_____

_____

_____

_____

_____

13.32 A. Here are three descriptions of futuristic objects: **un anorak solaire**, **un réfrigérateur intelligent**, and **un microprocesseur humain**. Can you guess what these products will be able to do? Indicate which object each sentence is referring to.

1. Il captera l'énergie solaire.

_____

2. Il transmettra des références personnelles et professionnelles.

_____

3. Il suggérera des recettes de cuisine.

_____

4. Il donnera une plus grande autonomie à notre téléphone cellulaire et notre ordinateur portable.

_____

5. Il ouvrira la porte de la voiture.

_____

6. Il sera très utile en montagne.

_____

7. Il fera démarrer la voiture.

_____

B. Now read the following text. It is an interview with Monsieur Duquin, head of a group of researchers, which appeared in the magazine *Avenir*. He describes some unusual objects and their uses. After reading the interview, check the answers that you provided above and see if you were right.

AVENIR:

M. Duquin, dernièrement, trois nouveautés ont été présentées par votre équipe de chercheurs. Pouvez-vous nous les présenter?

M. DUQUIN:

Oui, bien sûr. Tout d'abord, nous avons mis au point un anorak solaire qui est recouvert de panneaux solaires qui fourniront l'énergie nécessaire aux équipements que nous transportons sur nous, comme par exemple, le téléphone cellulaire ou l'ordinateur qui bénéficieront ainsi d'une plus grande autonomie. Cet anorak sera très utile par exemple en montagne, puisque sa fonction première est bien entendu de protéger du froid.

AVENIR:

Mais vous avez aussi présenté récemment un réfrigérateur intelligent?

M. DUQUIN:

Oui, un appareil aussi commun que le réfrigérateur sera capable de savoir quels sont les produits stockés. En fonction des aliments disponibles à l'intérieur, il vous suggérera des recettes. Il pourra aussi faire la liste des courses et commandera ce qui est nécessaire au supermarché.

AVENIR:

Ces nouveautés sont assez extraordinaires, mais je crois que la plus étonnante est le microprocesseur humain. Parlez-nous un peu de cet objet insolite.

M. DUQUIN:

Il s'agit d'un microprocesseur qui pourra être introduit dans le corps humain. Il suffira de serrer la main de quelqu'un pour échanger automatiquement ses références personnelles et professionnelles. Cela remplacera en quelque sorte la carte de visite, mais aussi ce système servira de clé d'identification pour ouvrir sa porte de voiture et démarrer, par exemple. En fait, ses applications seront très nombreuses.

AVENIR:

Et quand est-ce que tout cela sera réellement utilisable? Quand est-ce que je pourrai acheter mon réfrigérateur et mon anorak?

M. DUQUIN:

Ce sont des prototypes qui fonctionnent déjà. Bientôt ils seront d'un usage courant!

VI. Préparation au DELF

DELF A3. Épreuve écrite 2 (DELF B1 production écrite) / DELF scolaire 2. Épreuve écrite 2A

13.33 Giancarlo Benedetti et ses amis étudient le français à Paris. Ils veulent profiter des vacances de la Toussaint (novembre) pour sortir de la capitale. Ils ont consulté le site Web de la Maison de la France, www.franceguide.com, et ont décidé d'aller dans les Vosges. Ils s'adressent à l'office de Tourisme de la Lorraine, pour en savoir plus sur le climat en cette saison de l'année et sur les modes de transport et d'hébergement. Rédigez la lettre de Giancarlo (130–150 mots).

_____

_____

_____

_____

_____

_____

DELF B1. Compréhension de l'oral / DELF scolaire 2. Épreuve orale 1

This oral comprehension test consists of listening to three short recordings that are usually about work, leisure, or school, and completing a comprehension questionnaire. There is no oral comprehension test in the DELF A3. If you are preparing for the DELF A4, the oral test is similar to the following exam.

The test rules are very strict: the recording is played and will not be stopped. For each document, you are first given 20 seconds to read the questions. Then you will hear the recording once, have 20 seconds to start answering the questions, and then you will hear the recording a second time. You will then be given one minute to finish answering the questions.

13.34 You will hear three recordings that correspond to three different documents. Listen to each document and check the correct answers.

A. Document 1:

1. Quelle est la nature du document?

   a. un texte lu par un professeur

   b. une rubrique infos à la radio

   c. un extrait de conférence

2. Ce document présente

   a. un insecticide

   b. une nouvelle invention

   c. une carte de paiement

3. Le système fonctionnera si

   a. l'utilisateur montre sa puce

   b. l'utilisateur se trouve à au moins un mètre de la puce

   c. l'utilisateur se trouve à moins d'un mètre de la puce

4. Les banques attendent du public

   a. qu'il n'ait plus peur de payer

   b. qu'il n'utilise plus sa carte traditionnelle

   c. qu'il n'utilise plus de code secret

B. Document 2:

1. Ce document présente

   a. quelqu'un qui annonce un examen de français

   b. quelqu'un qui est en train de faire l'évaluation annuelle de français

   c. quelqu'un qui explique comment s'organisent les examens trimestriels

2. L'examen aura lieu

   a. mercredi 13 de 9h00 à 11h00

   b. mercredi 9 à 13h00

   c. mardi 12 à 9h00

3. L'examen portera sur

   a. les inventions

   b. les dernières choses étudiées en classe

   c. les verbes

4. La rédaction devra contenir

   a. 160 mots

   b. 120 mots

   c. 80 mots

C. Document 3:

1. Ce document présente

   a. deux amis qui parlent d'une fête où ils sont allés

   b. deux amis qui parlent d'un examen

   c. deux amis qui parlent de leurs copines respectives

2. Les lycéens sont

   a. tous les deux contents de leur examen

   b. tous les deux déçus par leur examen

   c. l'un est plutôt content et l'autre non

3. Corinne croit avoir mal fait

   a. l'exercice 7

   b. les fonctions à remplir

   c. l'exercice 13

4. Philippe reconnaît que le jour où la prof leur a annoncé l'examen

   a. il faisait du bruit en classe ou regardait par la fenêtre

   b. il regardait par la fenêtre ou jouait avec son portable

   c. il regardait par la fenêtre ou s'était endormi

Unité 14
JE SERAIS UN ÉLÉPHANT

ACTIVE VOCABULARY FOR UNITÉ 14

Nouns

l'acrobate (m,f)	acrobat	le bœuf	ox
l'agneau (m)	lamb	le carrefour	intersection
l'aveugle (m,f)	blind person	le chemin	path, way
l'entretien (m)	interview	le cirque	circus
l'équilibre (m)	balance	le conseil	advice
l'équilibriste (m,f)	tightrope walker	le cracheur de feu	fire breather
l'ours (m)	bear	le C.V.	résumé
la capacité	capacity	le dresseur	animal trainer
la carpe	carp	le jongleur, la jongleuse	juggler
la carrière	career	le métier	profession
la concentration	concentration	le personnage	character
la confiance	trust	le présentateur, la présentatrice	news anchor
la devinette	riddle	le réflexe	reflex
la gentillesse	kindness	le renard	fox
la limace	slug	le risque	risk, danger
la mule	mule	le roman	novel
la pie	magpie	le singe	monkey
la poignée de main	handshake	le spectacle	show
la retraite	retirement	le vertige	vertigo
la taupe	mole	le/la trapéziste	trapeze artist
la tortue	turtle	les congés payés (m)	paid vacation
le besoin	need		

Adjectives

adroit(e)	dexterous	bavard(e)	talkative
agile	nimble	capable	able
amoureux, amoureuse	in love	courtois, courtoise	courteous
attiré(e)	attracted	créatif, créative	creative

doux, douce	*soft*	muet, muette	*mute*
fainéant(e)	*lazy*	myope	*nearsighted*
fort(e)	*strong*	mystique	*mystical*
généreux, généreuse	*generous*	rusé(e)	*shrewd*
insolite	*out of the ordinary*	sauvage	*wild*
lent(e)	*slow*	sociable	*friendly, sociable*
maladroit(e)	*clumsy*	souple	*flexible*
malin, maligne	*ingenious*	souriant(e)	*smiling*
mignon, mignonne	*cute*	téméraire	*daredevil*
misanthrope	*unfriendly, not sociable*	têtu(e)	*stubborn*

Verbs

annuler	*to cancel*	manquer de	*to lack*
embaucher	*to hire*	obéir	*to obey*
éviter	*to avoid*	prêter	*to loan*
fixer	*to stare*	s'asseoir	*to sit down*
ignorer	*to ignore*	s'excuser	*to apologize*
intervenir	*to intervene*	sourire	*to smile*
klaxonner	*to honk*	traverser	*to cross*

Some words and expressions

ailleurs	*somewhere else*	donner un conseil	*to give some advice*
avoir du sang-froid	*to be very brave/remain calm in the face of danger*	être sûr(e) de soi	*to be self-confident*
		faire du bénévolat	*to volunteer*
avoir le sens de l'humour	*to have a sense of humor*	faire rire	*to make someone laugh*
		garder un secret	*to keep a secret*
avoir le vertige	*to be afraid of heights*	parler en public	*to speak in front of an audience*
avoir peur	*to be afraid*		
avoir tendance à + infinitive	*to have the tendency to*	réellement	*really*
		serrer la main de quelqu'un	*to shake someone's hand*
demander son chemin	*to ask for directions*		
devoir de l'argent à quelqu'un	*to owe someone money*		

I. Étude de vocabulaire

14.1 In the following sentences, you will read about some qualities that are necessary for the positions indicated. In each list, there is one element that should not be there. Underline or circle it.

> **MODÈLE:**   Pour être comédien, il faut avoir de l'imagination, avoir une bonne mémoire, <u>être timide</u>, avoir du charme et avoir le sens de l'humour.

1. Pour être diplomate:

   Il faut avoir du tact, être courtois, manquer de patience, être bavard et être souriant.

2. Pour être sportif professionnel:

   Il faut être en bonne santé, être fainéant, avoir le goût de l'effort, ne pas manquer de discipline et il vaut mieux avoir du courage.

3. Pour être trapéziste:

   Il faut être souple, être fort, être un peu téméraire, avoir beaucoup de sang-froid et avoir le vertige.

4. Pour être chercheur scientifique:

   Il faut avoir de la rigueur, avoir de la persévérance, il faut manquer de connaissances, être sérieux et créatif.

5. Pour être pompier:

   Il faut être courageux, être très mystique, ne pas hésiter à prendre des risques, être fort physiquement, ne pas avoir le vertige.

6. Pour être jongleur:

   Il faut être attentif, être maladroit, être agile, avoir de la discipline et ne pas être lent.

7. Pour être chirurgien:

   Il faut avoir du charme, être précis dans ses mouvements, être résistant physiquement, avoir du sang-froid et ne pas manquer de courage.

14.2 Think of what would be important qualities to have for these two jobs and complete the following sentences.

1. Pour être vendeur dans une animalerie:

   a. Il faut être _____

   b. Il faut aimer _____

   c. Il ne faut pas avoir _____

   d. Il ne faut pas _____

2. Pour être psychologue pour enfants:

   a. Il faut être _____

   b. Il faut aimer _____

   c. Il ne faut pas être _____

   d. Il faut avoir _____

14.3 Circle the correct adjectives in the following sentences:

1. Mon oncle est **fort / sérieux** comme un bœuf.

2. Ce bébé est **gentil / doux** comme un agneau.

3. Ma grand-mère est **têtue / autoritaire** comme une mule.

4. Cette vieille voiture est **lente / belle** comme une tortue.

5. Mon amie est **généreuse / bavarde** comme une pie.

6. Mon frère est **malin / stressé** comme un singe.

7. Ma mère est **rapide / myope** comme une taupe.

8. Ce vendeur est **arrogant / rusé** comme un renard.

14.4 Sandrine and Julie are talking about their new neighbor Éric. One of them mentions positive things about him while the other is rather negative. Listen to their dialogue three times and complete the chart below to the best of your ability.

Ce que Julie aime chez Éric	Ce que Sandrine n'aime pas chez Éric

14.5 What kind of work would be good for you and why? On the other hand, what kind of work would not be good for you? Complete the texts below:

1. Je pense que je peux être _____ parce que je suis _____

   J'ai du/de la _____

   Je n'ai pas peur de _____

   Je sais _____

   Je ne manque pas de _____

2. Pour moi, le métier de _____ ne serait pas bon parce que je ne suis

   pas _____

   Je manque de _____

   Je ne sais pas _____ et j'ai peur de _____

14.6 Complete the following riddles with **comme** or **comment**, and try to guess what we are talking about.

1. Je ne sais pas (1) _____ vous dire qui je suis: je suis petit (2) _____ une fourmi, vert (3) _____ une pomme et rond (4) _____ le soleil. (5) _____ me mange-t-on? À l'eau ou en sauce. En général, on me sert avec les viandes. Qui suis-je?

2. Il est fort (1) _____ un bœuf et peut être dangereux. On peut le trouver à la montagne, surtout en Alaska. Il faut vous mettre en boule (2) _____ un fœtus s'il vous attaque. Savez-vous (3) _____ il s'appelle?

3. Ma carapace est dure (1) _____ de la pierre et je suis lente quand je marche. Quand je suis dans l'eau, je peux nager (2) _____ un poisson. (3) _____ me connaissez-vous? Peut-être m'avez-vous vue à la télévision ou dans un aquarium. Qui suis-je?

4. Il est rusé (1) _____ un renard et souple (2) _____ un acrobate. Il se déplace très vite dans les arbres et il se comporte presque (3) _____ un homme. (4) _____ ne pourriez-vous pas savoir qui c'est!

14.7 A. Listen to the following interview and answer the following questions:

1. Quel est le métier d'Hélène?
   _____

2. Dans quel lieu a-t-elle découvert son talent?
   _____

3. Qu'est-ce qui est nécessaire au niveau physique pour exercer son métier?
   _____
   _____

B. Listen one more time to the interview and try to complete her résumé below.

Nom : Rocher

Prénom : Hélène

Âge : 23 ans

Adresse : 3, rue du Griffon. 69001 Lyon

Num. de téléphone : 04-78-38-93-47

Courriel : helenrocher@wanadoo.fr

Études et formation :

_____

_____

_____

Expériences professionnelles :

_____

_____

Activités extra-professionnelles :

_____

_____

_____

14.8 Read the following job advertisements and complete them with the letters corresponding to the following phrases.

a. de petite taille (1,60 m maximum) ____

b. le sens du relationnel ____

c. un rire très communicatif ____

d. une jolie voix ____

e. une bonne orthographe ____

f. un excellent contact avec les enfants ____

g. d'autorité ____

h. une excellente prononciation ____

i. la littérature ____

Les petites annonces

Emploi _ Emploi _ Emploi

◻ **Lectrice :** Urgent ! Personne malvoyante cherche une lectrice pour lui faire la lecture et rédiger du courrier. Être disponible entre 5 et 9 heures par semaine.
Profil demandé : vous avez _____ et _____. Vous aimez _____

◻ **Hôte / Hôtesse :** Vous porterez le costume d'un personnage de dessin animé, sympathique et de petite taille (Mickey, lutins, nains) pour distraire enfants entre 1 et 4 ans.
Profil demandé : Vous êtes _____ et vous avez _____

◻ **Rieur / Rieuse :** Directeur de théâtre cherche personnes pour déclencher les rires des spectateurs.
Profil demandé : Vous avez _____ et _____

◻ **Veilleur de nuit :** Dans un camping, vous veillez au bon déroulement des soirées et vous faites respecter le calme. Vous surveillez les entrées et les sorties des clients.
Profil demandé : sérieux 20/22 ans ou plus. Anglais courant, espagnol exigé. Vous êtes sympathique mais ne manquez pas _____. Vous avez _____.

II. Structure

14.9 In this phone conversation, Francis is asking his friend Cyril some advice regarding the résumé and statement of purpose that he wants to send to a bank for a summer job. Fill in the blanks with the direct object pronouns that are missing (**le, la, les, l'**).

FRANCIS: Allô! Cyril?

CYRIL: Ouais! Salut Francis, comment ça va?

FRANCIS: Bien, mais j'ai besoin de ton aide. Voilà, je voudrais envoyer un C.V. et une lettre de motivation pour travailler dans une banque cet été, et comme tu as l'habitude de voir des C.V., je peux te poser quelques questions?

CYRIL: Oui, pas de problème.

FRANCIS: Et ben, d'abord, qu'est-ce que je mets: «Chère Madame, Cher Monsieur»?

CYRIL: Non, non, le titre, tu (1) _____ mets au milieu et tu écris: «Madame, Monsieur». C'est plus neutre et formel.

FRANCIS: D'accord, et mon adresse, je (2) _____ mets en haut à droite?

CYRIL: Non, tu (3) _____ mets en haut à gauche. Et à droite, tu mets l'adresse du destinataire.

FRANCIS: Bon. Autre chose: je mets la date à la fin?

CYRIL: Mais non Francis, tu (4) _____ mets toujours en haut à droite, entre l'adresse du destinataire et le titre.

FRANCIS: Et mes diplômes, je (5) _____ mets tous dans le C.V.?

CYRIL: Oui bien sûr, mets- (6) _____ tous, du plus récent au moins récent, et les diplômes de langues aussi, ne (7) _____ oublie pas, c'est de plus en plus important.

FRANCIS: Bon, O.K., j'envoie les photocopies de mes diplômes?

CYRIL: Non, ce n'est pas la peine de (8) _____ envoyer, seulement si on te (9) _____ demande, suite à l'entretien.

FRANCIS: Ah bon. Une dernière question: la lettre, je (10) _____ écris à la main ou je (11) _____ tape sur l'ordinateur?

CYRIL: C'est toujours mieux de (12) _____ écrire à la main, parce que certaines entreprises font une analyse graphologique du candidat. Par contre, le C.V., toujours sur ordinateur, et tu (13) _____ signes de préférence.

FRANCIS: O.K., super, tu me sauves la vie. Bon, je te laisse, à la prochaine!

CYRIL: O.K., au revoir, n'hésite pas à me téléphoner si tu as d'autres questions.

14.10 Frédéric wants to go to a club with his friends Nadia and Hervé. Fill in the blanks with direct and indirect object pronouns (**le, la, les, l', lui, leur**).

1. Frédéric _____ téléphone pour _____ inviter. Ils acceptent.

2. Le soir, il _____ attend à la terrasse d'un café.

3. Ils arrivent. Nadia _____ fait une bise et Hervé _____ serre la main.

4. Ils arrivent au club. Le portier _____ ouvre la porte et _____ laisse entrer.

5. Nadia rencontre sa copine Tanya et elle _____ présente à Frédéric.

6. Frédéric _____ trouve charmante et il _____ invite à danser.

7. Tanya danse avec lui, et elle _____ trouve très sympa.

8. Frédéric _____ téléphone le lendemain pour _____ inviter au cinéma.

14.11 A few weeks later, Tanya is dating Frédéric, and she asks him many questions. Write Frédéric's answers using direct and indirect object pronouns (**le, la, les, l', lui, leur**).

> **MODÈLE:** TANYA: Est-ce que tu écoutes souvent la radio dans ta voiture?
>
> FRÉDÉRIC: Oui, je l'écoute tous les matins en allant au travail.

1. TANYA: Est-ce que tu vois souvent tes parents?

   FRÉDÉRIC: _____

2. TANYA: Est-ce que tu promènes ton chien le matin ou le soir?

   FRÉDÉRIC: _____

3. TANYA: Est-ce que tu téléphones souvent à Hervé?

   FRÉDÉRIC: _____

4. TANYA: Est-ce que tu regardes la télé tard le soir?

   FRÉDÉRIC: _____

5. TANYA: Est-ce que tu écris parfois à tes neveux qui habitent en Allemagne?

   FRÉDÉRIC: _____

14.12 Frédéric also has a few questions for Tanya. Write Tanya's answers using the pronouns **en** and **y**.

> **MODÈLE:** FRÉDÉRIC: Est-ce que tu vas souvent au café?
>
> TANYA: Non, je n'**y** vais pas très souvent.

1. FRÉDÉRIC: Est-ce que tu bois beaucoup de café?

   TANYA: _____

2. FRÉDÉRIC: Est-ce que tu es déjà allée au Canada?

   TANYA: _____

3. **FRÉDÉRIC:** Est-ce que tu aimes aller au cinéma?

   TANYA: _____

4. **FRÉDÉRIC:** Est-ce que tu prends toujours deux sucres dans ton café?

   TANYA: _____

5. **FRÉDÉRIC:** Est-ce que tes parents ont des chats?

   TANYA: _____

14.13 Can you find what words the following pronouns represent in each sentences? Try to match them.

1. ____ J'en bois tous les matins.   **a.** un vélo

2. ____ J'en ai un pour la montagne et un pour la ville.   **b.** les fantômes

3. ____ On y va souvent l'été pour se baigner.   **c.** l'avion

4. ____ On les considère fidèles et bons compagnons.   **d.** à la plage

5. ____ On le prend en général pour partir loin.   **e.** des cadeaux

6. ____ On en offre pour les anniversaires.   **f.** les chiens

7. ____ On en voit la nuit quand le ciel est clair.   **g.** les grands-mères

8. ____ Les Français la mangent sur du pain au petit-déjeuner. **h.** du thé

9. ____ On leur doit les meilleures recettes de cuisine.   **i.** des étoiles

10. ____ Quand on y pense, ils nous font peur.   **j.** la confiture

14.14 Complete the following e-mail using the pronouns **me**, **te**, **l'**, **nous**, **vous**, and **lui**.

Salut Isa,

Tu ne devineras jamais ce qui m'est arrivé : je sors avec une fille ! Oui, je l'ai rencontrée au basket, elle est venue à l'entraînement un jour, je **(1)** _____ ai vue et on a tout de suite sympathisé. Je **(2)** _____ ai expliqué comment fonctionnait le club et elle **(3)** _____ a posé plein de questions. Puis on a commencé à se donner rendez-vous pour aller au ciné, au bowling, faire les boutiques. C'est sublime de trouver quelqu'un qui **(4)** _____ comprend comme ça. En plus, elle a un frère très sympa qui est plus âgé et qui conduit. Alors, il **(5)** _____ emmène en boîte et il **(6)** _____ invite au restaurant. Il est très gentil, il **(7)** _____ a même offert un livre l'autre fois. Je **(8)** _____ le présenterai, tu verras, il **(9)** _____ plaira peut-être. Et ta colocataire au fait, tu en es contente ? Tu **(10)** _____ as parlé de notre soirée crêpes ? Je **(11)** _____ invite bien sûr toutes les deux pour mon anniversaire.

Bon, je **(12)** _____ laisse, j'ai du travail ! La suite au prochain mèl.

À la prochaine, bises.

Claude

14.15 A. Take the following personality test.

Comment serait votre partenaire idéal(e)?

Si vous pouviez avoir un(e) petit(e) ami(e) idéal(e), comment serait-il/elle? Un magazine vous propose ce test de personnalité pour vous permettre de découvrir quel(le) est votre partenaire idéal(e). Choisissez pour chaque question la réponse qui vous correspond le mieux. Cherchez les mots que vous ne connaissez pas dans le dictionnaire si nécessaire.

1. Quelle serait la couleur de ses cheveux?
   a. roux avec des mèches bleues _____ ◯
   b. châtains, blonds ou bruns _____ ☐
   c. aucune importance _____ ▲

2. Il/Elle porterait
   a. des lunettes rondes _____ ◯
   b. des lunettes vertes _____ ☐
   c. pas de lunettes _____ ▲

3. Où le/la rencontreriez-vous?
   a. dans un hôtel 3 étoiles _____ ◯
   b. dans un centre de méditation _____ ☐
   c. sur une plage tropicale _____ ▲

4. Quel métier ferait-il/elle?
   a. jardinier/ère _____ ◯
   b. grand reporter pour un magazine d'aventures _____ ☐
   c. conseiller en image _____ ▲

5. S'il/Si elle vous offrait un cadeau pour votre anniversaire, ce serait
   a. un hamac _____ ◯
   b. une montre en or _____ ☐
   c. un vélo tout terrain _____ ▲

6. Sa plus grande qualité serait d'être
   a. généreux/se _____ ◯
   b. fidèle _____ ☐
   c. perspicace _____ ▲

7. Son pire défaut serait d'être
   a. menteur/euse _____ ◯
   b. gaspilleur/euse _____ ☐
   c. rancunier/ère _____ ▲

8. S'il/ Si elle aimait danser, sa musique préférée serait
   a. le tango _____ ◯
   b. la salsa _____ ☐
   c. la musique techno _____ ▲

9. S'il/Si elle jouait d'un instrument, il/elle jouerait
   a. de la batterie _____ ◯
   b. du piano _____ ☐
   c. de la harpe _____ ▲

10. Son passe-temps favori serait
    a. la lecture _____ ◯
    b. les échecs _____ ☐
    c. le parachutisme _____ ▲

B. Add up your ◯, ☐, and ▲, and find out what your ideal partner would be like.

Si vous avez un maximum de ◯:

Votre partenaire idéal(e) aurait un goût pour l'ordre et serait très détailliste. Il/Elle n'admettrait pas la moindre erreur et serait d'une grande ponctualité. Il/Elle aurait un goût pour le luxe et serait très doué(e) pour les relations publiques. Le travail et la famille seraient les points forts de votre relation.

Si vous avez un maximum de ☐:

Votre partenaire idéal(e) serait un peu intellectuel/le, avec un goût poussé pour l'aventure et les pays exotiques. Il/Elle aurait le sens de l'honneur et serait peut-être un peu possessif/ve. Mais il/elle ne manquerait pas de charme et de fantaisie. Comme vous, votre ami(e) accorderait une grande importance aux loisirs.

Si vous avez un maximum de ▲:

Le/La partenaire idéal(e) serait quelqu'un d'original et alternatif, attiré(e) par le monde mystique et la philosophie. Il/Elle aimerait tout ce qui ne ressemble pas à la routine et serait rebelle et épris(e) de liberté. Il/Elle militerait dans les ONG et voterait écologiste. Son look serait raffiné sans être snob. Il/Elle serait parfois intransigeant(e) mais toujours tendre.

14.16 Read the following student essays. In the last two texts, the students forgot to conjugate the verbs. Can you help them?

Rédaction de l'étudiant A:

Si j'étais un fantôme, je **passerais** à travers les murs et **j'observerais** la vie de mes voisins. Je **dormirais** le jour et je **voyagerais** la nuit dans d'autres pays. Je **jouerais** à faire peur aux bandits qui cambriolent les banques, et **j'apparaîtrais** sur les écrans de télévision au moment des informations. Je **terroriserais** les enfants et **j'entrerais** gratuitement dans les cinémas et les théâtres.

Rédaction de l'étudiant B:

Si j'étais magicien, je (transformer) _____ les forêts en rivières et les rivières en océan. Je (prendre) _____ une cape invisible et je (se mettre) _____ dedans. J' (aller) _____ au pays des sorcières et je (faire) _____ une grande fête dans un château pour tous les magiciens du monde.

Rédaction de l'étudiant C:

Si nous étions des animaux, nous (vivre) _____ sous la terre l'hiver et au printemps, nous (sortir) _____ de notre abri pour respirer l'odeur des fleurs. Nous (avoir) _____ des ailes pour voler, des pattes pour courir et des nageoires pour nager. Nous (être) _____ grands comme l'éléphant, agiles comme le guépard et malins comme le singe. Nous (éviter) _____ de nous trouver parmi les hommes.

14.17 Read the following descriptions of Jonathan, Jérôme, and Jean-Michel, and answer the questionnaire under the texts.

Jonathan

Il a 27 ans et est chômeur. Il touche les allocations chômage. Avant, il travaillait comme camionneur et transporteur pour l'entreprise Pacro. Il est très bricoleur et travaille parfois pour des amis: il fait des travaux, repeint des pièces, répare les machines à laver et aussi les ordinateurs. Il passe beaucoup de temps à surfer sur Internet. Jonathan aime jouer aux cartes, se lever tard et sortir le soir. Il a très bon caractère, il a beaucoup de patience, surtout avec ses petites copines, mais il manque parfois d'initiative. Même s'il déteste les repas de famille, c'est un excellent cuisinier.

Jérôme

Il a un chien, Fido, qui est son grand ami. Il adore faire des promenades dans la campagne avec lui. Jérôme est un excellent alpiniste et il est guide de montagne pendant l'été et professeur de ski en hiver. Il restaure une vieille maison dans les Pyrénées pour en faire un refuge. Jérôme a beaucoup voyagé, il a 31 ans et il ne souhaite pas se marier. Pourtant, il adore les enfants et aimerait en avoir, mais il doute de pouvoir un jour rencontrer la femme de sa vie, car il n'a pas bon caractère. Cependant, il est très sociable, il adore faire la cuisine pour ses amis et il organise en hiver des soirées contes.

Jean-Michel

Il a 40 ans, il est divorcé et père de deux enfants. Jean-Michel habite en ville à Nîmes. Il adore la vie citadine. Il a hérité une fortune de sa marraine et il s'est acheté un voilier il y a deux ans. Le week-end, il emmène ses enfants faire de la voile près de Montpellier. Il travaille dans une librairie et adore les vieux livres, mais il pourrait très bien vivre sans travailler. Il aime dessiner lorsqu'il a le temps. Jean-Michel est assez solitaire, il part parfois plusieurs jours seul en mer. En général, il a beaucoup de succès auprès des femmes. Il n'est absolument pas bricoleur, et n'a pas beaucoup de talent pour la cuisine. Mais il est expert dans l'art des plats surgelés.

Questionnaire: Use **plus, moins, aussi, autant, meilleur**, and **mieux** to complete the following comparisons between the three men. These words can be used more than once if needed.

1. Jean-Michel est _____ jeune que Jérôme.

2. Jonathan est _____ cuisinier que Jean-Michel.

3. Jean-Michel est _____ riche que Jonathan.

4. Jérôme est _____ bricoleur que Jean-Michel.

5. Jonathan a _____ caractère que Jean-Michel.

6. Jonathan et Jérôme sont _____ sociables l'un que l'autre.

7. Jérôme est _____ solitaire que Jean-Michel.

8. Jonathan est _____ sportif que Jérôme.

9. Jonathan a _____ d'amis que Jérôme.

14.18 A. Who do you think would be most likely to answer the following personal ad: Jonathan, Jérôme, or Jean-Michel? Why?

_____

_____

_____

⬛ Jeune femme dynamique et sportive

Passionnée par la nature et par les activités de plein air
Aventurière et indépendante
Cherche homme même style, 25–35 ans
Si possible fortuné, avec sens de l'humour et non fumeur.
Écrire : B.P. 25/35

B. How about you? Complete the following text and explain what kind of person you would like to meet:

Il/Elle serait aussi _____ que Jonathan, aussi _____ que Jérôme, aussi _____ que Jean-Michel. Il/Elle serait moins _____ que _____ , et plus _____ que _____ . Il/Elle aimerait autant _____ que _____ .

14.19 A. Match the dialogues with the drawings, indicating the correct numbers in the bubbles.

Dialogues:

1:
- Bien, alors vous comprenez? La formule est simple.

2:
- Bonjour Madame Legrand, vous allez bien?
- Oui, Marie Laure, et vous?
- Oh très bien, merci, mais j'ai beaucoup de travail en ce moment.

3:
- Alors qu'est-ce que tu veux?
- Je voudrais une glace à la vanille.
- Tu es sûr?
- Oui.

4:
- Alors, Patrick, vous avez fait des études littéraires?
- Oui, après mon bac, j'ai obtenu une maîtrise de philosophie et j'ai commencé mon doctorat.
- Bien, et avez-vous une expérience professionnelle dans l'édition?

5:
- Comment allez-vous, Robert?
- Très bien, et vous? Cela faisait longtemps qu'on ne s'était pas vu, pas vrai?
- Oui, alors, expliquez-moi tout, comment avez-vous réussi à conquérir ces nouveaux marchés?

6:
- Sandrine, ça te dirait d'aller en Grèce en vacances avec moi cet été?
- Oui, justement, je voulais te parler des vacances.

7:
- Alors, tu viens faire un tour en vélo avec moi?
- Ouais, on va où?
- Ben, chez Julie, elle nous attend pour partir en pique-nique.

8:
- Bonjour Bertrand, alors ces ventes?
- Eh bien, Monsieur le Directeur . . . ce n'est pas brillant . . . en effet . . . .
- Comment, Bertrand? Vous n'allez tout de même pas me dire que les ventes ne vont pas bien?

B. Can you explain why **tu** or **vous** is used in each of the above situations?

Raison:	Dialogue numéro:	Tu ou vous?
Rapport entre personnes d'une même famille		
Rapport hiérarchique ou d'autorité		
Respect pour une personne âgée		
Rapport d'amitié		
Quand on s'adresse à plusieurs personnes		
On marque une distance		

III. Écoute

 14.20 A. Listen to this argument between Carine and her sister Sylvie. Repeat each sentence after the recording. What do you notice about the words in bold characters?

CARINE: Tu **me le** prêtes ton baladeur?

SYLVIE: Non, **je ne te le** prête pas.

CARINE: Pourquoi?

SYLVIE: Parce que tu vas **le** perdre.

CARINE: Bon, alors si tu **ne me le** prêtes pas, **je le** dis à maman.

SYLVIE: Oh là là! Bon, si tu lui dis, **je te** donne une claque.

CARINE: Si tu **me** donnes une claque, **je ne te** parle plus.

SYLVIE: Super! Ça **me** fera des vacances!

B. Sometimes, in oral informal speech, the **e** of the article **le** and the pronouns **je, te, me,** and **le** is not pronounced. Listen to the recording one more time and cross out or underline all the **e**'s that are not pronounced.

14.21 Read the following sentences. Given the examples given in the previous exercise, can you predict which **e**'s are not going to be pronounced in oral informal speech? Underline or cross them out.

Listen to the recording and check your answers.

1. Je pars en avion demain pour le Tibet.

2. Tu te trompes, c'est incorrect.

3. Vous ne le comprenez pas.

4. Tu me le donnes, ton stylo?

5. Tu regardes les films en version originale?

6. Je le vois tous les jours à l'arrêt de bus.

IV. Stratégies pour mieux apprendre

 14.22 A. Listen to the following texts twice. The second time you listen, indicate the changes you hear by underlining the words that are different in the second text.

Première version

Bonjour, je m'appelle Lucie, j'ai 33 ans et je suis sans emploi. En fait, j'ai perdu mon emploi parce que l'entreprise a licencié un tiers du personnel. Maintenant je n'ai plus de domicile fixe. C'est assez banal en soi, mais il y a beaucoup plus de personnes dans mon cas que vous ne le croyez.

Je suis un peu révoltée de voir que quand on va mal, il y a peu de chances de s'en sortir. J'essaie de trouver du travail, mais c'est difficile quand on envoie un curriculum sans adresse. J'ai laissé l'adresse de mon frère et son numéro de téléphone, mais je ne peux pas habiter chez lui, il a une famille nombreuse, alors je passe de temps en temps voir si on a appelé, mais rien, il n'y a jamais rien. Une fois, on m'a appelé, mais quand j'ai rappelé trois jours plus tard, le poste était déjà occupé. Oh! Je ne perds pas espoir, un jour je trouverai du travail!

Deuxième version

Bonjour, j' m'appelle Lucie, j'ai 33 ans et j' suis sans emploi. En fait, j'ai perdu mon boulot parc' que la boîte a viré un tiers du personnel. Maint'nant j'ai plus de domicile fixe. C'est assez banal en soi, mais y a beaucoup plus d' personnes dans mon cas que vous l' croyez.

J'suis un peu révoltée d' voir que quand on va mal, y a peu d' chances d' s'en sortir. J'essaie d' trouver un boulot, mais c'est difficile quand on envoie un curriculum sans adresse. J'ai laissé l'adresse de mon frère et son numéro d' téléphone, mais j' peux pas habiter chez lui, il a une famille nombreuse, alors j' passe de temps en temps pour voir si on a appelé, mais rien, y a jamais rien. Une fois, on m'a appelé, mais quand j'ai rappelé trois jours plus tard, l' poste était déjà pris. Oh! J' perds pas espoir, un jour j' trouverais du travail!

B. Compare these two persons: What do you think they are like and why? Can you make guesses related to their social background and/or their education?

> ### Strategy
>
> In French, the way someone talks or reads a text can reveal facts about the person's age and background. Beside informal speech, slang, and various levels of expressions, the way the **e** is elided can situate someone socially. When interpreting roles, actors use this technique to seem more credible and to give a sociocultural dimension to their character.

V. Révision et rédactions

14.23 Smaïn is having a job interview. Can you match Smaïn's answers with the questions that the human resources department chief asked?

1. Si vous deviez choisir entre un bon salaire pour un travail qui ne vous intéresse pas ou un salaire moyen pour un travail qui vous intéresse, que choisiriez-vous? ____

2. Pourquoi avez-vous postulé pour cet emploi? ____

3. Quelle est votre expérience professionnelle? ____

4. Qu'attendez-vous de vos employeurs? ____

5. Depuis combien de temps travaillez-vous? ____

6. Quelles sont vos plus grandes qualités? ____

7. Qu'est-ce que vous devriez améliorer pour être encore plus performant? ____

8. Comment réagiriez-vous si vous voyiez quelqu'un se faire voler son sac dans le métro? ____

9. Si quelqu'un vous insultait en public, comment réagiriez-vous? ____

10. Si vous étiez premier ministre, quelle serait votre priorité? ____

a. Depuis six ans.

b. Franchement, je ne sais pas, ce ne doit pas être facile, je n'aimerais pas exercer cette profession.

c. Peut-être la courtoisie, oui, parfois, je ne suis pas assez courtois avec mes clients, mais avec moi, ils sont hors de danger, ils ne craignent rien.

d. Je le laisserais continuer et passerais mon chemin sans lui prêter attention.

e. J'ai travaillé trois ans comme gardien chez Trutex, puis j'ai été garde du corps de Liliane Jer.

f. Je ferais semblant de ne rien voir, puis je saisirais les malfaiteurs en leur sautant dessus.

g. Le respect et la reconnaissance.

h. Ni l'un, ni l'autre. Je préfère un bon salaire et un métier intéressant.

i. Je suis honnête, souple et rapide.

j. Parce que j'aime ce métier, on se sent responsable et il y a une part de risque.

14.24 Answer the following questions using pronouns (**le, la, l', les, lui, leur, en**, and **y**).

1. Êtes-vous déjà allé(e) au cirque?

   _____

2. Avez-vous le vertige?

   _____

3. Est-ce que vous voyez souvent vos amis?

   _____

4. Faites-vous de la natation?

   _____

5. Allez-vous téléphoner à vos parents ce soir?

   _____

6. Regardiez-vous beaucoup la télé quand vous étiez petit(e)?

   _____

7. Avez-vous déjà envoyé une lettre à votre professeur de français?

   _____

8. Si vous étiez milliardaire, achèteriez-vous l'équipe de football de votre ville?

   _____

14.25 Conjugate the verbs using the correct tenses (you will need to choose between the **imparfait** and the **conditionnel**).

1. Si tu (être) _____ plus sociable, tu aurais plus d'amis.

2. Si Joseph était moins bavard, il (écouter) _____ ses professeurs davantage pendant les cours et il (avoir) _____ de meilleures notes.

3. Si tu me prêtais ton lecteur de DVD, j'y (faire) _____ très attention.

4. S'il faisait beau, nous (pouvoir) _____ faire une promenade.

5. Qu'est-ce que vous (faire) _____, si vous gagniez à la loterie?

6. Si ce trapéziste manquait de concentration, il (tomber) _____ tout de suite.

7. Si j' (être) _____ à la retraite, je ferais du bénévolat.

8. Si vous (être) _____ très agile et que vous (avoir) _____ beaucoup de sang-froid, vous pourriez être équilibriste.

9. Si vous pouviez partir n'importe où dans le monde, où (aller) _____ -vous?

10. Mes parents seraient très contents si je (réussir) _____ à cet examen.

14.26 Write comparisons between the elements indicated, using expressions such as **plus, moins, aussi, autant,** and so on.

> **MODÈLE:** un jongleur et vous
> Un jongleur est plus adroit que moi.
> *ou* Je suis moins adroit qu'un jongleur.

1. les tennis et les chaussures de ski.

   _____

2. le plastique et l'or

   _____

3. le château de Versailles et votre maison

   _____

4. les gâteaux que ma grand-mère prépare et vos gâteaux

   _____

5. un millionnaire et vous

   _____

6. les étudiants de votre cours et vous

   _____

7. J. K. Rowling et vous

   _____

8. des vacances à Tahiti et des vacances à Washington, D.C.

   _____

14.27 Imagine you are applying for a teaching position in a private school. You will have to teach mathematics and French. You are going in for your job interview. Write six questions you will be asked and six answers you would provide to these questions.

_____

_____

_____

_____

_____

_____

_____

_____

_____

_____

_____

_____

14.28 Imagine you are desperate for a job and the only place that is currently hiring is a local circus. What would you do in the circus? Why? Write a short text (about 70 words) about your new life in the circus, using the conditional.

Si je travaillais dans un cirque, je _____

_____

_____

_____

_____

VI. Préparation au DELF

Le DELF A3. Épreuve écrite 2 / Le DELF Scolaire 2. Épreuve écrite 2A

In this test, you will need to send an application letter in reply to a job advertisement (about 150 words for the DELF A3 and about 80 words for the DELF Scolaire). In this letter:

- You will introduce yourself and explain why you are interested in the job.
- You will give important information related to your applying for this job.

As we have noticed with other kinds of letters, there are various rules to observe which you will need to respect. After a brief introduction indicating where you found the advertisement, you will explain why you are interested in this job and you will indicate any previous professional experience you may have in the same field. You can also add that you are sending your résumé along with this letter. Don't forget that whoever reviews the application letters will pay attention to the style of your writing. Don't be afraid to use your imagination.

Imagine that you want to work in France this summer. You found the following ad on the Internet.

Here is a model in which important expressions for an application letter appear in bold.

Référence:	20040823-HOT3505
Mission:	Service en restaurant
Spécialité:	Hôtellerie/Tourisme
Période:	Été
Durée:	Contrat CDD 2 mois
Précisions:	Excellente connaissance anglais oral + notions d'allemand souhaitées
Connaissance:	Expérience dans le secteur
Ville:	Saint-Malo
Comment postuler:	Envoyer candidature à Restaurant Le Flibustier, 16 rue des Remparts, 35000 Saint-Malo

Sofia Papadopoulos
3, rue Irodotou
19300 Aspropygros, Attiki
Grèce
Tél.: (30) 210 55 73 470
sofiappdp@wanadoo.gr

Restaurant le Flibustier
16, rue des Remparts
35000 Saint-Malo

Aspropygros, le 20 mai 2006

Réf.: 20040823-HOT3505
Objet: Candidature de serveuse

Madame, Monsieur,

Suite à votre annonce diffusée sur Internet qui demandait une serveuse pour la saison d'été, **je me permets de vous faire parvenir ma candidature** à ce poste. En effet, je crois remplir les conditions pour réaliser avec satisfaction le travail de serveuse dans votre établissement puisque j'ai déjà eu l'occasion d'occuper cet emploi pendant deux saisons consécutives sur la Côte d'Azur.
Je souhaiterais attirer votre attention sur mon expérience auprès d'une clientèle parlant anglais car notre côte et nos restaurants sont une destination habituelle pour les Britanniques et les Américains.
Quant à l'allemand, même si je ne l'ai pas pratiqué aussi souvent, je pense pouvoir servir sans problèmes les tables des clients germanophones.
Vous trouverez ci-joint un C.V. avec plus de détails sur mon expérience et mes aptitudes.
Dans l'espoir que ma candidature retiendra votre attention, je demeure à votre disposition pour de plus amples renseignements.
Je vous prie d'agréer, Madame, Monsieur, mes meilleures salutations.

Sofia Papadopoulos

14.29 Certain elements from the following application letter have been erased. Try to complete the letter.

Monsieur,

(1) _____ votre annonce publiée dans *Ouest-France* du 28 septembre dernier, je me permets (2) _____ ma candidature au poste d'informaticien.

Dans le C.V. que vous trouverez (3) _____ vous pourrez apprécier, en outre, mon expérience dans la maintenance de réseaux. Je souhaiterais (4) _____ sur ma longue pratique de l'assistance à distance. Je possède une excellente maîtrise de différents langages informatiques, maîtrise que j'ai régulièrement actualisée au cours des stages et formations continues auxquels j'ai assisté.

(5) _____ ma candidature retiendra votre attention, je reste (6) _____ pour de plus amples renseignements.

Je vous prie d'agréer, Monsieur, mes meilleures salutations.

14.30 You would like to do an internship in France for two months. You found the following ad on the Internet. Write a short letter (about 150 words) in answer to the ad.

Référence:	20041015-IND3746
Mission:	Assister responsable clients étrangers
Spécialité:	Distribution Matériel Didactique
Période:	Février/mars
Durée:	2 mois
Précisions:	Indispensable: maîtrise anglais / espagnol écrit et parlé
Connaissances:	Idéal stagiaire
Ville:	Tours
Comment postuler:	Envoyer candidature à: COMEX, Ressources Humaines (à l'at. Mme Baillet), 38 avenue Aragon, 37000 Tours

Unité 15
JE NE SUIS PAS D'ACCORD!

ACTIVE VOCABULARY FOR UNITÉ 15

Nouns

l'adepte (m, f)	*disciple*	le feuilleton	*soap opera*
l'animateur, l'animatrice	*show host*	le film	*movie*
l'antenne (f)	*antenna*	le jeu	*game*
l'audimat (m)	*number of listeners/ viewers*	le journal télévisé	*TV newscast*
		le mot-clé	*keyword*
l'écran (m)	*screen*	le piercing	*piercing*
l'émission (f)	*TV show*	le point de vue	*point of view*
l'inquiétude (f)	*worry*	le présentateur, la présentatrice	*news anchor*
l'insomnie (f)	*insomnia*		
l'opinion (f)	*opinion*	le reportage	*TV report*
la chaîne	*channel*	le sujet (abordé)	*topic*
la jeunesse	*youth*	le tatouage	*tattoo*
la peau	*skin*	le téléfilm	*made-for-TV movie*
la pub(licité)	*advertisement*	le téléspectateur, la téléspectatrice	*TV viewer*
la série	*TV series*		
la télé réalité	*reality TV*	le toit	*roof*
le but	*goal*	le/la protagoniste	*main character*
le dessin animé	*cartoon*	le/la télémaniaque	*TV addict*
le docteur	*doctor*	les jeunes (m)	*youth*
le documentaire	*documentary*		

Adjectives

connu(e)	*known*	égal(e)	*equal*
culturel(le)	*cultural*	inconnu(e)	*unknown*

insolite	*strange, weird*	recommandable	*advisable*
interdit(e)	*forbidden*	retransmis(e)	*rebroadcast*
pareil(le)	*same*	sain(e)	*healthy*
préoccupé(e)	*worried*	véritable	*real*

Verbs

alimenter	*to feed*	former	*to train*
annoncer	*to announce*	influencer	*to influence*
choquer	*to shock*	interdire	*to forbid*
commenter	*to comment*	modifier	*to modify, to change*
contester	*to protest*	rêver de	*to dream*
contredire	*to contradict*	s'inquiéter de	*to worry*
diffuser	*to broadcast*	se préoccuper de	*to worry about*
discuter de	*to discuss*	se révolter	*to rebel*
distraire	*to entertain*	tourner	*to film*
enregistrer	*to record*		

Some words and expressions

à l'avance	*early on*	en tant que	*as a*
c'est-à-dire	*that is to say, i.e.*	être accro (*slang*)	*to be hooked on*
Comment ça?!	*What do you mean? How come?*	être d'accord	*to agree*
		la plupart de	*most of*
contre	*against*	même si	*even if*
d'ailleurs	*moreover, besides*	par conséquent	*therefore*
d'après moi	*in my opinion*	par contre	*however*
d'emblée	*from the beginning*	par rapport à	*in relation to*
d'un côté . . . d'un autre côté	*on one side . . . on the other side*	partager l'avis de quelqu'un	*to share someone's views*
d'une part . . . d'autre part	*on the one hand . . . on the other hand*	passer à la télé	*to be on TV*
en avoir ras-le-bol de (*slang*)	*to be fed up with*	pour	*for*
en effet	*indeed*	se mettre devant le petit écran	*to sit in front of the TV*

I. Étude de vocabulaire

15.1 Here are some words that are related to the world of television. Find the correct definition for each word.

1. _____ la pub

2. _____ un téléfilm

3. _____ l'audimat

4. _____ la grille des programmes

5. _____ l'antenne

6. _____ un écran

7. _____ les chaînes

8. _____ la télécommande

9. _____ le journal télévisé

10. _____ une rediffusion

11. _____ un feuilleton

12. _____ un téléspectateur

a. Il a différentes tailles selon les télévisions et au cinéma, il est très grand.

b. On l'utilise pour changer de chaîne.

c. C'est une personne qui regarde la télé.

d. C'est le nombre de personnes qui regardent/écoutent une certaine émission.

e. Il nous permet de connaître les actualités.

f. Un film qui n'est pas fait pour le grand écran.

g. Elle aide à vendre des produits de toutes sortes.

h. Quand une émission passe à nouveau.

i. Elle nous présente tout ce qui passe à la télé.

j. Il en existe beaucoup et on peut les changer.

k. Elle est sur le toit et permet de capter les émissions.

l. Une sorte de film de qualité inférieure qui passe à la télé en plusieurs fois.

15.2 Organize the following expressions in the chart below. Some indicate agreement, others disagreement or doubt.

Tu crois?
Tout à fait.
C'est possible, mais . . .
Certainement.
Je n'en suis pas si sûr(e).
Je n'y crois pas, moi.
Évidemment.
C'est clair.
Bien sûr.
Mais pas du tout.
Sans aucun doute.
Bien entendu.
Absolument.
Pourquoi pas, mais . . .
Je suis carrément contre.

Être d'accord	Douter/être sceptique	Être en désaccord
c'est clair		

15.3 Listen to the following opinions and write down the reactions you hear. Then indicate whether they express agreement or disagreement by circling the correct word.

1. En France, si on veut aller à l'université, on doit avoir le bac?

   Réaction: _____ Accord / Désaccord?

2. La solution: installer des péages à l'entrée des villes pour les voitures particulières.

   Réaction: _____ Accord / Désaccord?

3. Ce n'est pas en augmentant le prix du tabac que les gens arrêteront de fumer.

   Réaction: _____ Accord / Désaccord?

4. Monsieur Dupont, vous devriez changer de stratégie commerciale.

   Réaction: _____ Accord / Désaccord?

5. L'euro a provoqué une augmentation du coût de la vie.

   Réaction: _____ Accord / Désaccord?

6. Et vous croyez que la tendance à la hausse du prix du pétrole va continuer?

   Réaction: _____ Accord / Désaccord?

7. On devrait augmenter le nombre de jours fériés dans l'année.

   Réaction: _____ Accord / Désaccord?

15.4 React to the following statements, using expressions from the two previous exercises, and show your agreement or disagreement.

1. Les piercings sont dangereux pour la santé.

   Votre réaction: _____

2. Il n'y pas assez de chaînes à la télé.

   Votre réaction: _____

3. Tout ce qui passe à la télé est excellent pour les enfants.

   Votre réaction: _____

4. Il vaut mieux lire que de regarder la télé.

   Votre réaction: _____

5. Les Américains n'ont pas assez de vacances.

   Votre réaction: _____

6. L'université devrait être moins chère.

   Votre réaction: _____

7. Fumer est très cool.

   Votre réaction: _____

8. Ce serait chouette si les pubs ne coupaient pas les films à la télé.

   Votre réaction: _____

15.5 Boris and Cédric are disagreeing about the importance television has in Cédric's life. Choose the words and expressions that would be correct in their dialogue.

BORIS: Cédric, tu as l'air (1) **préoccupé / pareil** aujourd'hui. Qu'est-ce qui ne va pas?

CÉDRIC: Oh, ben hier soir j'ai voulu (2) **enlever / enregistrer** un match de foot mais mon magnétoscope ne marchait pas, donc ça m'énerve. Je voulais vraiment voir ce match.

BORIS: Franchement, moi, ça (3) **m'inquiète / m'arrête** de voir que la télé peut contrôler nos vies à ce point! Ce n'est pas (4) **sûr / sain** d'être (5) **connu / accro** comme ça!

CÉDRIC: Ce n'est pas ça, mais moi, j'aime vraiment le sport et je ne loupe pas les matchs de foot. Mais comme je ne suis pas toujours chez moi aux heures où les matchs sont (6) **retransmis / redonnés**, je compte sur mon magnétoscope pour pouvoir les voir plus tard.

BORIS: Oui mais quand même, ce n'est pas normal que tu sois de mauvaise humeur parce que tu as loupé ce match. C'est une (7) **véritable / joviale** dépendance mon vieux!

CÉDRIC: Mais non, je te dis que moi, je veux simplement voir les matchs. La télé ne contrôle pas toute ma vie. On peut (8) **dire / discuter** d'autre chose?

BORIS: Mais enfin, arrête de me (9) **contester / contredire**! Tu vois bien que tu as un problème et que tu essayes d' (10) **éviter / irriter** le sujet.

CÉDRIC: Bon, j'en ai (11) **ras-le bol / raz-de-marée** de tes idées Boris, je rentre chez moi regarder la télé!

15.6 Which connecting words would you use in these sentences? Choose from the following list.

d'ailleurs, en effet, par conséquent, c'est-à-dire, par contre, même si, car, d'une part . . . d'autre part, au contraire, on sait que

1. La télé continue à couper les films avec des pubs _____ le public souhaite que ces interruptions disparaissent.

2. Alain trouve que les émissions de télé sont de moins en moins intéressantes. _____, il s'est acheté un lecteur DVD.

3. On peut avoir de sérieuses infections à cause d'un piercing, _____ il y a beaucoup de docteurs qui n'aiment pas cela.

4. La télé a des aspects négatifs: _____, elle encourage l'inactivité physique et _____, les gens lisent moins.

5. Monique déteste les reality-shows, mais _____, elle adore les reportages.

6. Il faut bien réfléchir avant de se faire un tatouage _____ on peut le regretter plus tard.

7. La télé occupe une place très importante dans nos vies, _____ que nous passons trop de temps à la regarder.

8. _____ la violence n'est pas une bonne chose à montrer aux enfants. _____, il faudrait limiter les émissions violentes aux heures pendant lesquelles les enfants dorment.

9. Tout n'est pas mauvais à la télé, _____ il y a d'excellentes émissions culturelles par exemple.

II. Structure

15.7 A. Choose the correct structures for the following sentences.

1. Je souhaite

   a. que tu réussisses tes examens.

   b. que tu réussis tes examens.

2. Il aimerait

   a. que nous participions à sa fête.

   b. que nous participons à sa fête.

3. C'est possible

   a. que les enfants vont au cinéma.

   b. que les enfants aillent au cinéma.

4. Je ne crois pas

   a. que je puisse venir.

   b. pouvoir venir.

5. Je suis sûr

   a. que tu viennes.

   b. que tu viendras.

6. Je ne pense pas

   a. que vous connaissiez cette personne.

   b. que vous connaissez cette personne.

7. Il faut

   a. que nous parlions sérieusement.

   b. que nous parlons sérieusement.

8. Je suis contente

   a. qu'il peut voir ses parents.

   b. qu'il puisse voir ses parents.

B. Reflecting on the examples given above, complete this chart.

	Vrai	Faux
1. All subjective forms are formed on the basis of the **imparfait**.		
2. Generally, we use the third person plural of the present of the indicative to form the subjunctive (except for **nous** and **vous**).		
3. There are no irregular forms in the subjunctive.		
4. In the subjunctive, we use the **nous** and **vous** forms of the **imparfait**.		
5. After verbs expressing opinion, the subjunctive is used systematically.		
6. If the subject is the same in both clauses, the infinitive is used in the second clause.		
7. The subjunctive is used to express necessity, possibility, will, and emotions.		

15.8 Annie has a very large family and she feels that things are getting out of hand. She wants the children to behave better and she also needs help around the house. During a family meeting, she expresses some wishes, doubts, and feelings. Rewrite the sentences using the subjunctive in the second clause.

> **MODÈLE:**   Robert, je veux (tu / aller à la banque)
> Robert, je veux que tu ailles à la banque.

1. Antoine, je ne veux pas (tu / sortir trop tard le soir avec tes amis)

   _____

2. Mimi et Vincent, je voudrais (vous / être à l'heure le matin)
   Je ne veux pas que (vous / arriver en retard à l'école)

   _____

   _____

3. Xavier, j'aimerais (tu / prendre le temps de faire ton lit le matin)

   _____

4. Sonia, il faut absolument (tu / se brosser les dents tous les soirs)

   _____

5. Je voudrais (nous / jardiner ensemble tous les week-ends)

   _____

6. Jacques, j'aimerais (tu / mettre la table et faire la vaisselle ce soir)

   _____

15.9 Transform the following sentences according to the model.

> **MODÈLE:** Fais tes devoirs!
>   Il veut que tu fasses tes devoirs.

1. Soyez sages!

   Le maître veut que les enfants _____ sages.

2. Je ne peux pas venir.

   Nous ne croyons pas qu'il _____ venir.

3. Allez au guichet 3.

   L'employé veut qu'ils _____ au guichet 3.

4. Nous ne voulons pas vous accompagner.

   Nous ne pensons pas qu'ils _____ nous accompagner.

5. Tu dois savoir parler français pour cet emploi.

   Il faut que tu _____ parler français pour cet emploi.

6. Faites ce travail pour la semaine prochaine.

   Il veut que nous _____ ce travail pour la semaine prochaine.

7. Nous avons une voiture.

   Nous aimerions bien que vous _____ une voiture.

8. L'entrée du concert vaut 15€.

   Je ne crois pas que l'entrée du concert _____ si peu.

15.10 Match the sentences, paying attention to the verb forms.

1. Je crois _____

2. Tu devrais _____

3. Nous voulons _____

4. Il ne pense pas _____

5. Il nous demande _____

6. J'espère _____

7. Il ne faut pas _____

8. Il lui a demandé _____

a. pouvoir venir avec nous à la fête parce qu'il a trop de travail.

b. qu'il est vraiment content de partir en Hongrie pour un an.

c. d'être présents à la réunion.

d. trouver un travail rapidement parce que je n'ai plus d'argent.

e. essayer de lui rendre visite plus souvent. Il est toujours content de te voir.

f. te fâcher si facilement. Il faut être patient avec les enfants.

g. que notre fils aille en colonie de vacances cette année mais il ne veut pas.

h. d'être prête à 10h00. Il est 9h45 et elle n'est toujours pas levée!

15.11 Véronique is a very supportive mother who always hopes that her daughter Andréa's wishes will come true. Follow the model and write what Véronique would say to Andréa, making all necessary changes.

> **MODÈLE:** ANDRÉA: J'aimerais faire du cheval.
>
> VÉRONIQUE: Moi aussi, j'aimerais que tu fasses du cheval.

1. ANDRÉA: Je souhaite partir en Autriche cet été.

   VÉRONIQUE: Moi aussi, je souhaite que tu _____

2. ANDRÉA: Je voudrais bien apprendre à conduire bientôt.

   VÉRONIQUE: Moi aussi, je voudrais bien que tu _____

3. ANDRÉA: Je ne pense pas pouvoir travailler cet été.

   VÉRONIQUE: Moi non plus, je ne pense pas que tu _____

4. ANDRÉA: J'aimerais bien aller chez Mamie et Pépé ce week-end.

   VÉRONIQUE: Moi aussi, j'aimerais bien que nous _____

5. ANDRÉA: Je n'aimerais pas changer d'école.

   VÉRONIQUE: Moi non plus, je n'aimerais pas que tu _____

6. ANDRÉA: J'ai envie de manger des pâtes ce soir.

   VÉRONIQUE: Moi aussi, j'ai envie que nous _____

15.12 Rewrite the sentences in the negative and make all necessary changes.

MODÈLE: Je suis sûr que cette émission aura beaucoup de succès.
Je ne suis pas sûr que cette émission ait beaucoup de succès.

1. Les spectateurs pensent que la chaîne doit augmenter la publicité pendant les films.

   _____

2. La direction de la chaîne trouve qu'il serait bon de supprimer les reality-shows.

   _____

3. Je suis certain que beaucoup de gens veulent regarder ce reportage.

   _____

4. Le présentateur est persuadé que son émission aura une excellente audience.

   _____

5. Je crois que cette présentatrice va travailler sur une autre chaîne.

   _____

6. Je pense que le journal télé de 20h00 est très complet.

   _____

7. J'ai l'impression que les chaînes font des efforts pour améliorer leurs programmes.

   _____

8. Nous sommes convaincus que les téléspectateurs aiment ce feuilleton.

   _____

15.13 Complete the following sentences, paying special attention to the verb forms.

1. Ma mère veut que _____

2. Moi, je ne veux pas _____

3. Mes parents sont contents que _____

4. J'espère _____

5. Aujourd'hui, il faut que _____

6. Dans la classe, nous devons _____

15.14 Complete the following sentences using the relative pronouns **qui**, **que (qu')**, **dont**, and **où**.

1. Nous en avons assez des gens _____ nous critiquent parce que nous regardons la télé.

2. Les émissions _____ passent à minuit sont parfois très intéressantes.

3. En France, le journal télévisé _____ les Français regardent le plus passe à 20h00.

4. Il y a de plus en plus de jeux à la télé _____ les spectateurs peuvent gagner des millions.

5. Je trouve que les feuilletons _____ on diffuse l'après-midi sont trop violents.

6. Je n'ai pas encore vu le film _____ tu parles.

7. Au temps _____ la télé n'existait pas, les gens s'amusaient autrement.

8. Qu'est-ce que tu penses des tatouages _____ Jacques a sur le bras?

9. Les enfants _____ Marie-Laure garde passent beaucoup de temps devant la télé.

10. Les parents _____ interdisent trop de choses à leurs enfants ont souvent tort.

11. Nous avons une amie _____ le père est présentateur à la télé.

12. Qu'est-ce que tu penses du restaurant _____ nous avons mangé hier soir?

15.15 In each exercise, combine the sentences into one sentence using the relative pronoun **dont**.

MODÈLE: Tu parles d'un reportage. Ce reportage a obtenu un prix international.
Le reportage **dont** tu parles a obtenu un prix international.

1. Je regarde une émission. L'audimat de cette émission est très important.

_____

2. Il achète un magazine. Les critiques de cinéma de ce magazine sont intéressantes.

_____

3. Tu parles d'un présentateur de météo. Ce présentateur a l'air très sympa.

_____

4. Ce soir, je vais regarder un film. La critique ne dit que du bien de ce film.

_____

5. Ce feuilleton est déjà passé plusieurs fois à la télé. Le succès de ce feuilleton est immense.

_____

6. Je connais une fille. Le frère de cette fille est passé à la télé l'autre jour.

_____

7. Les cours sont difficiles. J'ai besoin de ces cours pour finir mon diplôme.

_____

8. J'ai un ami. Sa sœur est une actrice très célèbre.

_____

III. Écoute

 15.16 Listen to this radio excerpt from the show *Parlons-en* hosted by Jérôme Lavenue, and complete the chart below.

Thème du débat:	
Les invités:	**Profession:**
M. Echevin	
Mme Delarche	
Mlle Fiachetti	
	Leur opinion: (Circle the correct choice)
M. Echevin	plutôt positive / plutôt négative
Mme Delarche	plutôt positive / plutôt négative
Mlle Fiachetti	plutôt positive / plutôt négative

 15.17 Listen to the following sentences about television. Some errors were made in the transcription. Can you correct them? Cross out the words that are wrong and write the correct words below them.

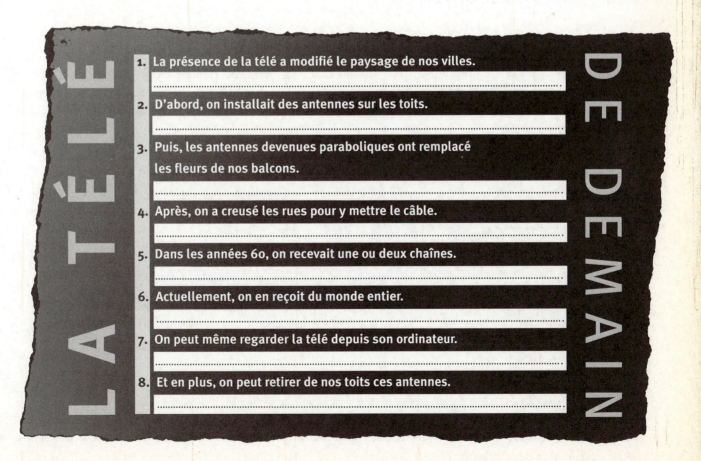

LA TÉLÉ DE DEMAIN

1. La présence de la télé a modifié le paysage de nos villes.
   ....

2. D'abord, on installait des antennes sur les toits.
   ....

3. Puis, les antennes devenues paraboliques ont remplacé les fleurs de nos balcons.
   ....

4. Après, on a creusé les rues pour y mettre le câble.
   ....

5. Dans les années 60, on recevait une ou deux chaînes.
   ....

6. Actuellement, on en reçoit du monde entier.
   ....

7. On peut même regarder la télé depuis son ordinateur.
   ....

8. Et en plus, on peut retirer de nos toits ces antennes.
   ....

15.18 Listen to sociology professor Monsieur Ribert answer questions regarding important things that have changed people's daily life in France. Choose the ones he mentions from the list below and answer the questions.

1. l'ordinateur, le four à micro-ondes, le sèche-linge, le téléphone portable, la voiture électrique, le lecteur DVD, l'Internet, l'agenda électronique, le câble

2. Indicate the year in which the three inventions he mentions happened:

   a. Invention: _____ Année: _____

   b. Invention: _____ Année: _____

   c. Invention: _____ Année: _____

3. Notez un aspect négatif qu'il mentionne: _____

4. Notez un aspect positif qu'il mentionne: _____

5. Pour vous, laquelle de ces trois inventions est la plus importante et pourquoi? _____

   _____

IV. Stratégies pour mieux apprendre

15.19 A. Read the following texts paying special attention to the words in bold characters and answer the questions about each expression.

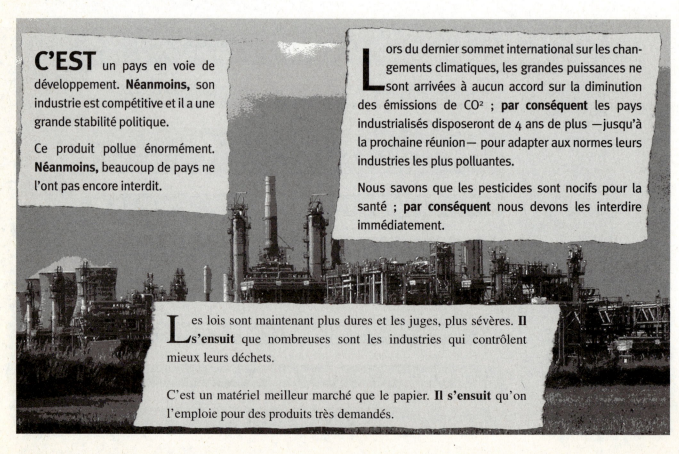

C'EST un pays en voie de développement. **Néanmoins,** son industrie est compétitive et il a une grande stabilité politique.

Ce produit pollue énormément. **Néanmoins,** beaucoup de pays ne l'ont pas encore interdit.

Lors du dernier sommet international sur les changements climatiques, les grandes puissances ne sont arrivées à aucun accord sur la diminution des émissions de CO_2 ; **par conséquent** les pays industrialisés disposeront de 4 ans de plus —jusqu'à la prochaine réunion— pour adapter aux normes leurs industries les plus polluantes.

Nous savons que les pesticides sont nocifs pour la santé ; **par conséquent** nous devons les interdire immédiatement.

Les lois sont maintenant plus dures et les juges, plus sévères. **Il s'ensuit** que nombreuses sont les industries qui contrôlent mieux leurs déchets.

C'est un matériel meilleur marché que le papier. **Il s'ensuit** qu'on l'emploie pour des produits très demandés.

1. **Néanmoins**

   a. What does this word indicate?

   _____

   b. What would be its equivalent in English?

   _____

   c. Where do we usually find this word (informal or formal speech)?

   _____

   d. Where is it placed in the sentence?

   _____

2. **Par conséquent**

   a. What does this expression indicate?

   _____

   b. What would be its equivalent in English?

   _____

   c. Where do we usually find this expression (informal or formal speech)?

   _____

   d. Where is it placed in the sentence?

   _____

3. **Il s'ensuit**

   a. What does this expression indicate?

   _____

   b. What would be its equivalent in English?

   _____

   c. Where do we usually find this expression (informal or formal speech)?

   _____

   d. Where is it placed in the sentence?

   _____

Strategy

Whether you speak with native French speakers or listen to or read authentic documents, you will systematically encounter words and expressions that are new to you and that you do not know. It is important, therefore, to have some strategies that will enable you to understand these words. In fact, this is an important factor in continuing to learn French outside of class.

Ask yourself the following questions when confronted with a word/expression that you do not understand:

- Where does it appear in the text?
- What is its function? What is its meaning in the sentence?
- Is it rather a formal or informal expression/word?
- How would I say this in English?

V. Révisions des Unités 13, 14 et 15 et rédactions

15.20 Complete the following text with the correct relative pronouns (**qui, que, dont, où**).

J'ai des amis (1) _____ adorent jouer au football. Le stade (2) _____ ils s'entraînent le samedi après-midi est près de chez moi. C'est un grand stade (3) _____ accueillit de grandes équipes. Le football est un sport (4) _____ je n'aime pas particulièrement pratiquer, mais (5) _____ j'aime bien regarder. Alors, quelquefois, je vais voir jouer mes amis. François surtout est un excellent joueur. C'est lui (6) _____ marque les buts en général. L'autre jour, il y avait des gens (7) _____ regardaient leur entraînement et je les ai entendus dire «Qu'est-ce qu'il est bon, celui-là!». Le joueur (8) _____ il parlait était évidemment François! Je ne l'ai pas dit aux autres pour éviter la jalousie.

15.21 Richard is writing an e-mail to a friend, explaining the various promises he made to his parents so they would finance an upcoming trip for him. Write this e-mail, pretending that you are Richard. Here are some suggestions you may want to consider.

- Faire le lit tous les matins
- Ne plus fumer dans la chambre
- Descendre la poubelle le soir
- Ne pas inviter de copains sans prévenir
- Ne plus prendre la voiture sans demander

- Ne pas rester des heures au téléphone
- Ne pas manger tout ce qu'il y a dans le frigo avec mes copains
- _____

```
┌──────────────────── ⊟ ‹ logement › ───────────────────┐
│ ⇧▾  ⇩▾  🔺Répondre  🔺Répondre à tous  ⬆Renvoyer  📌Marquer  🖨 📝 🗑 📋 Ａ  📭 Boîte d'entrée  ▾ │
├────────────────────────────────────────────────────────┤
│ Salut!                                                  │
│ Tu sais que je veux partir en Inde en août prochain, et mes parents m'ont │
│ promis de m'aider à payer le voyage si je fais des efforts à la maison.    │
│ Alors voilà ce que j'ai promis de mon côté:             │
│                                                          │
│ 1. Je ferai mon lit tous les matins.                    │
│ 2. _____              │
│ 3. _____              │
│ 4. _____              │
│ 5. _____              │
│ 6. _____              │
│ 7. _____              │
│ 8. _____              │
│                                                          │
│ J'espère que ça va marcher!                             │
│ Bises, à bientôt                                        │
│ Richard                                                 │
└────────────────────────────────────────────────────────┘
```

15.22 Choose an object that is important to you and describe it. What shape does it have? What is it made of? What do you use it for? Where did you get it? Write a short paragraph.

_____

_____

_____

_____

_____

15.23 Try to guess who this person is and conjugate the verbs in the conditional.

Si j'étais cette personne, je n'aurais pas de scrupules. Je (vivre) _____ la nuit. Je (faire) _____ partie de la noblesse. Je (mettre) _____ mes habits les plus élégants. Le jour, je (dormir) _____, mais la nuit, je (se réveiller) _____. J' (avoir) _____ peur de l'ail et des crucifix. J' (habiter) _____ dans un cimetière et je (se nourrir) _____ du sang humain.

Qui suis-je? _____

15.24 An imaginary philosopher is thinking about life. Read the following text and conjugate the verbs in the correct tenses.

Si la vie était éternelle, nous ne (mourir) _____ pas. Si nous ne (mourir) _____ pas, nous serions dans un état de perpétuelle jeunesse. Si nous (être) _____ dans cet état de perpétuelle jeunesse, le temps ne (passer) _____ pas et nous ne (tomber) _____ pas malade. Si le temps ne (passer) _____ pas, le changement de saisons n' (exister) _____ pas et il n'y (avoir) _____ pas de fleurs, pas de légumes, pas de vie possible. Donc s'il n'y (avoir) _____ pas de vie, je ne (pouvoir) _____ pas vivre. Donc la vie n'est pas éternelle!

15.25 Complete the following sentences with **comme** or **comment**.

1. Mon frère me ressemble beaucoup. _____ moi, il n'aime pas la soupe.

2. Tu viens _____ à l'école?

3. Ce type est bête _____ ses pieds!

4. Tu sais _____ je m'appelle?

5. Tu ne sais pas _____ on dit «bouger» en russe?

6. _____ ça marche ce truc? Regarde, ce n'est pas compliqué, ça marche _____ ça.

15.26 Indicate which situation each sentence could correspond to. There may be several possibilities.

1. «Asseyez-vous et fermez la porte, s'il vous plaît.»

   a. un serveur s'adressant à des clients qui entrent dans un restaurant

   b. un professeur s'adressant à un étudiant

   c. une mère qui veut parler à son fils

2. «Vous êtes un homme remarquable, Georges, je n'y aurais pas pensé.»

   a. une fille qui s'adresse à son père

   b. un chef d'entreprise qui s'adresse à un employé

   c. une femme qui parle à son voisin

3. «Tu penses réellement qu'on doit vendre cette maison?»

   a. un fils qui parle à sa mère

   b. une femme qui parle à son mari

   c. un chef d'entreprise qui parle à un employé

4. «Arrêtez cette musique tout de suite, c'est infernal!»

   a. une grand-mère à son petit-fils

   b. un père à ses enfants

   c. un boulanger à son apprenti

5. «Tu penses vraiment que ça vaut la peine de protester?»

   a. une mère à sa fille

   b. un employé à son chef

   c. deux amis

15.27 Here are two conflicting opinions about television. Choose the one that you do not identify with and defend it. Write a short article (40–75 words) justifying that opinion.

Opinion 1:

«ON DEVRAIT INTERDIRE LA TÉLÉ AUX ENFANTS»

_____

_____

_____

_____

_____

_____

_____

Opinion 2:

«LA TÉLÉ EST BIEN PLUS FORMATRICE QUE L'ÉCOLE»

_____

_____

_____

_____

_____

_____

_____

15.28 In your opinion, what were some important changes in the United States in the past 30 years? Write a paragraph describing these changes and how, you believe, they have affected your life.

_____

_____

_____

_____

_____

_____

_____

_____

15.29 During a recent interview about the potential negative effects of video games on children, a medical doctor declared:

«On devrait purement et simplement les interdire!»

Write your reactions to his statement and explain your point of view.

- Use at least four connecting words from the following list: **d'une part / d'autre part, en effet, car, par contre, mais, par conséquent.**
- Use at least three relative pronouns (**qui, que, dont,** or **où**).
- Use the subjunctive at least twice.

_____

_____

_____

_____

_____

_____

_____

_____

_____

_____

15.30 Introduce one of the following themes or persons in a subtle way, that is, without presenting them too directly. You can use metaphors, riddles, questions, and so on.

Thèmes possibles:

une actrice, une émission de télé, un dessin animé, un film, les tatouages, les piercings, un homme politique

_____

_____

_____

_____

_____

_____

_____

_____

_____

_____

Auto-évaluation

 15.31 How comfortable are you with the following points? Review what you are least comfortable with as needed.

Je sais utiliser:	Peu	Assez bien	Bien	Très bien
le futur				
le conditionnel				
les expressions pour donner son opinion				
le subjonctif				
les connecteurs				
les pronoms relatifs				

VI. Préparation au DELF

Le DELF A3. Épreuve orale / Le DELF scolaire 2. Épreuve orale 2

This test consists of presenting a news article. You will need to present your ideas in an organized manner and use the connecting words that you have studied in this unit. Try to retain only the main information without wasting time giving too many examples. Quote passages from the text only if necessary, in which case you should use expressions such as **comme l'auteur le dit** . . . or **comme on peut le lire dans l'article** . . .

The first thing is to understand the text. One way to tell whether you understood it is to turn the page upon finishing your reading and try to tell someone (or yourself) what the text is about. You will find out quickly whether you really understood it or not.

Le DELF B1. Épreuve de production orale

The test will last 15 minutes, preceded by 10 minutes of preparation for the document presentation.

This test will be divided into three parts:

1. Talking about yourself (past, present, future)

You need to mention things briefly about your life, talk about what your situation is in the present as well as mention some projects you have. Make sure to distribute your time evenly among past, present, and future.

2. Interactive part

In this part, make sure to respect basic rules of formality, such as saying **vous** to the proctor, not using slang, and not pausing too often with long hesitations.

The interactive situation will be formal in nature. You might be asked to simulate a job interview, for instance.

3. Presenting a document

This part of the test is similar to the DELF A3 described above, but it is a simplified version that will last only five minutes or so. Refer to the guidance you were given above regarding the presentation of a short news article.

15.32 Read the text below and prepare a short oral presentation, following the guidance given above. Make sure you start with an introduction, develop your ideas in the main part, and do not forget a conclusion at the end.

La mode à tout prix

Par François Descombe

Au Japon, le shopping est un sport national. « Depuis quatre ou cinq ans, Tokyo est reconnue comme la capitale de la mode. Ici, une tendance ne dure jamais plus de six mois. À chaque saison, ses nouveautés : fourrure sur jean, retour de la minijupe… Cet été, on a vu de grosses fleurs pastel et, à l'automne, le noir et le blanc ont pris le dessus ! », raconte Loïc Bizel [...]. Ce Français installé à Tokyo [...] est consultant et organise des fashion tours : « Des responsables d'entreprises comme Peugeot, de grands magasins comme Monoprix ou Le Printemps, veulent connaître les tendances de demain. Alors ils viennent ici et je leur fais visiter le Tokyo qui bouge [...].

Arajuku, c'est le royaume de la fripe, des salons de coiffure hallucinants avec moto en vitrine et musique à fond. Chacun cherche ici à se distinguer [...]. Et un peu plus loin, à Shibuya, le 109, immense centre commercial consacré à la mode, voit des ados en masse faire et défaire la réputation des boutiques et des marques ! » D'où vient cette frénésie de mode ? Imagine que toute la vie, tu doives porter des vêtements que tu n'as pas choisis : un uniforme au collège et puis, plus tard, un strict costume cravate ou un tailleur bien classique au bureau… Pour la très grande majorité des Japonais, c'est la réalité. C'est pourquoi, très vite, tant de jeunes n'ont qu'une idée en tête : se distinguer en créant leur propre look ou en contournant les codes vestimentaires. [...]

Okapi, Mars 2004 n° 755

Unité 16
QUAND TOUT À COUP . . .

ACTIVE VOCABULARY FOR UNITÉ 16

Nouns

l'adolescent, l'adolescente	*teenager*	la trottinette	*scooter*
l'album de photos (m)	*photo album*	la veille	*the day before*
		la vitesse	*speed*
l'amende (f)	*fine*	le baiser	*kiss*
l'année (f)	*year*	le béton	*concrete*
l'événement (m)	*event*	le camion	*truck*
l'exploit (m)	*feat*	le copain, la copine	*friend*
la bande dessinée (B.D.)	*comic book, comic strip*	le cure-dents	*toothpick*
		le fichier	*file*
la blague	*joke*	le fil	*thread*
la course	*race*	le goût	*taste*
la feuille	*leaf*	le joueur, la joueuse	*player*
la gaffe	*blunder*	le jour	*day*
la guerre	*war*	le lendemain	*the following day*
la ligne d'arrivée	*finish line*	le mariage	*wedding*
la ligne de départ	*starting line*	le marié	*groom*
la ligue	*league*	le mois	*month*
la mamie	*grandma*	le souvenir	*memory*
la mariée	*bride*	le titre	*title*
la peinture	*paint, painting*	le voisin, la voisine	*neighbor*
la semaine	*week*	les péripéties (f)	*adventures in a story*

Adjectives

amusant(e)	*funny*	ingénieux, ingénieuse	*inventive*
antipathique	*unpleasant*	inoubliable	*unforgettable*
brillant(e)	*shining*	inquiet, inquiète	*worried*
bronzé(e)	*tanned*	insupportable	*unbearable*
délicieux, délicieuse	*delicious*	inutile	*useless*
dernier, dernière	*last*	maladroit(e)	*clumsy*
fier, fière	*proud*	marrant(e)	*funny*
furieux, furieuse	*furious*	mou, molle	*limp*
gêné(e)	*embarrassed*	utile	*useful*
incompétent(e)	*incompetent*	vécu(e)	*experienced*

Verbs

dessiner	*to draw*	perdre	*to lose*
durer	*to last*	rater	*to miss, to fail*
gagner	*to win*	se perdre	*to get lost*

Some words and expressions

à cette époque-là	*at that time*	gentiment	*gently*
au bout de (quelques minutes)	*after (several minutes)*	il y a trois jours	*three days ago*
avant	*before*	il y a un mois	*a month ago*
carrément	*totally*	l'autre jour	*the other day*
ce jour-là	*that day*	la dernière fois	*the last time*
drôlement	*really*	la première fois	*the first time*
faire une rencontre	*to meet someone*	soudain	*suddenly*
finalement	*finally*	tout à coup	*suddenly*

I. Étude de vocabulaire

16.1 Malika is telling her friend Hélène how Martin recently found some work. Choose the correct expression of time for each blank in the following text.

Liste de mots:

avant, au bout de, tout à coup, il y a, mercredi soir, lundi dernier, le lendemain, la semaine dernière, finalement, la veille

(1) _____, Martin a commencé son nouveau travail. (2) _____, dimanche, il était très nerveux parce qu'il n'arrêtait pas de penser à la journée qui l'attendait. Tout a commencé (3) _____ deux semaines, juste deux jours (4) _____ son anniversaire. Il lisait le journal tranquillement quand (5) _____, il a vu une annonce qui l'intéressait. Il a envoyé son C.V. et (6) _____ quatre ou cinq jours, on l'a appelé pour un entretien. Tout s'est bien passé. (7) _____, on lui a de nouveau téléphoné (8) _____ pour lui dire qu'il était pris. J'ai mangé avec Martin (9) _____ et il m'a dit qu'il était très content de son nouvel emploi. Et devine ce qui s'est passé: (10) _____ c'est moi qui ai trouvé une annonce dans le journal et je viens d'envoyer mon C.V.! J'espère que ça va marcher!

16.2 Match the words with the correct definitions.

1. ____ On n'aime pas en recevoir, mais on en aura une si on roule trop vite.

2. ____ C'est l'endroit où une course commence.

3. ____ C'est la façon dont beaucoup d'enfants appellent leur grand-mère en France.

4. ____ C'est un gros véhicule qui permet de transporter des choses.

5. ____ Il y en a malheureusement toujours trop dans le monde.

6. ____ C'est une personne qui habite à côté de chez soi.

7. ____ C'est le jour qui précède.

8. ____ Elle se compose de sept jours.

9. ____ Elle se trouve sur les arbres.

10. ____ C'est une personne qui a entre 13 et 19 ans.

a. mamie

b. la feuille

c. la veille

d. la semaine

e. l'adolescent(e)

f. l'amende

g. le/la voisin(e)

h. la ligne de départ

i. la guerre

j. le camion

16.3 Choose the correct adjectives for each of the following situations.

1. Michel vient de rentrer de Hawaii où il a passé deux semaines. Il est très:

   a. bronzé

   b. pressé

   c. brillant

2. Il est enchanté par son séjour et il dit que ses vacances étaient vraiment:

   a. ingénieuses

   b. incompétentes

   c. inoubliables

3. À Honolulu, il a rencontré des gens très chouettes. Il a beaucoup ri avec eux car ils étaient très:

   a. marrants

   b. antipathiques

   c. furieux

4. Il est souvent allé au restaurant et il a mangé des poissons:

   a. désagréables

   b. délicieux

   c. inquiets

5. Le seul problème pendant ses vacances: de terribles piqûres de moustique. Le pauvre, ça le grattait la nuit et c'était parfois assez:

   a. insupportable

   b. inutile

   c. fabuleux

16.4 Answer the following questions in complete sentences.

1. Quand vous étiez petit(e), aviez-vous une trottinette?

   _____

2. Avez-vous lu une bande dessinée récemment?

   _____

3. Est-ce que vous vous êtes déjà perdu(e)?

   _____

4. Aimiez-vous faire de la peinture quand vous étiez petit(e)?

   _____

5. Avez-vous déjà eu une amende?

   _____

6. Aimez-vous raconter des blagues quand vous êtes avec des amis?

   _____

16.5 Complete the following sentences:

1. Le mois dernier, je _____

2. Je _____ il y a trois jours.

3. L'autre jour, mes copains et moi, nous _____

4. La dernière fois que _____

5. Hier, je _____ quand tout à coup _____

_____

II. Structure

16.6 Rewrite the following text using the **passé composé**. Pay special attention to the agreement of the past participle and to the choice of the auxiliary.

Le matin, Alice se lève à 6h00. Elle se douche et elle prend son petit-déjeuner avant de sortir pour se rendre au travail. Elle achète deux journaux qu'elle lit dans le bus. Elle arrive au bureau à 8h30. Elle prend une boisson au distributeur et elle se met à travailler. Elle reçoit plusieurs appels et elle est très aimable avec ses clients. À 12h00, elle sort manger un sandwich avec des collègues. Entre elles, elles parlent de leur week-end. À 1h00, elles doivent reprendre leur travail. L'après-midi passe vite et Alice rentre chez elle vers 18h00.

Ce matin, Alice (1) _____ à 6h00. Elle (2) _____ et elle (3) _____ son petit-déjeuner avant de sortir pour se rendre au travail. Elle (4) _____ deux journaux qu'elle (5) _____ dans le bus. Elle (6) _____ au bureau à 8h30. Elle (7) _____ une boisson au distributeur et elle (8) _____ à travailler. Elle (9) _____ plusieurs appels et elle (10) _____ très aimable avec ses clients. À 12h00, elle (11) _____ manger un sandwich avec deux collègues. Entre elles, elles (12) _____ de leur week-end. À 1h00, elles (13) _____ reprendre leur travail. L'après-midi (14) _____ vite et Alice (15) _____ chez elle vers 18h00.

16.7 Even though Alice seemed to have had a good day, she actually faced several problems during her day. Take a look at these problems and correct the agreements *if necessary*.

1. D'abord, les céréales qu'elle a mangé _____ pour son petit-déjeuner n'étaient pas très bonnes.

2. Le lait qu'elle a trouvé _____ dans le frigo était un peu vieux.

3. Alice a oublié dans le bus les deux journaux qu'elle avait acheté _____.

4. La boisson du distributeur était trop froide, donc elle ne l'a pas bu _____ tout de suite alors qu'elle avait soif.

5. Les appels qu'elle a reçu _____ ont duré trop longtemps et elle a perdu du temps.

6. Le sandwich qu'elle a acheté _____ ne lui plaisait pas. Il était trop salé.

7. Les collègues qu'elle a vu _____ n'étaient pas très marrantes.

8. Quand elle a voulu prendre son bus, elle était en retard et elle l'a presque loupé _____.

16.8 Rewrite the following sentences including the adverbs given in parentheses.

> **MODÈLE:** Nous nous sommes amusés. (bien)
> Nous nous sommes bien amusés.

1. Je suis venue ici. (déjà)

   _____

2. Ils n'ont pas compris l'histoire. (vraiment)

   _____

3. Il pleuvait le soir. (toujours)

   _____

4. Ils ont ri. (beaucoup)

   _____

5. Elle aimait lire des livres d'aventures. (beaucoup)

   _____

6. Nous avons mangé pendant la fête. (tout)

   _____

7. Ils ont décidé de se marier. (finalement)

   _____

8. Vous avez pu dormir. (enfin)

   _____

9. Ils répondaient aux questions. (rapidement)

   _____

10. Elle a parlé aux journalistes. (trop)

    _____

16.9 Here are some important events in Nadine's life. Indicate what you were doing in the years that are mentioned, using expressions such as **cette année-là**, **ce jour-là**, and so on.

MODÈLE: Nadine est née en 1971 dans un petit village du Gers.
Moi, je n' étais pas encore né(e).

En 1985, l'entreprise où travaillait son père a fermé et la famille est partie s'installer à Toulouse.
Moi, je venais d' entrer à l' école primaire.

1. En 1987, elle est partie en vacances, seule, dans sa famille italienne.

   _____

2. En 1989, elle a passé son bac de lettres.

   _____

3. En 1993, elle a obtenu sa maîtrise d'italien. Elle s'est inscrite dans une école des beaux-arts à Rome.

   _____

4. En 1994, elle a rencontré Paolo, un jeune photographe de Naples.

   _____

5. Le 17 novembre 1995, sa fille Patrizia est née. Nadine a continué ses études de peinture et a donné des cours de français.

   _____

6. En 1997, elle a rencontré Stefano, propriétaire d'une galerie d'art. Elle a quitté Paolo.

   _____

7. Le 15 septembre 1998, son fils Fabrizio est né et elle a fait sa première exposition.

   _____

8. En 2001, elle a voyagé à Barcelone et à Paris et elle a participé à des expositions collectives.

   _____

9. En 2004, elle a fait sa première grande exposition dans une importante galerie londonienne.

   _____

Nous nous sommes rencontrés un dimanche de juillet, dans un café de Biarritz. [ ] Elle m'a plu dès que je l'ai vue : [ ] je me suis approché et je me suis assis à côté d'elle. [ ] Je me suis mis à lui parler : « Quel est votre nom ? D'où est-ce que vous venez ? ». [ ] Elle m'a finalement dit : « Sorry, I don't speak French ». [ ] J'ai essayé de me faire comprendre avec des gestes et quelques instants plus tard, je l'ai invitée à dîner. Elle a dit oui et nous sommes allés dans un restaurant du port. [ ] Nous ne nous sommes rien dit de toute la soirée, mais nous sommes tombés fous amoureux l'un de l'autre.

B. The story you just read presented only the main facts, which are related in the **passé composé**. If we were to add details about the circumstances surrounding these events, we would use the **imparfait**. Now, look at the sentences below and conjugate the verbs. Then, insert each sentence back in the original text at the correct place. Note that the sentences below are not in the correct order.

[a. Elle (être) *était* brune aux yeux verts, elle (avoir) _____ l'air timide et elle (être) _____ seule, si bien que . . .]

[b. Ce jour-là, il (faire) _____ très chaud. Elle (être) _____ assise à une table de la terrasse de ce café.]

[c. De notre table, on (entendre) _____ le bruit de la mer et elle (ne pas arrêter) _____ de sourire.]

[d. Elle me (regarder) _____ et elle (sourire) _____, mais elle (ne pas répondre) _____.]

[e. À cette époque-là, je (ne pas savoir) _____ un mot d'anglais!]

[f. Je (être) _____ assez nerveux mais elle me (plaire) _____ beaucoup.]

16.11 Answer the following questions. Use your memories or your imagination!

MODÈLE: Le plus beau jour de votre vie:

C'était quand? Que s'est-il passé?	*Le 28 avril 1995: j' ai rencontré ma femme.*
Où étiez-vous?	*Nous étions en vacances sur la côte Adriatique.*
Quel temps faisait-il?	*Il faisait très chaud.*
Avec qui étiez-vous?	*Je voyageais seul.*
Vous souvenez-vous des habits que vous portiez?	*Je portais un short et un T-shirt.*

	1. Le plus beau jour de votre vie
C'était quand? Que s'est-il passé?	
Où étiez-vous?	
Quel temps faisait-il?	
Avec qui étiez-vous?	
Vous souvenez-vous des habits que vous portiez?	

	2. Un jour de chance
C'était quand? Que s'est-il passé?	
Où étiez-vous?	
Quel temps faisait-il?	
Avec qui étiez-vous?	
Vous souvenez-vous des habits que vous portiez?	

	3. Un jour où vous avez pris une décision importante
C'était quand? Que s'est-il passé?	
Où étiez-vous?	
Quel temps faisait-il?	
Avec qui étiez-vous?	
Vous souvenez-vous des habits? que vous portiez?	

	4. Un jour de votre enfance qui vous a marqué
C'était quand? Que s'est-il passé?	
Où étiez-vous?	
Quel temps faisait-il?	
Avec qui étiez-vous?	
Vous souvenez-vous des habits que vous portiez?	

	5. Un jour où il vous est arrivé quelque chose de bizarre
C'était quand? Que s'est-il passé?	
Où étiez-vous?	
Quel temps faisait-il?	
Avec qui étiez-vous?	
Vous souvenez-vous des habits que vous portiez?	

	6. Un jour où vous vous êtes fâché(e)
C'était quand? Que s'est-il passé?	
Où étiez-vous?	
Quel temps faisait-il?	
Avec qui étiez-vous?	
Vous souvenez-vous des habits que vous portiez?	

	7. Un jour où vous êtes tombé(e) amoureux(euse)
C'était quand? Que s'est-il passé?	
Où étiez-vous?	
Quel temps faisait-il?	
Avec qui étiez-vous?	
Vous souvenez-vous des habits que vous portiez?	

	8. La dernière fois où vous avez eu peur
C'était quand? Que s'est-il passé?	
Où étiez-vous?	
Quel temps faisait-il?	
Avec qui étiez-vous?	
Vous souvenez-vous des habits que vous portiez?	

16.12 Find the correct endings for the following sentences.

1. ___ Hier, je n'ai rien mangé _____

2. ___ Quand Stéphanie a embrassé Thierry, il a été très gêné _____

3. ___ Quand j'avais trois ans _____

4. ___ Isabelle et Yann se sont connus _____

5. ___ Vendredi dernier, il faisait très froid _____

6. ___ Il pleuvait beaucoup _____

7. ___ Laure s'est levée _____

8. ___ Il y a quelques années, il habitait _____

a. à midi parce qu'elle s'était couchée à 4h00 du matin.

b. dans un bar qui s'appelait le Cactus.

c. une rue où il n'y avait pas de magasins.

d. parce que j'avais très mal au ventre.

e. parce que ses parents étaient avec lui.

f. on m'a acheté un vélo qui avait quatre roues.

g. et nous sommes restés à la maison.

h. et comme je n'avais pas pris mon parapluie, j'étais trempée.

16.13 Complete the following sentences using the **plus-que-parfait** and indicate which action comes first and which comes second in time (write 1 and 2 under the verbs).

> **MODÈLE:** J'ai refusé ce qu'on m'offrait à manger parce que j'avais déjà dîné.
>
>   2   1

1. Je me sentais fatiguée et c'était assez normal puisque j' (travailler beaucoup)
_____ pendant la semaine.

2. Le jardin était splendide parce que le jardinier (planter) _____ toutes sortes de fleurs le mois précédent.

3. L'amie de Jacques était furieuse parce qu'il (partir) _____ sans lui dire au revoir.

4. Mes frères et moi étions tous malades parce que nous (manger) _____ trop de chocolat la veille.

5. Je n'ai pas bien réussi mon examen parce que je (ne pas assez étudier) _____ la semaine précédente.

6. Panique à bord! Ses invités arrivaient et elle (ne pas encore préparer) _____ le dîner!

7. Les joueurs étaient très fiers car leur équipe (gagner) _____ tous les matchs pendant la saison.

8. Le professeur était très gêné parce qu'il ne retrouvait pas les examens que les étudiants (passer) _____ deux jours plus tôt.

9. Je suis content. J'ai retrouvé les clés que j' (perdre) _____.

10. Est-ce que tu as lu le livre que je t' (prêter) _____?

16.14 Events can often be related in different ways, depending on which point of view we are adopting to tell the story. Rewrite the following stories following the point of view that is given in boldface. You will need to use the **plus-que-parfait**.

1. La journée a été dure. J'ai eu trois réunions très importantes et je n'ai presque pas eu le temps de manger. Je n'ai mangé qu'un sandwich, debout, au bureau. L'après-midi, j'ai parlé avec Thomas, un collègue, à propos d'un problème que nous avons eu dans notre service. La conversation a été un peu désagréable. . . . Quand je suis arrivé chez moi, mon voisin m'a dit: «Vous avez été cambriolé!» Il ne manquait plus que cela!

Quand je suis arrivé chez moi, mon voisin m'a dit que j'avais été cambriolé. Il faut dire que j'avais eu une dure journée: j'avais eu trois réunions, _____
_____
_____
_____

2. Ce jour-là, je me suis levé trop tard, je me suis vite habillé et je suis sorti de chez moi énervé. . . . J'ai pris la petite voiture pour pouvoir me garer plus facilement. Je suis arrivé à la gare juste à temps pour prendre le train, mais en entrant dans le parking, vlan! Ça a été un accident complètement absurde.

Ça a été un accident complètement absurde! Je crois que je n'étais vraiment pas en forme ce jour-là: _____
_____
_____
_____
_____

3. Ce matin-là, je lui ai acheté une très belle bague, et très chère aussi. Ensuite j'ai envoyé un bouquet de fleurs chez elle. L'après-midi, j'ai mis un beau costume et je suis allé au rendez-vous, très nerveux. Et elle m'a dit oui! Elle m'a dit qu'elle voulait bien se marier avec moi. . . .

Je suis aux anges! Elle m'a dit oui! Ce matin-là, _____
_____
_____
_____

16.15 Here are various elements that you need to use to write a very short story. You will need to use the **passé composé**, the **imparfait**, and the **plus-que-parfait**, but not necessarily all tenses in each story.

> **MODÈLE:** hier / faire beau / nous — aller à la plage / l'après-midi / soudain / orage — éclater / nous — rentrer trempés / nous — ne pas prendre de parapluie
>
> Hier, il faisait beau et nous sommes allés à la plage. Soudain, un orage a éclaté et nous sommes rentrés trempés parce que nous n'avions pas pris de parapluie.

1. le mois dernier / ce — être le soir / je — regarder la télé / tout à coup / je — entendre un bruit / la fenêtre — ouverte / le chat — entrer / mais je — ne pas le voir

_____

_____

2. l'autre jour / je — faire les courses / des voleurs — entrer / ils — menacer le personnel et ils — emporter la caisse

_____

_____

3. la semaine dernière / je — marcher tranquillement dans la rue / tout à coup / je — entendre «Bruno!» / ce — un ami d'enfance je — ne pas le voir depuis 15 ans

_____

_____

16.16 Write two to three sentences for each of the following situations, and move these stories forward a little!

1. André était incroyablement heureux. Il ne pouvait plus contenir son enthousiasme et il s'était mis à sauter de joie!

_____

_____

2. Isabelle s'ennuyait beaucoup. C'était dimanche, les magasins étaient tous fermés. Que faire?

_____

_____

3. Cette fois-ci, Jacquot ne pouvait plus parler! La maîtresse s'était vraiment fâchée et elle lui avait mis du scotch sur la bouche.

_____

_____

16.17 The following story gives you only the main facts—no details and no explanations. First, read the story, then rewrite it adding five descriptive details (**imparfait**) and three explanations of what had happened before (**plus-que-parfait**).

> Dimanche dernier, nous sommes allés skier. Nous sommes partis tôt le matin et nous sommes arrivés à 9h00. Nous avons mis tout notre équipement de ski et nous avons commencé à skier à 9h30. À 12h00 nous avons mangé des sandwichs et nous avons recommencé à skier à 12h45. À 16h00 nous avons pris un chocolat chaud dans un petit restaurant tout en haut des pistes. Nous avons arrêté de skier à 17h00 et nous sommes rentrés. Le soir, nous avons dîné et ensuite, nous avons regardé un film. Je me suis endormi pendant le film.

_____

_____

_____

16.18 Rewrite the following sentences in the passive voice.

> **MODÈLE:** Les autorités ont interdit la vente de ce produit.
> La vente de ce produit a été interdite par les autorités.

1. Dans ce pays, les habitants accueillent très chaleureusement les visiteurs.

_____

2. Les gangsters ont attaqué la banque à l'heure de la fermeture.

_____

3. Le cyclone a dévasté tout le pays pendant la nuit.

_____

4. En France, on élit le président de la République tous les cinq ans.

_____

5. La tempête a détruit de nombreuses maisons.

_____

6. Les gens ont entendu l'explosion à plus de 10 km.

_____

7. Une voiture qui allait beaucoup trop vite a renversé ce piéton.

_____

8. Les écoliers récitent de nombreux poèmes chaque année.

_____

16.19 Rewrite the following sentences in the active voice.

> **MODÈLE:** Le bateau a été renversé par une énorme vague.
> Une énorme vague a renversé le bateau.

1. Les voleurs ont été arrêtés par la police.	
2. Le spectacle a été applaudi avec enthousiasme par la foule.	
3. La population a été surprise par la vague de froid.	
4. La ville a été secouée par un tremblement de terre.	
5. Ce document est distribué par les autorités.	
6. Les joueurs sont acclamés par les supporters.	
7. Nous avons été agressés par un inconnu.	
8. Ma voiture a été volée par un fou pendant la nuit.	

16.20 A. Newspaper headlines usually use nouns to announce events. If we were to narrate the facts behind the title, we would use verb forms. Look at the following headlines and choose the most appropriate verb form (active or passive voice).

MODÈLE: Vol d'un tableau de Monet dans un musée de Paris.
Un tableau de Monet a été volé dans un musée de Paris.

Découverte d'un squelette de dinosaure dans le Gers

....

....

....

....

Disparition de Christine Duchemin

....

Montée en flèche des prix du pétrole

....

....

MANIFESTATIONS DES TRAVAILLEURS DE RENAULT CONTRE LA DÉLOCALISATION

....

....

....

....

Élection des nouveaux membres du Conseil de l'Europe.

....

Arrivée en tête d'Anne Quéméré à bord de son voilier.

....

B. Now look for two headlines on the Internet or in a newspaper and write two or three sentences about each event.

1. _____

_____

2. _____

_____

III. Écoute

16.21 Listen to the sentences and indicate on the chart below whether they are in the present or in the past. Then listen one more time and write down the verb form you hear to complete the sentences.

	Passé	Présent
1. _____ leur journal.		
2. _____ au téléphone.		
3. _____ m'accompagner?		
4. _____ les journaux.		
5. _____ à Londres?		
6. _____ au cinéma le samedi.		
7. _____ à Rome?		
8. _____ à un ami.		
9. _____ à un ami.		
10. _____ en bateau		

16.22 Listen to this news announcement and indicate whether the following statements are true or false.

	Vrai	Faux
1. Trois tableaux ont été volés.		
2. Le vol s'est produit à 13h00.		
3. Il y avait quatre voleurs.		
4. Le vol a pris moins de 30 secondes.		
5. Personne n'a vu les voleurs.		
6. Les voleurs ont pris la fuite en moto.		
7. La police n'a pas retrouvé les voleurs.		

IV. Stratégies pour mieux apprendre

16.23 A. Read the following passage from the beginning of a novel.

> Mon mari a disparu. Il est rentré du travail, il a posé sa serviette contre le mur, il m'a demandé si j'avais acheté du pain. Il devait être aux alentours de sept heures et demie.
>
> Mon mari a-t-il disparu parce que, ce soir-là, après des années de négligence de ma part, excédé, fatigué par sa journée de travail, il en a eu subitement assez de devoir, jour après jour, redescendre nos cinq étages en quête de pain? J'ai essayé d'aider les enquêteurs: était-ce vraiment un jour comme les autres?

B. The following words are all used by the writer in the paragraph that follows this passage in the novel. Using these elements, try to write the second paragraph!

Liste de mots:

fichier, mari, matin, vendre, recevoir, appartement, jours, acheter, trois, sandwich, rue, spécial

_____

_____

_____

_____

_____

_____

_____

C. Now, read what the writer actually wrote and compare your sentences with hers.

> Nous avons épluché un à un les fichiers informatiques ouverts par mon mari depuis le matin. Il n'avait rien vendu ni reçu de spécial, il avait fait visiter trois appartements, il avait déjeuné comme tous les jours d'un sandwich acheté au coin de la rue.
>
> Marie Darrieussecq, *Naissance des fantômes*, Paris, Gallimard, coll. Folio, 1998, p. 11.

Strategy

When you compare your writing with that of a native French speaker, you will be able to better observe how certain words and grammar structures are used. You can also decide which aspects of the language are more interesting to you and try to memorize them or to study them further.

V. Révision et rédaction

16.24 Vladimir studies French but he is not quite sure yet how to use the various past tenses. Can you help him make the correct choices in this letter? Circle them as you read his letter.

Salut Nathalie!

Ça va? Il faut absolument que je t'explique ce qui nous (1) est arrivé / était arrivé / arrivait la semaine dernière. Voilà, Jean-Michel et moi, nous (2) sommes allés / allions faire une randonnée dans les Pyrénées. Avant de partir, nous (3) avions étudié / étudiions le parcours. Nous (4) sommes partis / partions très tôt en voiture jusqu'à l'entrée du sentier. Nous (5) avons été / étions bien équipés et nous (6) avions pris / prenions assez de provisions pour deux jours de marche. Heureusement que nous nous (7) étions levés / levions de bonne heure et qu'il (8) a fait / faisait encore bon car après 10h00 du matin, nous ne pouvions plus avancer à cause de la chaleur et . . . de notre manque d'entraînement. À midi, on (9) a fait / faisait une pause et une sieste. Quand nous nous (10) sommes réveillés / réveillions, il (11) a été / était déjà 3h00 et il (12) avait fallu / fallait qu'on avance jusqu'à un petit camping. Ça (13) ne faisait pas / n'a pas fait une heure que nous (14) marchions / avions marché quand le ciel (15) devenait / est devenu noir. On (16) avait entendu / entendait le tonnerre qui (17) avait résonné / résonnait et il y (18) a eu / avait de plus en plus d'éclairs. Quand tout à coup, crac, foudroyé, un énorme sapin (19) est tombé / était tombé presque sur nos têtes. On (20) a eu / avait hyper peur! En plus, la pluie (21) s'est mise / se mettait à tomber et nous (22) arrivions / sommes arrivés au camping trempés et morts de fatigue.

Bon, et toi, qu'est-ce que tu deviens? Envoie-moi de tes nouvelles!

Je t'embrasse.

À +

Vladimir

16.25 Complete the following two stories, conjugating the verbs in the **passé composé**, **imparfait**, or **plus-que-parfait**.

A. Jean-Michel (1) (être) _____ fatigué depuis longtemps. À cette époque, il (2) (travailler) _____ six jours sur sept et il (3) (avoir) _____ vraiment besoin de vacances. En septembre, son patron (*boss*) lui (4) (dire) _____ qu'il pourrait prendre des vacances en janvier si nécessaire, donc quand janvier (5) (arriver) _____, Jean-Michel (6) (demander) _____ une semaine de congés pour se reposer. Il (7) (vouloir) _____ aller en Tunisie parce que son frère y (8) (aller) _____ l'année précédente et (9) (adorer) _____ ce voyage. Donc Jean-Michel (10) (acheter) _____ un billet d'avion qui n'(11) (être) _____ pas cher et il (12) (réserver) _____ un hôtel. Malheureusement, le jour de son départ, il (13) (tomber) _____ malade et il (14) (devoir) _____ annuler son voyage. Il (15) (rester) _____ au lit pendant une semaine. Il (16) (être) _____ très déçu.

B. Un jour, Marie-Laure (1) (décider) _____ d'acheter une nouvelle voiture. Sa vieille voiture (2) (avoir) _____ besoin de trop de réparations si bien qu'elle (3) (préférer) _____ en acheter une autre. Le dimanche précédent, elle (4) (voir) _____ des publicités dans le journal pour toutes sortes de voitures et elle (5) (avoir) _____ envie de voir des voitures hybrides. Après tout, c'(6) (être) _____ une bonne idée parce que l'essence (7) (augmenter) _____ de manière considérable les mois passés. Par conséquent, elle (8) (aller) _____ chez les concessionnaires de Toyota et Honda et elle (9) (comparer) _____ leurs modèles. Finalement, elle (10) (choisir) _____ une Toyota.

16.26 Rewrite the following sentences in the passive voice.

> **MODÈLE:** Le chien mange l'os.
> L'os est mangé par le chien.

1. Le petit pâtissier du coin prépare ces excellentes pâtisseries.	
2. Léonard de Vinci a peint la Joconde.	
3. Mon frère a racheté la trottinette de Pierre.	
4. Le jardinier a planté ces fleurs.	
5. L'ouvrier refait la cuisine.	
6. La guêpe pique l'enfant.	

16.27 Write about a past experience that had a great impact on you (a great joy, a great fear, . . .) using the **passé composé**, the **imparfait**, and the **plus-que-parfait**.

_____

_____

_____

_____

_____

_____

_____

_____

VI. Préparation au DELF

Le DELF Scolaire 2. Épreuve écrite 1B / Le DELF A3. Épreuve écrite 1 / Le DELF B1. Compréhension des écrits

As we have previously explained, this test consists of reading an article (often taken out of a youth magazine) and of understanding its main points. Therefore, you should not dwell on words you do not understand, but rather get a sense of the general meaning of the text.

The style of the article is often informal. It would be advisable to read such magazine articles, as well as advertisements and user guides, on a regular basis.

The exercises are usually the following:
- Identifying a sentence in the article (you will be given a sentence with a similar meaning)
- Answering true/false questions (and justifying your answers)
- Answering general comprehension questions

During the written part of the test, try to write short sentences without paraphrasing the original text and pay attention to spelling.

16.28 A. Read the following text.

COMMENT CASSER LES GHETTOS

Pour vivre ensemble il faudrait commencer par se voir . . .
Mais comment faire quand les minorités dites «visibles»—Noirs, Arabes, Asiatiques, etc—[. . .] sont justement invisibles parmi les décideurs politiques, économiques ou médiatiques? C'est l'un des nombreux signes du malaise . . .
Pourtant des remèdes existent!

Mettre en place une véritable action positive

[. . .] Les gens défavorisés ont droit à un coup de pouce. C'est cela, la «discrimination positive» [. . .] Dans cet esprit, [. . .] le directeur de l'Institut d'études politiques de Paris ne veut plus que ses élèves, futures élites de la République, soient tous issus des quartiers chics. Depuis 2001, les bacheliers les plus brillants de vingt lycées classés en zone d'éducation prioritaire (ZEP) sont admis en Sciences-Po [. . .] Les parents de la moitié d'entre eux sont nés hors de France. [. . .]

Même les patrons s'y mettent. En juin dernier, une vingtaine de grandes entreprises se sont engagées à embaucher davantage de jeunes d'origine étrangère ou des DOM-TOM [. . .]. Atteinte au principe d'égalité? Pas du tout [. . .], «l'action positive n'est pas une remise en cause de l'indivisibilité de la République, c'est au contraire le moyen de la restaurer, [. . .] de rendre égales des situations qui aujourd'hui ne le sont pas».

Stopper la «ghettoïsation» des banlieues

Vue sur le béton, à l'ombre des tours. Pas très épanouissant comme cadre de vie . . . Surtout quand le fait de dire que l'on vient de la cité Untel vous empêche de décrocher un job. Résultat: un chômage record. Afin de redonner une chance à leurs habitants, [. . .] la [nouvelle] loi d'orientation pour la ville et la rénovation urbaine [. . .] prévoit de rénover quelque 200 000 logements, d'en démolir 200 000 autres et d'en bâtir 200 000 nouveaux sur cinq ans. Création de 41 nouvelles zones franches [. . .], aide financière pour les communes pauvres et les familles surendettées . . . [. . .]

Combler les trous de mémoire

«Les enfants de l'immigration ont grandi avec des trous de mémoire» [. . .]. Ni l'école ni leurs parents ne leur ont enseigné l'histoire de la migration familiale. Comment construire son identité sans connaître ses racines? [. . .] Pas facile de dire à ses petits-enfants qu'on s'est soumis aux Français dans les colonies, avant de vivre [. . .] en France.

Pas évident non plus, pour la France, de reconnaître que le système colonial était fondé sur une bonne dose de racisme.

Mais les choses évoluent. Le 17 octobre 2001, le maire de Paris déposait une plaque sur le pont Saint-Michel à la mémoire des Algériens tués le 17 octobre 1961 [. . .]. La police avait tiré sur la foule. Des corps avaient été jetés dans la Seine. Bilan? Deux morts selon la préfecture. Des centaines selon certains historiens. Et un silence officiel de trente ans.

Autre initiative: l'ouverture en 2007, du Musée de l'histoire et des cultures de l'immigration [. . .]. «Il s'agit de restaurer la fierté des enfants d'immigrés en montrant que leurs parents ont participé à l'histoire de France. Et que, finalement, ils n'étaient pas si «étrangers» que ça» [. . .].

D'après Laëtitia de Kerchove, *Phosphore*, Septembre 2004, no 279

B. In the article «Comment casser les ghettos», which are the sentences that have a similar meaning to the sentences or expressions below?

1. Les personnes démunies peuvent recevoir une aide pour avancer dans leur vie.

_____

2. Vingt sociétés environ ont promis de prendre plus de personnel.

_____

3. Ce n'est pas un environnement pour vivre.

_____

4. Obtenir un emploi

_____

C. Indicate whether the following statements are true or false and justify your answers by quoting from the text.

	Vrai ou faux?	
1. L'absence de minorités dites «visibles» sur la scène publique est une des causes de la crise.		
2. La discrimination positive n'est pas possible en France.		
3. L'État n'a pas de projet urbain pour ces ghettos.		
4. Le système colonial français respectait les peuples et les cultures.		
5. La France commence à reconnaître ses erreurs.		
6. Un musée racontera la place des immigrés dans l'histoire de France.		

D. Answer the following questions.

1. Quelle mesure a-t-on prise pour éviter que tous les élèves de l'Institut d'études politiques de Paris proviennent des quartiers chics?

_____

_____

2. Les initiatives prises par les entreprises portent atteinte au principe d'égalité?

_____

_____

3. Outre la rénovation urbaine, comment compte-t-on limiter le «repli communautaire»?

_____

_____

4. Pourquoi dit-on que «les enfants ont grandi avec des trous de mémoire»?

_____

_____

Unité 17
IL ÉTAIT UNE FOIS . . .

ACTIVE VOCABULARY FOR UNITÉ 17

Nouns

l'ogre, l'ogresse	ogre	la sorcière	witch
l'oiseau (m)	bird	le bûcheron	lumberjack
l'oreille (f)	ear	le caillou	small stone
l'orphelin, l'orpheline	orphan	le carrosse	coach
la baguette magique	magic wand	le chasseur	hunter
la citrouille	pumpkin	le château	castle
la corvée	chore	le cochon	pig
la fée	fairy	le conducteur	driver
la forêt	forest	le conte de fées	fairy tale
la grenouille	frog	le conte	tale
la guerre	war	le dragon	dragon
la marraine	godmother	le loup	wolf
la miette de pain	bread crumb	le magicien	magician
la morale	moral	le miroir	mirror
la pantoufle	slipper	le nain	dwarf
la patte	paw	le parrain	godfather
la pierre	stone	le pas	step
la poche	pocket	le prince	prince
la princesse	princess	le royaume	kingdom
la sagesse	wisdom	le SMS	text message

Adjectives

attentif, attentive	alert	courageux, courageuse	courageous
cher, chère	dear	désespéré(e)	desperate

fidèle	*faithful*	triste	*sad*
laid(e)	*ugly*	vilain(e)	*ugly*
méchant(e)	*mean*	vivant(e)	*alive*
puni(e)	*punished*		

Verbs

chasser	*to hunt*	nourrir	*to feed*
chuchoter	*to whisper*	parcourir	*to travel*
consoler	*to comfort*	pleurer	*to cry*
crier	*to shout*	remercier	*to thank*
embrasser	*to kiss*	s'arranger	*to manage*
emmener	*to take along, to lead*	s'échapper	*to escape*
enfermer	*to lock up*	s'éloigner	*to move away*
frapper	*to knock*	s'endormir	*to fall asleep*
hurler	*to scream*	se terminer	*to end*
jeter	*to throw*		

Some words and expressions

afin de	*so*	lorsque	*when*
au volant	*behind the wheel*	pourtant	*yet (however)*
car	*for it*	puisque	*since, because*
dire quelque chose en chœur	*to say something in unison*	raconter une histoire	*to tell a story*
		retrouver son chemin	*to find one's way back*
il était une fois	*once upon a time*	tellement . . . que	*so much . . . that*

I. Étude de vocabulaire

17.1 A. Read the following fairy tale excerpts and complete them with words from the list.

Liste de mots:

loup	prince	magicien
princesse	sorcière	fée
cochons	reine	chasseur
nain	grenouille	dragon
baguette	château	ogre

1. Les trois petits _____ chantaient: «Qui a peur du grand méchant _____?»

2. Il était une fois un roi et une _____ qui désiraient ardemment avoir un enfant.

3. Le _____ charmant entra dans la chambre et vit une belle jeune fille endormie sur le lit.

4. La _____ était tellement jolie que le _____ n'avait pas le courage de la tuer.

5. «Partez le plus vite possible d'ici», dit-elle. «Mon mari est un _____ qui dévore les enfants au petit déjeuner.»

6. La méchante _____ offrit une pomme empoisonnée à Blanche-Neige.

7. Le premier _____ dit alors: «qui a mangé dans mon assiette?»

8. La fille du roi embrassa la _____ qui se transforma en prince.

9. D'un coup de _____ magique, la bonne _____ transforma Pinocchio en un vrai petit garçon.

10. Le _____ était gardé par un terrible _____.

11. Un _____ très puissant vivait dans la forêt.

B. Now listen to the sentences and check your choices.

17.2 Find the correct definitions for the following words and expressions.

1. ____ C'est le nom qu'on donne aux mains et aux pieds des animaux.

2. ____ En général, on en a de plus en plus en vieillissant.

3. ____ Nous l'utilisons pour entendre.

4. ____ C'est le contraire de gentil.

5. ____ C'est le contraire de joyeux.

6. ____ C'est ce qu'on essaie de faire quand on est perdu.

7. ____ Les enfants adorent les entendre.

8. ____ Quand on dit la même chose ensemble.

9. ____ L'endroit où on est quand on conduit.

10. ____ On l'est quand on n'est pas mort.

11. ____ On aime s'y regarder.

12. ____ C'est un enfant qui a perdu ses parents.

a. triste

b. les pattes

c. vivant

d. retrouver son chemin

e. la sagesse

f. le miroir

g. un orphelin

h. les contes de fées

i. en chœur

j. au volant

k. méchant

l. l'oreille

17.3 Choose the most logical words in the following sentences.

1. Cendrillon a descendu les escaliers trop vite et elle a perdu **une botte / une pantoufle** de vair.

2. **L'ogre / l'oiseau** que rencontre le Petit Poucet est énorme et effrayant.

3. Le Petit Poucet met des **cailloux / citrouilles** dans ses poches.

4. C'est la **sœur / marraine** de Cendrillon qui est la fée.

5. La belle-mère de Blanche-Neige aime se regarder dans **un miroir / une armoire**.

6. Cendrillon a **de nombreuses corvées / de nombreux cours** à faire chaque jour.

7. La méchante reine envoie **un bûcheron / un chasseur** dans la forêt pour tuer Blanche-Neige.

8. Cendrillon va aller au bal **en carrosse / en autocar**.

9. Les trois petits cochons ont peur **du nain / du loup**.

10. Les bottes de l'ogre permettent au Petit Poucet de faire de **grands pas / grandes pattes**.

17.4 Complete the following story with the correct verbs from the list.

Liste de verbes:

frappa, chuchoter, s'échapper, s'endormit, hurler, embrassa, consoler, emmena, pleurer, enferma, montrer

Un pauvre homme avait une très belle fille mais il n'avait pas d'argent. Elle savait fort bien tisser et un jour, il décida de la (1) _____ au roi. Quand ils arrivèrent, le roi fut surpris par la beauté de la jeune fille et le pauvre homme lui dit que sa fille savait transformer la paille en or en la tissant. Le roi le crut et il (2) _____ la jeune fille dans une pièce avec beaucoup de paille et lui dit: «Tisse toute cette paille en or d'ici demain matin. Sinon, tu devras mourir.» Puis, il l' (3) _____. La pauvre jeune fille ne savait évidemment pas transformer cette paille en or et elle se mit à (4) _____. Tout à coup, elle entendit une petit voix (5) _____: «Si tu me donnes ton collier, je tisserai cette paille en or pour toi.» C'était un affreux petit lutin qui lui parlait. Elle accepta, puis elle (6) _____. Le lendemain matin, le roi (7) _____ à la porte, il entra, et il découvrit des piles d'or. Il était très content, mais il demanda à la jeune fille de tisser à nouveau toute la nuit pour transformer encore plus de paille en or. Il lui dit: «Tisse toute cette paille en or d'ici demain matin. Si tu réussis, je t'épouserai et tu deviendras reine. Sinon, tu devras mourir.»

La jeune fille recommença à pleurer de désespoir et elle essaya même de (8) _____ mais elle ne pouvait pas ouvrir la porte que le roi avait verrouillée. Tout à coup, le petit lutin apparut et il dit: «Si tu me promets de me donner ton premier né, je tisserai toute cette paille en or pour toi.» La jeune fille n'avait pas le choix car autrement elle devrait mourir. Donc, elle accepta. Le lendemain matin, le roi découvrit avec grand plaisir une pièce remplie d'or et il épousa la jeune fille comme promis. Un an plus tard, la reine avait donné naissance à un fils mais elle avait oublié la promesse faite au lutin. Un jour, il apparut et lui demanda son fils. Elle essaya de le convaincre de prendre tout ce qu'il voulait sauf l'enfant, mais il refusa. Il lui dit: «Si tu arrives à deviner mon nom d'ici demain, je te laisserai l'enfant, autrement, il est à moi!» Et il partit en riant.

La reine était désespérée et rien ne pouvait la (9) _____. Elle finit par envoyer sa servante dans la forêt pour essayer de découvrir le nom du lutin. La servante le trouva en train de danser et elle l'entendit chanter: «La reine ne devinera jamais que mon nom est Rumpelstiltzkin, et le bébé sera à moi!»

Le lendemain, la reine était calme et souriait quand le lutin arriva. Elle lui dit son nom et il se mit à taper du pied et à (10) _____ de colère. Finalement, il disparut et la reine (11) _____ son bébé tendrement.

17.5 How would you characterize the following characters from fairy tales? Describe them in a sentence or two.

1. La princesse: _____

2. La sorcière: _____

3. La fée: _____

4. Le loup: _____

5. Le prince: _____

II. Structure

17.6 Underline the verbs conjugated in the **passé simple** in the following sentences and write their infinitive forms.

> **MODÈLE:**   Il <u>eut</u> très envie de manger les enfants, mais il <u>décida</u> d'attendre le matin.
> Infinitifs: avoir / décider

1. Elle sortit vite et courut jusqu'à chez elle. Les ours ne la revirent jamais.

   Infinitifs: _____

2. Lorsque la mère canard vit qu'il était si laid, elle dit à ses frères de s'éloigner de lui.

   Infinitifs: _____

3. Le Petit Poucet et ses frères marchèrent pendant des heures dans la forêt.

   Infinitif: _____

4. Il jeta des miettes de pain par terre et pensa qu'ils retrouveraient ainsi leur chemin.

   Infinitifs: _____

5. Elle fut si surprise en voyant ses enfants qu'elle tomba de sa chaise.

   Infinitifs: _____

6. Lorsque le père les abandonna, les enfants se mirent à pleurer.

   Infinitifs: _____

7. Elle descendit l'escalier si vite qu'elle perdit une de ses pantoufles de vair.

   Infinitifs: _____

8. Il prit soin de glisser dans sa poche les sept pépins d'orange.

   Infinitif: _____

17.7 Rewrite the following sentences, changing all the verbs that are in the **passé simple** to the **passé composé**.

> Mata Hari naquit aux Pays-Bas. Elle apprit à parler plusieurs langues pendant sa jeunesse. Elle se maria jeune avec un militaire en poste à Java. Puis au bout de quelques années, elle divorça et partit vivre à Paris. Elle devint alors danseuse exotique et courtisane. Mata Hari voyagea beaucoup en Europe et pendant la Grande Guerre, elle fut employée par les services secrets français et on lui demanda d'espionner un prince allemand. Certains événements firent penser qu'elle était devenue espionne pour les Allemands et les Français l'arrêtèrent. Elle fut jugée et condamnée à mort par un tribunal militaire. Mata Hari refusa qu'on lui bande les yeux et elle envoya un baiser du bout des doigts aux hommes qui l'exécutèrent.

Mata Hari _____

_____

_____

_____

_____

_____

_____

_____

17.8 Identify the past tenses used in the following sentences. Use the following key to write under each verb.

PS = **passé simple**

PC = **passé composé**

IMP = **imparfait**

PQP = **plus-que-parfait**

1. Il était une fois une petite fille qu'on appelait le Petit Chaperon Rouge.

2. Un jour, sa mère lui demanda d'apporter un panier de provisions à sa grand-mère qui était tombée malade.

3. La petite fille est partie avec le panier mais malheureusement, elle n'a pas écouté ce que sa mère lui avait dit.

4. Au lieu de rester sur le sentier dans la forêt, elle s'est mise à cueillir des fleurs ici et là.

5. Le loup la vit et il alla lui parler.

6. Il comprit vite que la petite fille allait voir sa grand-mère et il décida d'y aller aussi pour manger la grand-mère et attendre ensuite le Petit Chaperon Rouge pour la manger aussi.

7. Le Petit Chaperon Rouge n'avait pas réfléchi, et elle lui avait indiqué la maison de sa grand-mère.

8. Donc le loup est allé manger la grand-mère, et puis quand la petite fille est arrivée, il l'a mangée aussi.

9. Heureusement, un chasseur qui se trouvait dans les environs a trouvé le loup, l'a tué et a ainsi sauvé la grand-mère et sa petite fille, que le loup avait avalées tout rond!

Afin de	+ infinitif
Pour	+ infinitif
Afin que	+ subjonctif
Pour que	+ subjonctif

17.9 Did you ever wonder why things are the way they are? You will find some questions below, as well as some strange explanations. Try to match them!

1. _____ Savez-vous pourquoi la mer est salée?

2. _____ Savez-vous pourquoi il y a des fleurs de différentes couleurs?

3. _____ Savez-vous pourquoi le soleil ne brille pas la nuit?

4. _____ Savez-vous pourquoi les Français parlent français?

5. _____ Savez-vous pourquoi les éléphants sont gris?

6. _____ Savez-vous pourquoi il faut se brosser les dents régulièrement?

7. _____ Savez-vous pourquoi les zèbres sont rayés?

8. _____ Savez-vous pourquoi les Chinois ont construit la Grande Muraille?

a. **Afin de** ne pas nous réveiller!

b. **Afin de** se comprendre plus facilement entre eux!

c. **Pour que** les bateaux flottent plus facilement!

d. **Afin de** pouvoir continuer à manger plein de sucreries!

e. **Pour que** nos jardins soient plus jolis!

f. **Afin qu'**on ne les confonde pas avec les fraises des bois!

g. **Afin que** les cosmonautes la voient depuis l'espace!

h. **Afin de** ne pas être confondus avec les chevaux!

17.10 Now try to give some explanations for the following facts, using **pour que**, **afin de**, and **afin que**.

1. Savez-vous pourquoi les enfants vont à l'école?

_____

2. Savez-vous pourquoi les chats ont une queue?

_____

3. Savez-vous pourquoi les journaux sont en papier?

_____

4. Savez-vous pourquoi il pleut souvent en Angleterre?

_____

5. Savez-vous pourquoi la neige tombe en hiver?

_____

17.11 In a dialogue, when the person talking believes that a cause is known by the interlocutor(s), he/she will use **puisque**. On the other hand, if the cause is believed to be unknown, he/she will use **car**. Read the following dialogues, analyze the contexts, and determine whether to use **puisque** or **car**.

1. — Je vais faire les courses.

   — D'accord, mais n'achète pas trop de choses _____ nous partons en vacances lundi.

2. — Je t'offre un café?

   — Non merci, je ne bois plus de café _____ ça me provoque des palpitations.

3. — Qu'est-ce qu'on mange ce midi?

   — Des spaghetti à la carbonara.

   — Encore des pâtes!

   — _____ ça ne te plaît pas, prépare ton repas toi-même!

4. — Il fait un soleil radieux ce matin et tu prends un parapluie?

   — Oui, je prends un parapluie _____ la météo a annoncé des orages en fin d'après-midi.

5. — J'aime bien cette couleur orange sur les murs. Et toi?

   — Moi aussi, ça me plaît _____ puisque tu l'aimes.

   — Tu es un amour!

6. — Ça te dit d'aller au cinéma demain soir?

   — Désolée, mais je ne peux pas _____ je suis déjà invitée chez des amis.

7. — Pourquoi ne faites-vous pas un voyage en France _____ vous parlez et comprenez un peu le français maintenant?

   — Oui, c'est une bonne idée.

8. — Je ne tiens plus debout!

   — _____ tu es si fatigué, va te coucher!

9. — Mais qu'est-ce que tu fais? Ce n'est pas comme ça!

   — _____ tu es si intelligent, fais-le!

17.12 The following sentences are not part of a dialogue. You will need to determine whether, in your opinion, the explanations are well-known facts for most people or whether they are most likely something unknown. Use **puisque** and **car** accordingly.

1. Le chinois est une langue difficile à prononcer _____ il y a des tons sur chaque syllabe.

2. Les chats voient très bien la nuit _____ leurs yeux captent la moindre lumière.

3. On appelle la France «l'Hexagone» _____ ses frontières dessinent cette figure géométrique.

4. En Louisiane (USA), vous pourrez rencontrer des gens qui parlent français _____ la Louisiane a été peuplée par des familles francophones venues du Canada au XVIII siècle.

5. Le soleil se lève plus tôt à Tokyo qu'à Paris _____ Tokyo est plus à l'est.

17.13 Read the following statements and write a sentence using **tellement** or **si**.

> **MODÈLE:** J'ai vraiment très très soif!
> J'ai **tellement/si** soif **que** je pourrais boire trois litres d'eau!

1. J'ai vraiment très très faim!

   _____

2. Nous sommes extrêmement fatigués.

   _____

3. Ma sœur est hyper sociable.

   _____

4. Mon frère est super intelligent.

   _____

5. Ce film est très très bon.

   _____

17.14 Think about your classmates and complete the following sentences.

> **MODÈLE:** _____ est tellement amusant(e) _____
>
> Maurice est tellement amusant qu'il fait rire tout le monde (même le prof!).

1. _____ est tellement amusant(e) que _____

2. _____ a tellement de mémoire que _____

3. _____ comprend tout si vite que _____

4. _____ est tellement sympathique que _____

5. _____ parle tellement bien français que _____

6. _____ a tellement d'imagination que _____

7. _____ a tant de travail que _____

17.15 Complete each sentence with **car, alors,** or **pourtant**.

1. Manuel n'est pas venu au cours _____ il a la grippe.

2. Il a fait très chaud cette nuit, _____ je n'ai pas pu bien dormir.

3. Il n'y a pas de train _____ c'est la grève.

4. Sandra n'a pas réussi l'examen, _____ elle avait beaucoup étudié.

5. Il y a beaucoup trop de vent aujourd'hui, _____ on ne pourra pas jouer au badminton.

6. Natalia ne parle pas bien français, _____ elle a vécu longtemps en France.

7. Je n'ai pas pu acheter de boissons _____ je n'avais plus d'argent.

8. Le conducteur avait bu, _____ la police l'a arrêté.

17.16 Tandis que and **pendant que** are two expressions that express the simultaneity of two actions or two states. However, **tandis que** insists more on the fact that these two actions or states are very different. Complete the following sentences based on your knowledge of the world.

1. Le soleil se lève au Japon tandis qu'il se couche _____

2. Tandis que les Chinois dorment, _____

3. Tandis que les Esquimaux ont froid, les _____

4. C'est l'été en Argentine tandis que _____

5. Tandis que les Anglais dînent tôt (vers 18h00) _____

6. Les chiens sont des animaux plutôt dociles tandis que _____

7. Les chats ont horreur de l'eau tandis que _____

17.17 Contrast several people in your family and write five sentences using **tandis que**.

MODÈLE: Ma mère est grande tandis que mon père est plutôt petit.

1. _____

2. _____

3. _____

4. _____

5. _____

17.18 Lorsque can have several meanings. Read the following sentences and indicate for each of them whether **lorsque** means **à l'époque où**, **au moment où**, or **chaque fois que**.

1. Paul quittera ses parents **lorsqu**'il aura trouvé un emploi.

   _____

2. En été, **lorsque** la mer est calme, nous partons pêcher.

   _____

3. **Lorsque** j'étais étudiante, j'allais au moins deux fois par semaine au cinéma.

   _____

4. Mon interphone ne fonctionne plus. Alors, appelle-moi sur ton portable **lorsque** tu arrives.

   _____

5. Allumer la télé est la première chose que Julien fait **lorsqu**'il rentre chez lui.

   _____

6. J'aime beaucoup faire la sieste **lorsque** j'ai le temps.

   _____

7. On apprend tout plus facilement **lorsqu**'on est jeune.

   _____

8. J'étais en train de me doucher **lorsque** le téléphone a sonné.

   _____

17.19 A. Complete the following sentences in a logical way, paying special attention to the tenses you use.

1. Il est resté à la maison parce qu'il _____ malade.

2. Il n'a pas pris de vacances afin d'_____ de l'argent.

3. Elle a dû faire ses études en six ans au lieu de cinq car elle _____ une maladie assez grave.

4. Je dois étudier beaucoup pour _____ à l'examen.

5. Téléphonez-nous afin que nous _____ à quelle heure votre train arrive.

6. Ça nous a fait un choc terrible lorsque nous _____ cette information à la radio.

7. Je fais toujours les courses tandis que les enfants _____ à l'école.

8. Qui s'occupera de tes plantes pendant que tu _____ en vacances?

9. Puisque je _____ malade, je ne peux pas aller au cours.

10. Il faut tout lui expliquer plusieurs fois pour qu'il _____.

B. Analyze the verb forms and check the right columns on the chart below.

	Infinitif	Subjonctif	Indicatif
afin de			
afin que			
pour			
pour que			
car			
parce que			
puisque			
pendant que			
tandis que			
lorsque			

17.20 Find the correct endings for the following sentences.

1. _____ En France, selon les règles de la bonne éducation, on ne doit pas parler . . .

2. _____ Selon la légende, Archimède (287–212 av J.C.) a découvert le principe qui porte son nom . . .

3. _____ On peut déduire que la Terre est ronde . . .

4. _____ Le colibri s'alimente . . .

5. _____ Certains insectes se protègent de leurs prédateurs . . .

6. _____ Certaines fleurs attirent les insectes . . .

7. _____ Un bon marin peut connaître sa position . . .

8. _____ C'est la femelle du moustique qui transmet la malaria . . .

9. _____ Dans la tradition massaï, les garçons séduisent les filles . . .

10. _____ Le microbiologiste Alexander Fleming a découvert la pénicilline par hasard . . .

a. en observant des moisissures.

b. en sautant de plus en plus haut sur place.

c. en imitant une fleur ou une feuille.

d. en regardant les étoiles.

e. en nous piquant.

f. en volant sur place.

g. en imitant leur apparence.

h. en observant un voilier qui s'éloigne à l'horizon.

i. en prenant un bain.

j. en mangeant.

17.21 How do you think the following things can be achieved?

MODÈLE: Comment peut-on apprendre une langue?
En habitant dans le pays, ou en prenant un cours.

1. Comment peut-on arriver à être riche?

_____

2. Comment peut-on voyager pas cher?

_____

3. Comment peut-on maigrir?

_____

4. Comment peut-on devenir célèbre?

_____

5. Comment peut-on rencontrer son acteur/son actrice préféré(e)?

_____

III. Écoute

 17.22 Listen to the sentences read to you and indicate which tense(s) the narrator is using. There may be more than one tense used in a sentence.

Phrase	Présent	Imparfait	Passé composé	Passé simple
1.				
2.				
3.				
4.				
5.				
6.				
7.				
8.				
9.				
10.				
11.				

17.23 Listen to the following fairy tales' excerpts and try to identify them.

The possibilities are the following:

Blanche-Neige et les sept nains, la Belle au bois dormant, le Petit Poucet, Cendrillon, les Trois petits cochons, la Belle et la Bête, le Petit Chaperon Rouge, Pinocchio

Extrait 1: _____

Extrait 2: _____

Extrait 3: _____

Extrait 4: _____

17.24 Now listen to the excerpts again and identify the tense that is used to tell each story.

	Présent	Passé composé	Passé simple
Extrait 1			
Extrait 2			
Extrait 3			
Extrait 4			

IV. Stratégies pour mieux apprendre

Sometimes, we want to express something but we are not sure how to say it exactly or we might hesitate between two forms. If we are talking, we cannot stop and look up words in the dictionary or structures in a grammar book, but if we are writing, we can certainly take the time to do so. It is also possible to consult the dictionary or the grammar book after the conversation in which you encountered doubts or problems.

17.25 We are going to practice this type of reference work. Imagine that you are having doubts at the moment you are saying the following sentences. You can find the solutions in your Mémento grammatical at the end of your textbook. The problems are italicized in the sentences. Indicate the correct solution and the page number where you found the solution in your Mémento.

1. — Excuse-moi, *je n' ai pas compris / je n' ai compris pas*. Tu peux répéter s'il te plaît?

   — Oui, je disais . . .

2. — C'est quoi ça, un stylo?

   — Non, pas du tout, c'est quelque chose *qui / que* sert à transporter des documents Word, des photos ou de la musique . . .

3. — Est-ce que tu as vu Marine?

   — Non, *je vais la voir / je la vais voir* cet après-midi. Pourquoi?

   — J'ai un service à *lui / la* demander.

4. — Qu'est-ce que tu as fait samedi?

   — *J' ai travaillé / je travaillais / j' avais travaillé* toute la journée.

17.26 Try to find in a dictionary the meanings of the boldfaced words. Write what you found by each sentence.

1. La consommation des **ménages** français a progressé de 4,2% par an.

   _____

2. Samedi, c'est le jour où je fais le **ménage** et les courses.

   _____

3. Prenez plus de repos, il faut **ménager** vos forces.

   _____

4. Mes parents ont **déménagé**. Ils habitent maintenant sur la Côte d'Azur.

   _____

5. Il **déménage** complètement, ce type!

   _____

> **Strategy**
> To continue to make progress in French, it is important that you often consult dictionaries and grammars. A good dictionary contains lots of information regarding word uses. As you saw in exercise 17.26, words can have different meanings and you need to pay attention to the context in which they appear.

V. Révision et rédaction

17.27 The following legend is Vietnamese. After you read it, rewrite the passages that are in boldface using the following words:

car
en + participe présent
lorsque
si . . . que
tandis que
pour que

La légende du sel

Vous ne savez pas pourquoi la mer est salée? Eh bien, voilà. . . . Il était une fois deux frères très différents. Le plus jeune qui s'appelait Tam était très pauvre et sa vie était dure. Il se levait tous les matins avant le soleil pour partir pêcher en mer. Mais certains jours, (1) **il pêchait peu de poissons et il ne pouvait pas bien nourrir ses six enfants.**

_____

_____

Son frère (2) **Daï faisait du commerce maritime et il était devenu riche.** Daï n'était pas très aimé au village, il était jaloux, menteur et voleur.

_____

_____

Un jour, Tam a rencontré un personnage mystérieux qui lui a donné un moulin magique. (3) **Il suffisait de dire «abracadabra» et le moulin faisait couler ce qu'on lui demandait.**

_____

_____

Le soir même, Tam a demandé au moulin un bon repas pour lui et sa famille, puis des vêtements neufs et une plus grande maison. (4) **Daï a vu la prospérité de Tam et sa famille et il est devenu terriblement jaloux.**

_____

_____

Il a demandé à Tam comment il avait obtenu tout cela et Tam, innocemment, lui a expliqué sa rencontre avec l'homme mystérieux. (5) **Cette nuit-là, Tam et sa famille dormaient tranquillement. Daï s'est introduit dans la maison sans faire de bruit et a volé le moulin magique.**

_____

_____

Daï a emporté le moulin magique sur son bateau. Une fois en mer, il s'est rendu compte qu'il avait oublié d'emporter du sel. Alors il a demandé au moulin magique de lui donner du sel. (6) **Mais Daï ne connaissait pas la formule magique pour arrêter le moulin! Voilà pourquoi la mer aujourd'hui est salée.**

17.28 Complete the following dialogues with **afin de, afin que, pour,** and **pour que**.

1. — Pourquoi est-ce que tu travailles autant en ce moment?

   — Je travaille beaucoup _____ pouvoir faire un grand voyage cet été.

2. — Tu sais, Sophie est fâchée depuis la soirée.

   — Bon, je vais lui parler _____ elle comprenne mieux la situation.

3. — Tu sais pourquoi le Petit Poucet a mis des cailloux dans sa poche?

   — Ben oui, c'était _____ retrouver son chemin!

4. — Pourquoi tu me dis ça?

   — _____ tu saches ce que je pense!

5. — Tu aimes lire?

   — Oui, et puis je pense que c'est bon de lire _____ enrichir nos vies!

6. — J'ai encore eu une mauvaise note.

   — Il faudrait peut-être étudier plus _____ réussir!

7. — Je n'ai pas besoin du plan.

   — Mais si, prends ce plan _____ vous ne vous perdiez pas!

17.29 Complete the following sentences with **tellement/si . . . que** and **tellement/tant de . . . que**.

1. Mata Hari était _____ courageuse _____ elle a refusé qu'on lui bande les yeux avant son exécution.

2. Mon grand-père parlait _____ de langues _____ il pouvait lire toutes sortes de revues dans différentes langues.

3. Ce film était _____ ennuyeux _____ je me suis endormi.

4. Tu manges _____ de chocolat _____ tu vas être malade!

5. Cet homme a _____ d'argent _____ il ne sait pas quoi en faire!

6. Les États-Unis sont _____ grands _____ il faut une semaine pour les traverser en voiture.

7. J'ai _____ de devoirs _____ je ne pourrai pas aller à ta soirée.

8. Les escargots sont _____ lents _____ il faut avoir beaucoup de patience pour faire une course d'escargots!

17.30 Write sentences using **en + participe présent** to indicate simultaneity or cause. Use the elements that are indicated.

> **MODÈLE:** je: chanter / prendre une douche
> Je chante toujours en prenant ma douche.

1. nous: discuter / prendre un café

   _____

2. elles: parler beaucoup / se promener

   _____

3. il ne faut pas: utiliser son téléphone portable / conduire

   _____

4. certaines personnes: écouter de la musique / faire du jogging

   _____

5. je: ne pas pouvoir étudier / écouter de la musique

   _____

6. beaucoup d'enfants: parler / dormir

   _____

7. il: se faire mal / tomber

   _____

8. elle: être gênée / entendre ces compliments

   _____

17.31 Read the beginning of this legend from Bretagne. Underline all verbs in the **passé simple** and give their infinitives.

Il était une fois un roi et une reine qui avaient deux filles: Aurore et Crépuscule. Aurore était la plus jolie et ses parents l'aimaient mieux que sa sœur. Cependant, Aurore n'était ni aimable, ni intelligente. En revanche, Crépuscule n'était pas très jolie, mais elle était très gentille, fort aimable et avait beaucoup d'esprit.

Un jour, quand leurs filles étaient en âge de se marier, les parents décidèrent de donner un grand bal pour leur trouver des maris. Ils invitèrent tous les princes des environs. Ces derniers voulurent tous danser avec Aurore, mais au fur et à mesure de la soirée, ils se rendirent compte qu'elle n'était pas aimable et ils finirent tous par s'intéresser davantage à Crépuscule. Aurore resta seule alors que sa sœur fut très entourée.

Le roi fut fâché de cette préférence et il décida de se débarrasser de Crépuscule. Il l'envoya cette nuit même voir sa marraine la fée. Crépuscule protesta car il faisait nuit noire et qu'elle avait peur d'aller dans la forêt, mais le père ne céda point et lui ordonna de partir.

Elle pleura tout en marchant et elle finit par s'endormir sous un arbre. Le lendemain, elle continua son chemin et arriva enfin à un grand château.

_____ _____ _____

_____ _____ _____

_____ _____ _____

_____ _____ _____

_____ _____ _____

_____

17.32 Now, continue the story. Who lived in this castle? What happened to Crépuscule?

_____

_____

_____

_____

_____

Le DELF A3. Épreuve orale / Le DELF B1. Production orale (présentation d'un document) / Le DELF scolaire 2. Épreuve orale 2

To read about this test, please refer back to Unité 15, page 352.

17.33 A. Read the following text.

LOUP. IL N'A PAS FINI DE NOUS FAIRE HURLER

De retour dans nos rudes contrées, le grand méchant a beau avoir laissé tomber mères-grands pour les moutons, on continue de le trouver moyennement cool. Au louuuuup!

Compter les moutons donne des cauchemars aux bergers. En juillet, 140 brebis se sont précipitées dans un ravin [. . .] pour fuir des prédateurs. Deux jours plus tard, le ministre de l'Écologie présentait un plan d'action autorisant l'abattage de quatre loups cette année en cas d'attaques répétées sur des troupeaux. Le tir s'arrêtant à trois animaux s'il s'agit de femelles. [. . .] Jusqu'ici intouchable, [. . .] le loup ne pouvait pas être abattu légalement en France. Disparue de notre territoire depuis 1939 et réapparue dans les Alpes françaises en 1992 [. . .], l'espèce se rencontre aujourd'hui dans treize zones allant du parc du Mercantour jusqu'au Vercors [où] [. . .] vivent 39 loups [. . .].

«S'il n'attaque pas l'homme, le loup est un réel danger pour les troupeaux», explique Christophe Duchamp, spécialiste de l'animal. [. . .] «Affamé, il préférera s'en prendre à un paisible troupeau plutôt qu'à un vif chamois [. . .].»

Abattre les loups est-il une solution? Pas vraiment, estiment les bergers. «Pour éviter d'autres attaques, il faudrait tout bonnement tuer tous les loups», juge Hugues Fanouillaire, [. . .] qui a perdu quatre chèvres [. . .].

Un mécontentement qu'on retrouve également du côté des écologistes, favorables au retour du loup, un animal qui atteste d'un bon équilibre de la nature. [. . .] «Nous sommes soulagés de savoir abandonné le projet initial d'abattre cinq à six bêtes en 2005. En revanche, nous déplorons l'autorisation de tuer jusqu'à quatre loups [. . .].»

«En France, la population du loup reste encore très fragile», souligne Jean-Marc Landry, spécialiste suisse de l'animal, qui travaille avec les éleveurs du canton du Valais depuis le retour de l'espèce dans cette région en 1995. [. . .]

Il ne faut pas abattre n'importe quel loup, comme la femelle assurant la reproduction de la meute [. . .].»

Si le loup n'est pas une espèce menacée de disparaître sur la planète, il n'en est pas de même de la variété vivant dans les Alpes, [. . .] différente de l'espèce évoluant au Canada [. . .].

Sa disparition serait un mauvais point pour le patrimoine biologique de notre pays. «Le loup améliore la biodiversité en ajoutant un maillon supplémentaire à la chaîne alimentaire, celui des grands prédateurs [. . .]. Ce carnivore peut, par exemple, limiter le nombre de chamois, dont la multiplication ces dernières années menace la régénération des forêts.»

Abattre quatre carnivores ne protégera pas ni entièrement les bergers du loup, ni le loup de l'homme. Éleveurs et écologistes n'ont donc pas fini de crier au loup [. . .]. Le carnivore va sûrement étendre son territoire vers le nord [. . .] durant les prochaines décennies.

D'après Kheira Bettayed, *Phosphore*, Septembre 2004, numéro 279.

B. Answer the following questions.

1. Quel est le sujet principal du texte?

   _____

2. Quelle est la décision du Ministère d'Écologie?

   _____

3. Les bergers sont-ils satisfaits de cette décision? Pourquoi?

   _____

4. Les écologistes et les spécialistes de l'animal partagent-ils l'opinion des bergers? Pourquoi?

   _____

5. Le loup est-il vraiment menacé de disparaître?

   _____

6. Et vous? Que pensez-vous de la présence de cet animal? Connaissez-vous d'autres cas polémiques comme celui de l'article?

   _____

7. Les intérêts économiques et la protection de l'environnement sont-ils compatibles?

   _____

Le DELF scolaire 2. Épreuve écrite 2B / Le DELF B1. Production écrite.

This test consists of writing a message (60–80 words for the DELF scolaire, and 150 for the B1). You are given a situation and are invited to communicate some information and to express feelings or personal reactions.

17.34 Something incredible happened to you on your way home (you met your favorite actor/actress; you witnessed an armed robbery or something unusual, etc.). You decide to write an e-mail to some friends to tell them briefly about what happened and how you are feeling.

Unité 18
JOUER, RÉVISER, GAGNER

ACTIVE VOCABULARY FOR UNITÉ 18

Nouns

l'aliment (m)	food	le dragueur, la dragueuse (slang)	man or woman who likes to flirt
l'esclavage (m)	slavery	le foyer	household
l'esclave (m, f)	slave	le goût	taste
l'île (f)	island	le jeu	game
la canne à sucre	sugarcane	le littoral	coast
la case	space on a board game	le manuel	textbook
la colline	hill	le mode de vie	lifestyle
la loi	law, rule	le palmier	palm tree
la main d'œuvre	manpower	le pion	pawn
la plage	beach	le pouvoir	power
la règle	rule	le rivage	shore
la saison	season	le sable	sand
la source d'énergie	source of energy	le sablier	hourglass
la température	temperature	le tour	turn (i.e., in a game)
le bilinguisme	bilingualism	le volcan	volcano
le climat	climate	les fruits de mer (m)	seafood
le cocotier	coconut tree	les impôts (m)	taxes
le dé	die (for use in board games)	les règles du jeu (f)	rules of the game

Adjectives

abondant(e)	abundant	autochtone	indigenous
athé(e)	atheist	bilingue	bilingual

catholique	*Catholic*	reconnu(e)	*recognized*
fier, fière	*proud*	réel, réelle	*real*
métissé(e)	*of mixed race*	salé(e)	*salty*
mondial(e)	*worldwide*	sec, sèche	*dry*
multiculturel, multiculturelle	*multicultural*	solaire	*solar*
		stressé(e)	*stressed out*
musulman(e)	*Muslim*	sucré(e)	*sweet*
protestant(e)	*Protestant*	tumultueux, tumultueuse	*tumultuous*
quotidien, quotidienne	*daily*		

Verbs

avancer	*to move forward*	reculer	*to move backward*
citer	*to quote*	rejouer	*to play again*
exiger	*to demand*	s'étaler	*to spread*
gérer	*to manage*	se comprendre	*to understand each other*
maintenir	*to maintain*	surprendre	*to surprise, to strike*
naviguer	*to sail*	tomber	*to fall*

Some words and expressions

à la fin	*at the end*	de nouveau	*again*
à la place de	*instead of*	depuis	*since*
à tour de rôle	*taking turns*	depuis quand	*since when*
aller aux sports d'hiver	*to go on a ski vacation*	je m'en fous (*slang*)	*I don' t care*
avoir le droit de	*to have the right to*	la langue maternelle	*native language*
avoir lieu	*to take place*	outre-mer	*overseas*
c'est-à-dire	*that is to say*	passer un tour	*to skip a turn*

I. Étude de vocabulaire

18.1 Match the definitions with the correct words.

1. _____ C'est un endroit entouré d'eau.

2. _____ Beaucoup de gens aiment y aller en vacances pour se reposer ou se baigner.

3. _____ On l'est quand on parle deux langues couramment.

4. _____ C'est un arbre qu'on trouve dans les pays chauds et qui a une noix excellente.

5. _____ On le roule quand on joue à un jeu de société.

6. _____ Personne n'aime les payer.

7. _____ C'est un homme qui aime flirter.

8. _____ On y va quand on part à la montagne en hiver.

9. _____ Quand chacun prend son tour et qu'on ne passe pas tous en même temps.

10. _____ C'est ce qu'on fait quand on marche mais qu'on avance dans le mauvais sens.

a. bilingue

b. un dragueur

c. à tour de rôle

d. une île

e. aux sports d'hiver

f. le dé

g. les impôts

h. la plage

i. reculer

j. le cocotier

18.2 Complete the following dialogue with words from the list. You will need to conjugate the verbs.

Liste de mots:

fruits de mer, outre-mer, climat, goûts, surprendre, littoral, température, sec, saisons, mode de vie, palmiers, abondante

DAVID: Il pleut encore aujourd'hui! Moi j'en ai marre de ce (1) _____ pourri!

SOPHIE: Ah bon? Eh bien pas moi. J'adore cette (2) _____. Il ne fait ni trop chaud, ni trop froid, c'est parfait!

DAVID: Moi je préférerais vivre sur une île tropicale. Imagine, des (3) _____ partout, une végétation (4) _____, des (5) _____ tout frais à tous les repas, un petit vent agréable sur le (6) _____, le rêve!

SOPHIE: Oui, ben tu peux rêver sans moi! Personnellement, j'aime les (7) _____ bien marquées: un printemps bien frais, un été pas trop chaud, un automne avec de belles couleurs et un hiver un peu froid et (8) _____.

DAVID: Ah, tu me (9) _____! Je croyais que tu avais adoré nos vacances à la Martinique!

SOPHIE: Oui bien sûr, c'était super pour les vacances. Mais c'est un (10) _____ que je n'aimerais pas avoir toute l'année. Tu vois mon chéri, on n'a pas toujours les mêmes (11) _____ toi et moi.

DAVID: Oui, je sais. Dommage . . . je voulais te demander si tu aimerais qu'on aille s'installer (12) _____, mais je crois que ça ne va pas marcher!

18.3 Listen to the dialogue and say whether the following statements are true (**vrai**) or false (**faux**).

1. _____ Renaud veut aller à la campagne.

2. _____ Sonia aimerait que Renaud l'aide plus.

3. _____ Sonia préfère passer ses journées dans le camping pendant toutes les vacances.

4. _____ Renaud explique qu'il voudrait faire les courses dans le centre-ville.

5. _____ Renaud souhaite passer des vacances tranquilles.

6. _____ Le supermarché est loin du camping.

7. _____ Les prix du supermarché sont les mêmes que ceux des magasins du centre-ville.

8. _____ Renaud et Sonia vont faire une réservation pour le camping.

18.4 Read the following letter and circle the best statements.

> *Villeneuve, le 2 septembre*
>
> *Salut les filles,*
>
> *Désolée de partir sans avoir pu parler avec vous, mais comme vous étiez en vacances...*
> *J'ai décidé de déménager car pendant que vous bronziez sur la plage j'ai rencontré la personne avec qui je pense que je vais partager ma vie. Je suis très heureuse et je vous promets de vous téléphoner très bientôt pour régler les derniers détails concernant l'appartement et vous présenter Stéphane. Vous allez voir, il est à croquer.*
>
> *Je vous en dis pas plus.*
>
> *Je vous embrasse.*
>
> *Gisèle*

1. Récemment,
   a. Gisèle a fait un grand voyage.
   b. Gisèle a fait une rencontre.
   c. Gisèle a obtenu un nouvel emploi.

2. Avant, elle vivait avec
   a. deux filles et deux garçons.
   b. une fille.
   c. plusieurs filles.

3. Avant de partir,
   a. elle n'a pas téléphoné à ses amies pour les prévenir.
   b. elle a essayé de les appeler trois fois mais elles étaient absentes.
   c. elle a envoyé un fax pour les prévenir.

4. Pendant son déménagement, ses amies étaient
   a. sous les cocotiers.
   b. sur une colline.
   c. sur un volcan.

5. Gisèle semble être
   a. stressée par cette situation.
   b. dans une relation tumultueuse.
   c. fière de sa nouvelle situation.

II. Structure

18.5 Answer the following questions using **depuis, ça fait . . . que, il y a . . . que,** or **dans**.

1. Depuis combien de temps étudiez-vous le français?

   _____

2. Ça fait combien de temps que vous vivez dans cette ville?

   _____

3. Depuis quand habitez-vous la même maison / le même appartement?

   _____

4. Depuis combien de temps avez-vous le permis de conduire?

   _____

5. Depuis quand savez-vous faire du vélo?

   _____

6. Quand finirez-vous votre cours de français?

   _____

7. Quand partirez-vous en vacances?

   _____

18.6 Write sentences using **depuis, ça fait . . . que, il y a,** and **il y a . . . que,** taking into account the dates of the events mentioned.

> **MODÈLE:**　1998: la France remporte la Coupe du Monde.
> *La France a remporté la Coupe du Monde **il y a** neuf ans.*
> or　***Ça fait** neuf ans **que** la France a remporté la Coupe du monde.*

1. 1945: la Deuxième Guerre mondiale se termine.

   _____

2. 1928: Alexander Fleming découvre la pénicilline.

   _____

3. 2000: la loi des 35 heures de travail par semaine est appliquée en France.

   _____

4. 1994: Zinédine Zidane entre dans l'Équipe de France.

   _____

5. On a construit la Tour Eiffel en 1889.

   _____

18.7 Romain and Lucien are playing Xbox but they do not agree on which game to play. Complete the following dialogue with **depuis, dans, ça fait,** or **il y a.**

ROMAIN: Bon, (1) _____ longtemps qu'on joue à ce jeu, est-ce qu'on pourrait changer?

LUCIEN: Non, on refait d'abord le même jeu et on changera après.

ROMAIN: Oh là là, ça prend du temps! On joue déjà (2) _____ une heure et demie! Je commence à en avoir marre . . .

LUCIEN: Écoute, je suis arrivé chez toi (3) _____ 45 minutes donc ce n'est pas vrai, les parties ne sont pas si longues!

ROMAIN: Ben oui, mais moi je dois partir (4) _____ une heure chez le dentiste, et j'aimerais bien faire autre chose avant mon rendez-vous!

LUCIEN: Bon, d'accord, on arrêtera (5) _____ 30 minutes et on fera un autre jeu pendant les dernières 30 minutes. C'est bon comme ça?

ROMAIN: O.K., mais tu m'as déjà fait le coup (6) _____ deux semaines et on n'a pas eu le temps de faire le jeu que j'avais choisi. C'est toujours toi qui choisis!

18.8 Answer the following questions using **oui, non,** or **si.**

1. Avez-vous déjà vu un cocotier?

   _____

2. N'avez-vous jamais vu de film français au cinéma?

   _____

3. Montréal est la plus grande ville du Québec, n'est-ce pas?

   _____

4. Est-ce que le Petit Chaperon rouge est arrivé avant le Loup chez la grand-mère?

   _____

5. Le Loup, n'a-t-il pas mangé la grand-mère?

   _____

6. Est-ce que vous aimeriez aller à la Martinique?

   _____

7. La France a des départements et territoires d'outre-mer, non?

   _____

18.9 Pick the correct question for each of the following answers.

1. Non, je n'ai pas encore pris mon petit-déjeuner ce matin.

   a. As-tu déjà mangé?

   b. Prends-tu toujours un petit-déjeuner?

   c. Qu'est-ce que tu prends le matin?

2. Si, je suis allé au Canada en 1994.

   a. Quand êtes-vous allé au Canada?

   b. Connaissez-vous le Canada?

   c. Vous n'êtes jamais allé au Canada, n'est-ce pas?

3. Oui, je suis bilingue.

   a. N'es-tu pas bilingue?

   b. Es-tu bilingue?

   c. Qu'est-ce que tu es?

4. Bien sûr que si, je paye des impôts!

   a. Tu ne payes pas d'impôts?

   b. Tu payes des impôts?

   c. Tu as déjà payé tes impôts cette année?

5. Oui, j'en ai un peu.

   a. As-tu fini tes devoirs?

   b. As-tu des devoirs à faire ce soir?

   c. Quand vas-tu faire tes devoirs?

18.10 A. Sophie Lorenzo is answering a phone survey.
Read her answers and write what the surveyor's questions could be.

1. _____

   Oui, c'est moi.

2. _____

   Je vous écoute, mais j'ai pas beaucoup de temps, vous savez.

3. _____

   En juillet et en août.

4. _____

   Entre 15 jours et un mois.

5. _____

   Oui, mais pas toujours.

6. _____

   Si, si, quelques jours à Noël.

7. _____

   Environ une semaine.

8. _____

   Pas souvent, je préfère les plages du côté Atlantique.

9. _____

   En effet, il y a trop de monde et puis souvent elles sont sales.

10. _____

   Oui bien sûr. Il faudrait les nettoyer plus souvent, mettre plus de poubelles et aussi installer des services comme . . .

B. Now, listen to the actual phone conversation and compare the questions you asked with the ones you hear.

18.11 Look at the following answers. Can you imagine what would precede the answer and what would follow it?

MODÈLE: – *On apporte trois bouteilles de vin chez Patrice?*
– Trois bouteilles? C'est exagéré, non?
– *Bon, alors on en prend deux?*

1. – _____

   – Si, mais je préférerais demain matin.

   – _____

2. – _____

   – Non, parce que je n'aime pas ça.

   – _____

3. – _____

– D'accord, mais nous devrons rentrer tôt.

– _____

4. – _____

– Je ne pourrai pas cette semaine malheureusement.

– _____

18.12 A. Madame Bertin has three sons, ages 7, 10, and 14. She has prepared a list of chores for them to do after school. Write down what she would tell them.

> **MODÈLE:** Nathan, quand tu rentres de l'école, fais tes devoirs, puis passe
> l'aspirateur, . . .

Nathan:	faire les devoirs
	passer l'aspirateur
	mettre la table
	descendre la poubelle
Benjamin:	faire les devoirs
	nettoyer la cuisine après le goûter
	sortir le chien
Rémy:	lire un chapitre du livre de lecture
	ranger sa chambre
	donner à manger au chat

Madame Bertin: _____

_____

_____

_____

_____

B. Now imagine what her sons are going to answer her. They will not use **oui** or **non**, but other expressions to show their agreement or disagreement.

Nathan: _____

Benjamin: _____

Rémy: _____

18.13 Listen to the questions on the recording and choose the best answer for each one.

1. a. Vers 8h00.

   b. Il y a un quart d'heure environ.

2. a. Oui ça fait 18 ans.

   b. Si, l'année dernière.

3. a. Dans 15 jours.

   b. Je ne suis pas sûr. Samedi dernier, peut-être.

4. a. Oui, j'adore ça.

   b. Si, bien sûr.

5. a. En effet, il en a pris trois fois.

   b. Si, il en a pris trois fois.

6. a. Non, depuis l'année dernière.

   b. En 2001.

7. a. Pas du tout.

   b. Bien sûr.

8. a. Si, elle habite là depuis longtemps.

   b. Pas vraiment, elle préfère la Sardaigne.

9. a. Pourquoi pas?

   b. Si, bien sûr.

10. a. Depuis que j'habite ici.

   b. Oui, à partir de l'année prochaine.

11. a. Vers 13h00.

   b. Oui, dans une heure.

12. a. Pas du tout, il est américain.

   b. Si, il vient de Manchester.

18.14 Answer the following questions without using **oui** or **non**! You can find expressions in your textbook, in the **Mémento grammatical, Unité 18** (page 265).

1. Est-ce que Mata Hari a été exécutée?

_____

2. Aimez-vous parler français?

_____

3. Avez-vous déjà rencontré un président des États-Unis?

_____

4. Est-ce que vous prenez un parapluie quand il pleut?

_____

5. Aimez-vous jouer à des jeux de société?

_____

6. Mangez-vous parfois des escargots?

_____

7. Savez-vous conjuguer des verbes au subjonctif et au plus-que-parfait?

_____

8. Avez-vous déjà lu un conte de fées français?

_____

18.15 In your opinion, what do the following people wish?

MODÈLE: un entraîneur à son équipe qui va jouer un match important
Il souhaite qu'ils fassent un très beau match et qu'ils gagnent.

1. une mère à son fils qui se marie

   _____

2. un professeur à ses élèves avant l'examen de fin d'année

   _____

3. un père à son fils le premier jour d'école

   _____

4. une grand-mère qui offre un billet de loterie à sa petite-fille

   _____

5. un metteur en scène à ses acteurs avant un spectacle

   _____

6. vous à un ami qui part faire le tour du monde

   _____

18.16 Imagine what the characters in the cartoon drawings might be saying.

18.17 A. Look at the following sentences and and add **n'est-ce pas** to them whenever possible.

1. Est-ce que vous aimez la musique _____?

2. Vous aimez la musique _____?

3. Quand est-ce que tu pars en vacances _____?

4. Vous partez demain _____?

5. Nous avons un examen la semaine prochaine _____?

6. Quand est notre prochain examen _____?

7. Pourquoi est-ce que tu veux aller dans ce camping _____?

8. Tu veux aller dans ce camping _____?

III. Écoute

In your textbook, in the **Mémento grammatical, Unité 18,** page 264, you have studied about confirmation checks in French. If you expect a positive answer to your question, you can use words and expressions such as **n'est-ce pas?** or **non?** at the end of the question. When speaking informally, you can also use **hein?**

 18.18 Indicate whether you hear a simple question or a confirmation check. If you do hear a confirmation check, write it down.

	Question	Confirmation check
1.		
2.		
3.		
4.		
5.		

18.19 It is also possible not to use anything at the end of the sentence, but to use your voice to indicate a statement, a question, or a confirmation check.

Listen to the following sentence. It will be repeated three times with a different tone of voice. Can you decipher which one is the question, which one is the statement, and which one is the confirmation check? Indicate what you hear with a number (1, 2, and 3) and what you notice about the voice.

Question: _____

Statement: _____

Confirmation check: _____

18.20 A. Listen to the recording and indicate whether you hear statements, questions, or confirmation checks.

	Statement	Question	Confirmation check
1.			
2.			
3.			
4.			
5.			
6.			
7.			
8.			
9.			

B. Now listen again and write what you hear.

1. _____

2. _____

3. _____

4. _____

5. _____

6. _____

7. _____

8. _____

9. _____

IV. Stratégies pour mieux apprendre

18.21 The following sentences appear in your textbook in **Unité 18:**

«Il vous faut un dé, un pion pour chaque groupe . . . »

«Chaque groupe lance un dé et effectue les épreuves.»

«Ils veulent qu'on leur parle français et certains aimeraient que le Québec soit indépendant.»

«– Vous connaissez le Québec?
– En effet, je l'ai visité il y a deux ans.»

«Laquelle de ces deux îles vous attire le plus?»

«Plus de la moitié de la récolte est destinée aux distilleries pour la fabrication de rhums.»

Are there any words in the above sentences that you did not know and that you learned? Indicate which words they are and for each of them, answer the questions that are asked below.

1. Do you think this word has more than one meaning?

2. Can you translate or explain these meanings in your native language?

3. Do you know other words related to it?

4. Does it look like a word in your language?

5. Do you know whether this word is used more in formal or informal speech?

> **Strategy**
> As you have noticed, learning a word goes beyond knowing its meaning. To memorize new words, you need to use several strategies. Everybody needs to find out what works for them. You can keep lists of words, make a small dictionary, write the words along with examples, establish links between words, and so on.

V. Rédactions et révisions des Unités 16, 17 et 18

18.22 Which French-speaking country would you like to visit beside France? Explain your choice and what you would like to see in a paragraph.

_____

_____

_____

_____

_____

_____

18.23 What is your favorite board game or game? Explain the main rules in French.

_____

_____

_____

_____

_____

_____

_____

18.24 Complete the following sentences with **pour que, pourtant, afin que, car, afin de**, and **tandis que**.

1. Madame Dupont est très fatiguée _____ elle travaille beaucoup.

2. Le samedi matin, les Dupont sont très organisés et partagent les tâches: Monsieur Dupont fait les courses _____ Madame Dupont fait le ménage.

3. D'habitude, Madame Dupont fait la cuisine mais aujourd'hui c'est M. Dupont qui cuisine _____ sa femme puisse se reposer car elle est malade.

4. Demain, les Dupont partent en vacances et M. Dupont veut partir très tôt _____ éviter les embouteillages.

5. Avant de partir, il y a beaucoup de choses à faire: le ménage, les valises, etc., et Madame Dupont se dépêche _____ tout soit prêt.

6. Madame Dupont se sent mal puisqu'elle est malade, _____ il faut continuer à tout préparer pour les vacances.

18.25 Answer the following questions in complete sentences.

1. Depuis quand étudiez-vous le français?

_____

2. Dans combien de temps pensez-vous terminer votre apprentissage du français?

_____

3. Ça fait longtemps que vous êtes étudiant(e)?

_____

4. Où habitiez-vous il y a cinq ans?

_____

5. Ça fait combien de temps que vous n'êtes pas parti(e) en vacances?

_____

18.26 Write a series of questions you can ask your instructor and/or classmates. Find out how long they have lived where they live, how long they have worked at their current place of employment, when they are going to take a vacation, how long they have been studying French, and so on. Use **depuis, il y a, ça fait . . . que**, and **dans**.

_____

_____

_____

_____

18.27 Rewrite the following sentences using the passive voice.

1. On a volé un troisième tableau de Munch récemment.

_____

2. On n'a pas arrêté les voleurs.

_____

3. Des milliers de touristes visitent la Tour Eiffel chaque année.

_____

4. L'héliée (*tribunal populaire d' Athènes*) a condamné Socrate à mort.

_____

5. Charles Perrault a écrit beaucoup de contes.

_____

18.28 Michel is telling a story about something that happened to him recently. Conjugate the verbs in the **passé composé, imparfait**, or **plus-que-parfait**.

L'autre nuit, je (1) (dormir) _____ tranquillement quand tout à coup, j' (2) (entendre) _____ une alarme sonner dans l'immeuble. Je (3) (se lever) _____ très vite et j' (4) (ouvrir) _____ la porte. Il y (5) (avoir) _____ de la fumée et tout le monde (6) (paniquer) _____. J' (7) (prendre) _____ mon chat avec moi et je (8) (descendre) _____ rapidement. Tous mes voisins (9) (être) _____ dehors. Les pompiers (10) (arriver) _____ et ils (11) (éteindre) _____ l'incendie. Ils (12) (trouver) _____ la source du feu: une personne (13) (s'endormir) _____ avec une cigarette à la main et le feu (14) (commencer) _____ sur son canapé.

18.29 Complete the following sentences using the subjunctive or the indicative.

1. Mes parents voudraient que _____

2. J'aimerais que mes professeurs _____

3. À mon université, je préférerais _____

4. Pendant les prochaines vacances, je veux _____

5. Mes amis souhaitent _____

18.30 Combine the two elements indicated, using the **gérondif**.

1. Madame Doubtfire / faire le ménage / danser

_____

2. nous / découvrir des choses intéressantes / voyager

_____

3. je / apprendre beaucoup de choses / lire

_____

4. certaines personnes / aimer se distraire / faire des mots-croisés

_____

18.31 Auto-évaluation. How comfortable are you with the following points? Review what you are least comfortable with as needed.

Je sais utiliser:	Peu	Assez bien	Bien	Très bien
les temps du passé dans un récit				
quelques marqueurs temporels				
la forme passive				
le gérondif				
pour que + subjonctif				
afin de + infinitif				
si/tellement . . . que				
lorsque, pendant que, tandis que				
car, pourtant, puisque				
le subjonctif				
depuis, il y a, ça fait				

VI. Préparation au DELF

In each unit of the workbook, you had the opportunity to practice for the *Diplômes Élémentaires de Langue Française* (DELF). The activities were designed for students who wish to take these tests, but other students can certainly benefit from doing these practice exercises. The structure of these tests is currently being revised and the *Ministère de l' Éducation* will certainly keep modifying them to adapt them to the *Cadre Européen Commun de Référence*.

You will find below a summary of the tests that you have prepared for.

Le DELF A1. Épreuve orale 1
Multiple-choice test based on an audio recording containing basic information about daily life

Le DELF A1. Épreuve orale 2
Oral interview based on daily-life topics

Le DELF A1. Épreuve écrite
Writing a letter to a friend, telling about a recent event and inviting him/her to do something

Le DELF A2. Épreuve orale
Oral test based on expressing one's tastes and simple opinions

Le DELF A2. Épreuve écrite 1
Identifying certain information and points of view in a document

Le DELF A2. Épreuve écrite 2
Writing about your feelings and ideas about the text you read in the previous test

Le DELF A3. Épreuve orale
Comprehension of a document followed by discussion

Le DELF A3. Épreuve écrite 1
Writing a formal letter

Le DELF A3. Épreuve écrite 2
Textual analysis

Le DELF B1. Compréhension de l'oral (CO)
Listening to three recordings and answering comprehension questions

Le DELF B1. Compréhension des écrits (CE)
Reading comprehension

Le DELF B1. Production écrite (PE)
Writing about one's personal opinion about a topic

Le DELF B1. Production orale (PO)
Three-step oral interview: talking about oneself, questions in a formal context, presenting a document, and giving one's opinion